NUOVE
EDIZIONI DEL GIGLIO

D1662236

Copyright © 1996 Nuove Edizioni del Giglio
via Giacomo Bruzzo, 16   16125 Genova

Tutti i diritti sono riservati

Impaginazione e redazione: studio nemo, Padova
Stampa: Microart's, Recco

P.L. Fortigesi

Piccola sintassi
della lingua italiana

**Analisi logica della frase e del periodo
Note di sintassi latina
Il verbo**

Una nuova proposta di studio

NUOVE
EDIZIONI DEL GIGLIO

Sommario

p. 9 Prefazione

11 Enunciato, frase, proposizione, periodo

13 Che cos'è l'analisi logica

14 La frase semplice (proposizione): soggetto, predicato, complementi

16 Tipi di proposizione
16 Proposizioni semplici, complesse, composte, ellittiche
17 Proposizioni attive, passive, pronominali
18 Proposizioni enunciative, imperative, interrogative, esclamative

20 Flessioni e casi nella lingua italiana e nella lingua latina

21 Tipi di soggetto e tipi di predicato
21 Il soggetto nelle frasi attive e passive
21 Il predicato verbale e il predicato nominale

24 I complementi: diretti e indiretti, attributivi e appositivi, avverbiali
25 *Analizzare e tradurre/1*
26 Complementi diretti e indiretti
27 Attributo e apposizione
28 Complementi avverbiali
29 *Analizzare e tradurre/2*
31 *Analizzare e tradurre/3*

32 Il complemento diretto o oggetto; il complemento oggetto interno
33 *Analizzare e tradurre/4*

34 I complementi indiretti
34 Complemento di specificazione

35 *Analizzare e tradurre/5*
36 Complemento di termine
37 Complemento di vocazione
37 Complemento di compagnia o unione
38 Complemento di mezzo o strumento
40 Complemento di modo o maniera
41 Complemento di denominazione
42 Complemento di causa
43 Complemento di luogo
46 Complemento di argomento
47 Complemento di tempo
48 Complemento di qualità
49 Complemento di materia
51 Complemento di abbondanza e privazione
52 Complemento di paragone
53 *Analizzare e tradurre/6*
54 Complemento di origine o provenienza
56 Complemento di allontanamento
57 Complemento di esclamazione
58 Complemento di agente e di causa efficiente
59 Complemento di limitazione
60 Complemento di convenienza
61 Complemento di esclusione
62 Complemento di fine o scopo
64 Complemento di età
65 Complemento di estensione
67 Complemento di distanza
68 Complemento di misura
69 Complemento di prezzo
70 Complemento di stima
71 Complemento di vantaggio o svantaggio
73 Complemento di colpa
74 Complemento di pena
75 Complemento di relazione
76 Complemento di affetto o etico
77 Complementi predicativi

83 Approfondire l'analisi della proposizione
83 Il soggetto
84 Complemento diretto o oggetto
85 Altre specie del complemento di specificazione
86 I complementi di luogo in latino: qualche particolarità

88 Altre specie del complemento di tempo
89 Ancora sul complemento di paragone
94 *Elenco alfabetico dei complementi indiretti trattati, con le rispettive preposizioni e alcune locuzioni prepositive*
96 *Elenco alfabetico delle preposizioni e delle locuzioni prepositive in rapporto ai complementi che introducono*

101 Il periodo
102 Proposizioni implicite ed esplicite
104 Proposizioni indipendenti e dipendenti

104 Le proposizioni principali (indipendenti)
105 Tipi di proposizioni principali
111 *Analizzare e tradurre/7*

112 Le proposizioni secondarie (dipendenti)
113 Proposizioni incidentali
114 I legami tra le proposizioni: coordinazione e subordinazione
114 Coordinare con i segni di interpunzione
114 Coordinare e subordinare con le congiunzioni
116 Tipi di proposizioni coordinate

123 Subordinare
123 I gradi della subordinazione
125 Ancora su forma esplicita e forma implicita

129 Tipi di proposizioni subordinate
129 Proposizioni subordinate finali
131 *Analizzare e tradurre/8*
132 Proposizioni subordinate causali
133 *Analizzare e tradurre/9*
134 Proposizioni subordinate temporali
136 Proposizioni subordinate relative
138 *Analizzare e tradurre/10*
140 Proposizioni subordinate dichiarative: soggettive e oggettive
143 *Analizzare e tradurre/11*
144 Proposizioni subordinate concessive
146 Proposizioni subordinate consecutive
148 Proposizioni subordinate modali
149 Proposizioni subordinate condizionali. Il periodo ipotetico
152 Proposizioni subordinate esclusive

153 Proposizioni subordinate limitative
154 Proposizioni subordinate avversative
156 Proposizioni subordinate comparative
159 Proposizioni subordinate strumentali
160 Proposizioni subordinate dubitative
161 Proposizioni subordinate interrogative indirette
163 Proposizioni subordinate incidentali

167 APPENDICE DI RIFERIMENTO

167 Il verbo

168 Verbi transitivi e verbi intransitivi

170 Verbi attivi, passivi, pronominali e impersonali
170 Verbi attivi e passivi
172 Verbi pronominali
174 Verbi impersonali

176 Verbi ausiliari, servili, copulativi e fraseologici
176 Verbi ausiliari
179 Verbi servili
181 Verbi copulativi
182 Verbi fraseologici

183 La *consecutio temporum*

184 Ipotassi, paratassi e il periodo moderno

185 Discorso diretto e discorso indiretto

Prefazione

Questo manuale rappresenta una piccola ma significativa novità nel campo delle grammatiche scolastiche, perché si propone di semplificare al massimo il corredo di base delle nozioni linguistiche indispensabili a una corretta sintassi della lingua italiana. L'approccio prescelto è quello, tradizionale, dell'*analisi logica della proposizione e del periodo*; approccio in definitiva sempre valido soprattutto qualora ci si proponga lo studio – o anche solo l'avviamento allo studio – della lingua latina.

È, questa, la seconda novità di questo manuale: il proporre le strutture fondamentali della sintassi italiana *in parallelo* con le forme latine, in modo che lo studio delle prime rinforzi e solleciti lo studio delle seconde.

In terzo luogo, il manuale offre con molta gradualità le nozioni, trattando con particolare attenzione le possibili difficoltà: qualche complemento di per sé più complesso è stato affrontato separatamente e posto dopo tutti i complementi, in modo che il loro studio possa essere affrontato scegliendo opportunamente l'occasione.

Un discorso a parte, infine, per gli «accessori» redazionali, che individuano i momenti fondamentali del processo di apprendimento.

 I paragrafi contrassegnati con questo simbolo contengono la *definizione* di un concetto o di una forma sintattica;

 i paragrafi contrassegnati con questo simbolo invitano a fermarsi e a *consolidare* le nozioni appena acquisite, attraverso l'esame di uno specchietto riassuntivo o di uno schema;

 i paragrafi così contrassegnati sono dedicati all'introduzione delle *forme latine*;

 questo simbolo introduce invece gli esercizi, indispensabili per misurare il percorso compiuto e per individuare eventuali lacune;

Che cosa sono le parole la piccola rubrica a margine del volume consente invece di *riepilogare* in velocità i contenuti, per un ripasso prima della verifica.

Enunciato, frase, proposizione, periodo

▶ Le **parole** sono l'espressione scritta od orale delle nostre idee o rappresentazioni mentali. Il raggruppamento di più parole per rappresentare in maniera logica un pensiero viene chiamato **proposizione**.

Che cosa sono le parole

Fare l'analisi grammaticale significa riconoscere le parole dalle quali è costituita una proposizione, attribuendo ciascuna a una classe grammaticale (nome, aggettivo, verbo eccetera) e inserendola in una categoria grammaticale (numero, genere, eccetera). Le classi, chiamate **parti del discorso**, sono nove: nome, articolo, aggettivo, pronome, verbo (elementi *variabili* quanto a genere e numero); avverbio, preposizione, congiunzione, interiezione (elementi *invariabili*). Esempio: *Romolo fu il primo re della nuova città*. *Romolo* = nome proprio, genere maschile, numero singolare; *fu* = voce del verbo essere, terza persona singolare, modo indicativo, tempo perfetto; *il* = articolo, genere maschile, numero singolare; *primo* = aggettivo numerale, genere maschile, numero singolare; *re* = nome comune, genere maschile, numero singolare; *della* = preposizione articolata, genere femminile, numero singolare; *nuova* = aggettivo qualificativo, genere femminile, numero singolare; *città* = nome comune, genere femminile, numero singolare.

L'analisi grammaticale

Poiché spesso esiste una certa confusione fra i concetti di **enunciato**, **frase**, **proposizione**, **periodo**, ne daremo le rispettive definizioni.

▶ Un **enunciato** è qualunque sequenza di parole, racchiusa tra due pause o tra due segni di interpunzione, che viene «pronunciata» in una comunicazione scritta o verbale. L'enunciato può anche essere incompiuto logicamente o ridursi a una sola parola, perché per essere compreso fa riferimento al contesto. Sono enunciati: *Buongiorno!* ǀ *Sì.* ǀ *Accidenti!*, ma anche *Italia-Germania 4-3* ǀ oppure: *Forse più tardi*, inteso come risposta.

Che cos'è un enunciato

▶ Una **frase** (dal greco *phrasis*, «espressione, stile») è qualunque sequenza di parole dotata di senso compiuto; con più precisione, si considera frase qualunque sequenza di parole che termina con una pausa o con un punto fermo o con un punto e virgola, in cui sia presente un soggetto e un predicato.

Che cos'è una frase

Esistono frasi semplici, in cui è presente un solo predicato verbale (*Ho letto il libro*) e frasi complesse, in cui compaiono più predicati verbali (*Ho letto il libro perché mi interessava ma pochi minuti dopo mi sono addormentato*: nota che questa è un'unica frase anche se complessa).

▶ Una **proposizione** (dal latino *propositio*, «enunciazione di un giudizio») è, come abbiamo già detto, ogni frase elementare in cui compare almeno un soggetto e un predicato. Proposizione e frase coincidono, dunque, quando la frase è semplice: *Ho letto un libro* può essere considera-

Che cos'è una proposizione

ta sia una frase che una proposizione. Quando invece la frase è complessa, allora potremo distinguere al suo interno una o più proposizioni (*Ho letto il libro perché mi interessava ma pochi minuti dopo mi sono addormentato*: questa è una sola frase complessa che contiene tre proposizioni: *Ho letto il libro | perché mi interessava | ma pochi minuti dopo mi sono addormentato*).

Che cos'è il periodo

Un **periodo** (dal greco *períodos*, «circuito, circolo chiuso»), l'unità maggiore della sintassi, è qualunque frase che contiene almeno due proposizioni tra le quali si stabilisce e si osserva un rapporto di coordinazione (le frasi hanno lo stesso valore) o di subordinazione (l'una dipende dall'altra). Per esempio, *Ho letto il libro | perché mi interessava | benché avessi molto sonno*: in questo periodo ci sono tre proposizioni: la seconda dipende dalla prima (descrive una causa); anche la terza dipende dalla prima (descrive la circostanza «nonostante la quale» avviene il fatto).

Enunciato = qualunque sequenza di parole, anche non di senso compiuto, il cui senso si può comprendere tuttavia risalendo al contesto.
Proposizione = unità minima della sintassi; sequenza di parole in cui sono presenti un soggetto e un predicato.
Frase = sequenza composta da una proposizione (frase semplice) o da più proposizioni (frase complessa); termina con una pausa (nel parlato) o con un segno di interpunzione «forte» (nello scritto: punto o punto e virgola).
Periodo = unità maggiore della sintassi, composto da almeno due frasi semplici tra le quali si stabilisce un certo rapporto di parità (coordinazione) o di dipendenza (subordinazione).

| Ho letto un libro | = *proposizione* o *frase semplice* |

| Ho letto un libro perché mi interessava | = *frase complessa* (ci sono più predicati), o *periodo* (le frasi semplici stanno in un certo rapporto fra loro). |

Con ogni gruppo di parole formate una frase semplice (proposizione) unendo logicamente fra loro le parole stesse.

(1) Moneta il è tempo. (2) Calata sera la era. (3) Alle care sono fanciulle rose le. (4) Visitata villa la avevamo ieri. (5) Fratello mio oggi scriverò a. (6) Fu da Leonardo dipinta *Monna Lisa*. (7) Splendidi Atene costruì in edifici Pericle. (8) Da cosa me sapere che volevi?(9) Più cosa volevi di? (10) Un con lunga bambine o vecchio barba la avete? (11) Da Roma 753 fondata avanti nel Cristo Romolo fu. (12) Una babbo il regalato mi stilografica ha penna. (13) Dal sporgersi non finestrino. (14) Di che paziente formiche le fanno estate lavoro! (15) Prossima ai nella andremo estate a bagni Rapallo.

2 *Con ogni gruppo di frasi semplice (proposizioni) formate una frase complessa o un periodo unendo opportunamente fra loro le proposizioni.*

(1) Che nessuna nave potè raggiungere la riva / si scatenò una così terribile tempesta. (2) Che vincono / le squadre non sono abbandonate dai tifosi. (3) Ove andremo / la città è veramente bella. (4) Dov'era aspettato / Padre Cristoforo uscì dal suo convento di Pescarenico / per salire alla casetta. (5) Il povero vecchio pure non volle mancare / e avesse anche paura di portare il soccorso di Pisa / a che rischioso gioco giocava / quantunque sapesse bene. (6) Dove fosse la signora / che non aveva mai visto un monastero / Lucia guardò in giro / a cui fare il suo inchino / quando fu nel parlatorio. (7) Come se volesse tener ferma la porta / stringendo i denti / come fuor di sé stringeva le braccia / e raggrinzando il viso / e puntava i pugni. (8) Il rumore era giunto / agli orecchi d'altre persone / prima che quelli fossero all'ordine / che vegliavano non lontano / prima anzi che fosser ben desti. (9) Per schivare ogni parola / non si potrebbe dire la cura / che potesse offendere il convitante / che dovevano avere quei poveretti. (10) E fu assalito a un tratto da mille pensieri / Don Abbondio spingeva lo sguardo in su / vedendoseli venir proprio incontro / tenendosi sempre il breviario aperto dinanzi / per spiar le mosse di coloro.

Che cos'è l'analisi logica

Analisi deriva dal greco *análysis*, «scioglimento», e significa scomposizione in parti di un tutto. Analizzare qualcosa è come smontare una catena estraendo gli anelli dai quali è costituita.

Fare l'**analisi logica di una frase complessa o di un periodo**, quindi, significa scomporre la frase o il periodo **nelle diverse frasi semplici (proposizioni)** che lo compongono, e indicare la connessione e la funzione svolta da ogni proposizione nel suo rapporto con le altre. Per esempio, ecco un periodo: *Piero ha letto il libro perché era interessante.* Ed eccone una sommaria analisi: *Piero ha letto il libro* = proposizione principale; *perché era interessante* = proposizione secondaria.

Analizzare è: (1) scomporre; (2) riconoscere le funzioni

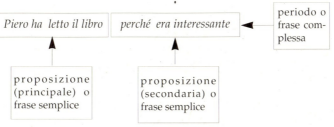

Ciascuna proposizione di cui è costituito il periodo, inoltre, può essere a sua volta scomposta in elementi, ognuno dei quali svolge la sua funzione nel «tenere insieme» la proposizione.

Fare l'analisi logica è distinguere le parole secondo la loro funzione

➡ Fare l'**analisi logica di una frase semplice (o proposizione)** significa scomporla individuando i diversi elementi che la costituiscono, secondo le funzioni da essi svolte. Per esempio, nella frase *Piero ha letto il libro* c'è una parola che funziona da soggetto: *Piero*; due che formano un predicato: *ha letto*; altre due che formano un complemento diretto: *un libro*.

Piero	ha letto	il libro
soggetto	predicato	c. diretto

Consideriamo ora i principali elementi da valutare nell'analisi logica della proposizione, secondo la funzione che vi svolgono.

La frase semplice (proposizione): soggetto, predicato, complementi

Le due funzioni essenziali che devono essere presenti in ogni proposizione sono quella di *soggetto* e quella di *predicato*.

Il centro del discorso: SOGGETTO

➡ Il **soggetto** (dal latino *subiectum*, «che sta sotto o davanti») è l'elemento che rappresenta chi compie o subisce l'azione descritta nella proposizione; più in generale, il soggetto è il centro del discorso, l'idea che è sottoposta al giudizio di chi parla. Grammaticalmente, il soggetto è spesso costituito da un nome, da un pronome o da un aggettivo; meno di frequente, il soggetto può essere rappresentato anche da un verbo, un avverbio o altre parti sostantivate. Esempi: <u>Maria</u> balla; [<u>Loro</u>] *Fuggirono* ı I <u>coraggiosi</u> si facciano avanti ı <u>Fumare</u> nuoce alla salute ı Il <u>meglio</u> è nemico del bene.

Dire qualcosa di qualcuno: PREDICATO

➡ Il **predicato** (dal latino *praedicare*, «dichiarare») esprime invece ciò che del soggetto viene detto: una qualità, una condizione, un'azione che lo riguarda. È solitamente espresso da un verbo. Esempi: *La zia <u>legge</u>* ı *L'amico <u>è</u> raro* ı *Le armi <u>sono</u> pericolose* ı *<u>Andrete</u> voi?* ı *Coriolano <u>fu ucciso</u>.*

Aggiungere informazioni: COMPLEMENTI

➡ I **complementi** (dal latino *complere*, «completare») sono gli elementi che aumentano le informazioni essenziali contenute nel predicato verbale; sono sempre retti dal predicato o dal soggetto. Esempi: *La zia legge il giornale* | *L'amico sincero è raro* | *Gli esempi dei cattivi sono pericolosi* | *Andrete voi in campagna?* | *Coriolano fu ucciso dai Volsci.*

Soggetto e predicato sono i due elementi essenziali dai quali è costituita una frase semplice (o proposizione). Altre informazioni sono aggiunte dai **complementi**.
Osserviamo per esempio la proposizione: ***Il mio amico Piero, cugino di Angelica, leggeva con piacere libri di avventure.*** Riconosceremo subito gli elementi essenziali, i *fondamenti* della frase: *Piero* (soggetto) e *leggeva* (predicato). Gli altri componenti sono *accessori* e possono crescere di numero arricchendo l'informazione ma senza modificarne il significato di base: sono mattoni che possiamo aggiungere a piacimento, sovrapponendoli gli uni agli altri.

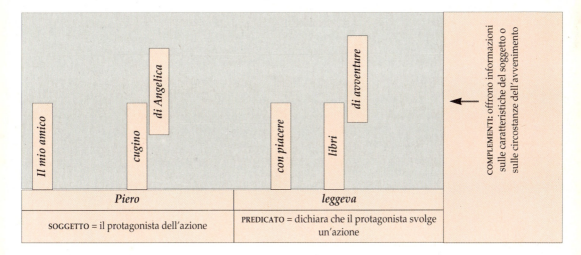

Altri esempi:

	La gatta	è grigia
Oggi	io	sono più tranquillo
complemento = informazioni sul tempo in cui collocare il discorso	soggetto = il protagonista del discorso, ciò di cui si parla	predicato = dichiara uno stato o una condizione che riguarda il protagonista del discorso

	Laura	è stata vista	da Marco
	La terra	è riscaldata	dal sole
	soggetto = il protagonista del discorso, in questo caso colui che riceve l'azione	predicato = qui forma passiva: dichiara un'azione che ricade sul soggetto	complemento = informazione su chi svolge effettivamente l'azione

3 *Completate i seguenti pensieri ponendo un predicato in luogo dei puntini.*

(1) Il latte... (2) Il Po... (3) Voi... (4) Le bambine... (5) Carla... (6) La spiaggia... (7) Il treno... (8) Io... (9) Le pecore... (10) I mandorli... (11) Le Alpi... (12) Il fuoco... (13) Esse... (14) La nonna... (15) La Sicilia ....

4 *Completate i seguenti pensieri ponendo un complemento in luogo dei puntini.*

(1) Dio creò... (2) Il freddo è dannoso... (3) ...cadono le foglie. (4) La vita ... è breve.... (5) L'oro è un metallo... (6) Noi leggevamo... (7) Ernestina aveva ubbidito... (8) ...ho scritto io. (9) La campagna è stata danneggiata... (10) Egli pianse... (11) Avevi visto tu...? (12) I cani sono più fedeli... (13) Mariuccia era una bambina... (14) ...c'era un usignolo. (15) L'America fu scoperta ...

Tipi di proposizione

Proposizioni semplici, complesse, composte, ellittiche

Le proposizioni sono semplici, complesse, composte, secondo gli ELEMENTI da cui sono formate

Per formare una frase semplice o proposizione bastano, come abbiamo detto, un soggetto e un predicato, ma le molteplici loro combinazioni producono tipi diversi di proposizioni. Riguardo agli elementi di cui sono formate vengono quindi classificate in *semplici, complesse, composte, ellittiche*.

➡ **Proposizione semplice** è una proposizione formata da un solo soggetto e un solo predicato. Esempi: *La mamma è buona | Il cammino è lungo | I cani sono fedeli | Sono insetti le formiche | Voi piangerete | Ciò spiacque | Ridevano tutti | Si prendano provvedimenti*.

➡ **Proposizione complessa** è una proposizione formata da un soggetto, un predicato e uno o più c o m p l e m e n t i. Esempi: *L'acqua del fiume era alta | I pescatori tesero le reti | Stamane verranno tutti | Usciva dalle cantine un odore di mosto | Durante il pomeriggio c'era un'afa insopportabile | Per i suoi capricci quella ragazza era molto fastidiosa | Il 5 maggio 1821 morì nell'isola di Sant'Elena Napoleone I | Così sarebbero stati colpiti a dovere tutti i trasgressori di quelle leggi*.

➡ **Proposizione composta** è una proposizione in cui ci sono più soggetti o più predicati o più complementi d e l l a   s t e s s a   s p e c i e. Esempi: *Sandra e Caterina giuocano | La locomotiva fischiò e partì | Giannina è buona e affettuosa | Il babbo aveva comperato una libreria, un tavoli-*

no e una poltrona | La mamma era uscita coi bambini e con sua sorella | Verranno gli zii, Pierino, Maria e un cuginetto.

Attenzione a non confondere proposizione composta e frase complessa. Una proposizione composta si chiama così appunto perché può essere trasformata in tante proposizioni (semplici o, a loro volta, composte). Esempi: *Sandra e Caterina giuocano* può diventare *Sandra giuoca e Caterina giuoca* | *La locomotiva fischiò e partì* = *La locomotiva fischiò e la locomotiva partì* | *Giannina è buona e affettuosa* = *Giannina è buona e Giannina è affettuosa* | *Il babbo aveva comperato una libreria, un tavolino e una poltrona* = *Il babbo aveva comperato una libreria, il babbo aveva comperato un tavolino e il babbo aveva comperato una poltrona* eccetera. La frase complessa, invece, è già composta da proposizioni diverse in cui compaiono soggetti, predicati o complementi di specie diverse. *La locomotiva fischiò e partì* = *La locomotiva fischiò e la locomotiva partì*: è una proposizione composta; *La locomotiva fischiò e io partii* è una frase complessa, perché vi compaiono due soggetti di specie diversa.

Naturalmente, quando due elementi formano una coppia indivisibile, la proposizione non può essere considerata composta: *L'acqua è formata da idrogeno e ossigeno* | *L'uomo consta di anima e di corpo* | *Lo stagno e il rame formano il bronzo*.

➡️ **Proposizione ellittica** è una proposizione in cui qualche elemento è sottinteso. Esempi: *Dormivate?* (sottinteso il soggetto, *voi*); *Chi piange? Io* (sott. il predicato, *piango*) | *Quando verrà lo zio? Domani* (sott. il soggetto, *lo zio* e il predicato, *verrà*) | *A chi appartiene quella villa? Alla famiglia Spinola* (sott. il soggetto, *quella villa* e il predicato, *appartiene*).

Una proposizione può naturalmente essere ellittica e nello stesso tempo semplice o complessa o composta. Esempio: *Taci!* (proposizione semplice ellittica); *Andate a letto presto, stasera!* (proposizione complessa ellittica); *Erano belli e profumati* (proposizione composta ellittica).

5 Trascrivete le seguenti proposizioni indicando fra parentesi, subito dopo ognuna di esse, se sia semplice, complessa, composta o ellittica.

(1) È arrivato Luigi. (2) La lezione fu lunga e noiosa. (3) C'erano galline e conigli. (4) È un ragazzo d'ingegno. (5) È traditore quel gatto. (6) Il bosco brucia. (7) Dove siete andate iersera? (8) A teatro. (9) Andiamo! (10) C'è il babbo? (11) La zia era pronta. (12) Le Alpi separano l'Italia dalla Francia, dalla Svizzera e dall'Austria. (13) Il mare è alimentato dai fiumi. (14) Sarete contenti. (15) Acqua, per carità!

Proposizioni attive, passive, pronominali

Rispetto alla **forma del verbo** che costituisce il predicato, le proposizioni possono essere *attive, passive, pronominali*. (Per quanto riguarda queste diverse forme verbali, rimandiamo alla sezione in fondo al volume dedicata al verbo).

Le proposizioni sono attive, passive, pronominali, secondo la FORMA DEL VERBO che contengono.

▶ Si dicono **proposizioni attive** quelle proposizioni il cui predicato è costituito da un verbo di forma attiva, cioè da un verbo che esprime un'attività o un modo di essere del soggetto. Esempi: *Quando andrete in campagna? Faremo una bella festa | Fa' il tuo dovere | I ladri erano entrati dal finestrino | Avrò avuto torto | Guido aveva sudato molto | Ci sarà anche il sindaco | Mirella è buona | Le pere erano mature | Se aveste studiato, oggi saresti contente.*

▶ Si dicono **proposizioni passive** quelle proposizioni il cui predicato è costituito da un verbo di forma passiva, cioè da un verbo che esprime un'azione patita, subita dal soggetto. Esempi: *Giannina è stimata da tutti | Furono premiati gli alunni più diligenti | sarebbero stati concessi dei permessi speciali | I rei siano puniti dalla legge | Il miele viene prodotto dalle api | Verrà fatta giustizia | Si scoprì una grossa congiura | Oh, se s'intuisse sempre la verità!*

▶ Si dicono **proposizioni pronominali** quelle proposizioni il cui predicato è costituito da un verbo di forma pronominale (vedi p. 172). Esempi: *Giulio si ruppe una gamba | Mi medicherò da solo | Fatti la barba | Ci eravamo offesi a vicenda | Voi vi sareste procurati molti guai | Gli eserciti si scontreranno nella pianura | Curati meglio | Si odiavano a morte.*

VERIFICARE

▶ Trascrivete le seguenti proposizioni indicando fra parentesi, subito dopo ognuna di esse, se sia attiva, passiva o pronominale.

(1) Siate buoni. (2) Carmen è amata da tutte le sue compagne. (3) Bianca è entrata nell'aula. (4) Vi siete illusi sul mio conto. (5) Rimase senza un soldo in tasca. (6) Siamo stati avvertiti in tempo. (7) Ilio fu assediata per dieci anni. (8) L'aeroplano era stato visto in lontananza. (9) Pietro fu condannato a tre anni di carcere. (10) Questa palazzina è costata centinaia di milioni. (11) Il piccolo si nutriva solo di latte. (12) Dopo il furto si sostituì la serratura. (13) Recitò molto bene la poesia. (14) Improvvisamente si sganciò il rimorchio. (15) Un bel sole entrava per la finestra.

Proposizioni enunciative, imperative, interrogative, esclamative

Le proposizioni sono assertive, imperative, interrogative, asclamative, secondo il SIGNIFICATO che esprimono.

Rispetto ai modi in cui porgono il significato, le proposizioni possono essere classificate in *enunciative, imperative* (oppure *esortative*), *interrogative, esclamative.*

▶ Si dicono **proposizioni enunciative** le proposizioni che asseriscono, «dicono» un pensiero, sia in forma negativa che affermativa. Esempi: *Il vento sradicò degli alberi | Il piroscafo partirà stasera | Il decreto sarà pubblicato domani | Non c'era | Nulla me lo impedirà | Tu non studi volentieri.*

▶ Si dicono **proposizioni imperative** o **esortative** le proposizioni che esprimono un comando oppure un'esortazione, sia in forma negativa che affermativa. Esempi: *Ama la patria | Il ladro sia punito a dovere | Cor-*

riamogli incontro | *Fate sempre il vostro dovere* | *Provvedano i consoli al bene della patria* | *Non correre troppo* | *Nessuno faccia la spia* | *Non lasciamoci abbattere dalla sventura* | *Non siate pigri, ragazzi* | *Non cerchino di scusarsi inutilmente.*

▶ Si dicono **proposizioni interrogative** le proposizioni che esprimono un dubbio oppure un'incertezza sotto forma di quesito. Se ne distinguono due tipi: (a) **interrogative proprie**, che consistono in una domanda vera e propria; (b) **interrogative retoriche**, che consistono in una domanda il cui scopo non è però quello di interrogare, bensì quello di affermare un giudizio con particolare forza.

Sono esempi di interrogative proprie: *Sei andato al cinema?* | *Hai studiato la lezione?* | *Chi c'è di là?* | *Che cosa ha detto?*. Sono esempi di interrogative retoriche: *Non sarebbe stato meglio andare? Chi lo avrebbe mai creduto? Chi te l'ha fatto fare?*

▶ Si dicono **proposizioni esclamative** le proposizioni che esprimono un pensiero impiegando un particolare tono di enfasi o di vivacità. Esempi: *Che bel panorama si gode di qui* | *Ah, che dolor di denti!* | *Come t'inganni!* | *Auff, che caldo faceva!* | *Quanta compassione!*

TIPI DI PROPOSIZIONE

Secondo gli e l e m e n t i da cui è composta, può dirsi:

    semplice → un solo soggetto e un solo predicato;
    complessa → soggetto, predicato e almeno un complemento;
    composta → più soggetti o più predicati o più complementi d e l l a s t e s s a s p e c i e
    ellittica → contiene elementi sottintesi.

Secondo la f o r m a d e l p r e d i c a t o, può dirsi:

    attiva → il predicato è di forma attiva;
    passiva → il predicato è di forma passiva;
    pronominale → il predicato è un verbo pronominale.

Secondo il s i g n i f i c a t o, può dirsi:

    assertiva → dice un pensiero, sia in forma positiva che negativa;
    imperativa o esortativa → esprime un comando o un'esortazione, sia in forma positiva che negativa;
    interrogativa → esprime un dubbio sotto forma di quesito;
    esclamativa → esprime un pensiero con enfasi o vivacità.

> **7** Trascrivete le seguenti proposizioni indicando fra parentesi, subito dopo ognuna di esse, se sia assertiva, imperativa, interrogativa (propria o retorica) o esclamativa.
>
> (1) To', chi si vede! (2) Vieni qua. (3) Ho detto di sì. (4) Avete salutato la nonna? (5) Spero nell'avvenire della tua impresa. (6) Non eri informato della vacanza? (7) Perché allora sei andato a scuola? (8) Si prendano dei severi provvedimenti. (11) Nessuno gli credette. (12) Quale oratore vi fu tra i Greci più eloquente di Demostene? (13) Ho detto di no. (14) Non è stata forse una fortuna la tua? (15) Chi più felice di me?

Le flessioni e i casi nella lingua italiana e nella lingua latina

DECLINAZIONE = modo in cui mutano le desinenze dei verbi

CONIUGAZIONE = modo in cui mutano le desinenze di nomi, articoli, aggettivi, pronomi

In latino, per esprimere diverse funzioni logiche delle parole, si usano delle desinenze particolari che si chiamano *casi*.

Nella lingua italiana le modificazioni che le parti variabili del discorso subiscono nella desinenza si dicono **flessioni**. Esempi: l'aggettivo *giallo* si flette in *giall-a, giall-i, giall-e*; il verbo *amare* si flette in *am-o, am-i, am-a* ecc.; *am-avo, am-ai, am-ato* ecc. La flessione di nomi, articoli, aggettivi e pronomi si dice **declinazione**, la flessione dei verbi si dice **coniugazione**. La lingua latina nel mutare le desinenze della **coniugazione** segue all'incirca le stesse norme della lingua italiana. Quanto alla **declinazione**, invece, le due lingue si regolano in modo diverso.

Infatti, nella lingua italiana la desinenza di nomi, aggettivi, pronomi si muta soltanto per indicare il numero e, talvolta, il genere. Esempi: *amic-o, amic-i, amic-a, amich-e; car-o, car-i, car-a, car-e; quest-o, quest-i, quest-a, quest-e; alber-o, alber-i, diligent-e, diligent-i.* Per esprimere le diverse funzioni logiche svolte da nomi, aggettivi e pronomi, in italiano si ricorre ad articoli e preposizioni semplici o articolate che vengono premesse alle parole. Esempi: *l'amico, dell'amico, all'amico, degli amici, per gli amici* eccetera.

Nella lingua latina, invece, mancano articoli e preposizioni articolate (ve ne sono solo di semplici). La **desinenza** dei nomi, degli aggettivi e dei pronomi **muta necessariamente** non solo per indicare numero e genere, ma **anche per indicare le varie funzioni logiche** delle parole nella proposizione.

Le desinenze che nomi, aggettivi e pronomi possono assumere in latino si chiamano **casi**. Sono sei: **nominativo, genitivo, dativo, accusativo, vocativo, ablativo**.

Tipi di soggetto e tipi di predicato

Il soggetto nelle frasi attive e passive

Come abbiamo già detto, il soggetto è uno dei due elementi caratterizzanti la proposizione e può trovarsi all'inizio, in mezzo o alla fine della proposizione. Possiamo ora precisare, rispetto al tipo di proposizione esaminata, che in una proposizione *semplice* il soggetto è l'elemento indicante *ciò di cui si parla*; in una proposizione *complessa e attiva* il soggetto è rappresentato da *colui che compie l'azione*; in una proposizione *complessa e passiva* il soggetto è rappresentato da *colui che subisce l'azione*.

> SOGGETTO: ciò di cui si parla; colui che compie l'azione; colui che subisce l'azione

Esempi di soggetto in proposizioni semplici: <u>La rosa</u> è odorosa | <u>Maria</u> canta | <u>Voi</u> siete pigri | Verremo (sottinteso: noi) | *Si sentì un boato* (impersonale) | *Saranno indette <u>le elezioni</u>.*

Esempi di soggetto in proposizioni complesse e attive: <u>Il gatto</u> ha rubato la carne | Aveva fatto il compito <u>Ernesto</u>? | Verrete anche <u>voi</u> al mare? Tutte <u>le strade</u> conducono a Roma | Alzatevi in piedi!

Esempi di soggetto in proposizioni complesse e passive: <u>La carne</u> era stata rubata dal gatto | Era stato fatto da Ernesto <u>il compito</u>? | <u>Ella</u> fu lodata dal Preside | Sia allontanato da noi <u>il flagello</u> della guerra! | *Non si mettono le armi in mano ai bambini!* (impersonale).

Il predicato verbale e il predicato nominale

Rifacendoci all'origine del suo nome, il predicato è l'elemento della proposizione grazie al quale si *dichiara* qualche cosa: la parola deriva infatti dal latino *praedicare*, «dichiarare». Esso può essere di due specie, *verbale* o *nominale*.

> PREDICATO: l'elemento che dichiara qualcosa.

➡ Si dice **predicato verbale** il predicato in cui il verbo è sufficiente, da solo, a dichiarare qualcosa (il verbo può essere transitivo o intransitivo, in forma attiva o passiva o pronominale).

> P. VERBALE: il verbo è sufficiente a rendere un significato.

➡ Si dice **predicato nominale** il predicato che, per dichiarare qualcosa, deve accompagnarsi a un nome, a un aggettivo o a un pronome riferiti al soggetto. Tipicamente, un predicato nominale è composto da una voce del verbo *essere* (**copula**) più una **parte nominale del predicato** o **nome del predicato**.

> P. NOMINALE: il verbo ha bisogno di un nome o di un aggettivo per rendere un significato.

Esempi di predicati verbali: Il cane <u>abbaia</u> in difesa del suo padrone | Il gattino <u>ha rubato</u> un pezzo di carne | <u>Andate</u> a letto! | Ti <u>avrei salutato</u> volentieri | Gli zii <u>sono partiti</u> per il Venezuela | Oh, se <u>fossimo arrivati</u> in tempo! | La notizia <u>è divulgata</u> in un baleno | I ladri <u>furono scoperti</u> dalla polizia e <u>condannati</u> a *otto anni di carcere* | *I prigionieri venivano perquisiti minuziosamente* | *Due convogli si sono scontrati sulla linea nord* | *Mi sarei precipitato subito dal dottore* | *Oh, quanto ci saremmo vergognati noi!*

Esempi di predicati nominali: *L'oro è un metallo* | *Il cielo era sereno* | *Foste dei pazzi* | *Era stata faticosa la salita* | *Sii forte e disinteressato* | *Oh, se fossimo stati attenti!* | *Buona sarebbe l'idea!*

Come distinguere p. verbali e p. nominali

Per distinguere bene predicati nominali e predicati verbali bisogna fare attenzione a qualche particolarità:

Usi particolari del verbo *essere*

1. Normalmente, il **verbo essere** ha funzione copulativa, ha cioè la funzione di congiungere il soggetto con un nome o un aggettivo che del soggetto indica una condizione o qualità: è perciò considerato come predicato nominale. Tuttavia, quando il verbo *essere* significa «esistere», «stare», «trovarsi», «appartenere», allora funge da **predicato verbale**. Esempi: *Dio è* (= esiste). | *La mamma era* (= stava) *a letto* | *Ci sono* (= si trovano) *molti ignoranti a questo mondo.* | *Codesto compasso è di* (appartiene a) *Ines*.

Naturalmente, sono da considerare **un unico predicato verbale** anche le forme verbali in cui il verbo *essere* funziona da ausiliare (tempi composti). Esempi: *La nave era sbattuta dalle onde* | *Foste puniti giustamente* | *Sia punito il colpevole* | *Essendo stato ammonito in tempo, si fermò* | *I nemici erano penetrati nella città* | *Giulio si sarebbe accorto dell'inganno* | *Essendo incorsi in un errore, vi poniamo subito rimedio.*

Verbi fraseologici

2. Vanno considerati come un **solo predicato verbale** i gruppi verbali formati con **verbi fraseologici** come *lasciarsi, sentirsi, trovarsi, vedersi* (vedi p. 182). Esempi: *Alla fine Guglielmo si lasciò persuadere dalla mamma* | *Noi ci sentiamo perseguitati dalla sfortuna* | *Egli si trovò sbattuto sugli scogli* | *Così vi vedreste abbandonati da tutti*. Anche le **locuzioni verbali** come *stare per, essere in procinto di, stare lì lì per* e simili, unite all'infinito, sono da considerare un unico predicato verbale, così come i verbi **andare, venire, stare uniti a un gerundio**. Esempi: *Annibale stava per intraprendere la battaglia* | *Eravamo sul punto di andarcene* | *Fui lì lì per partire alla volta di Torino* | *Maria andava ripetendo ad alta voce la lezione* | *Che libro stai leggendo?* | *Venne elencando alcuni nomi.*

Verbi servili

3. Vanno considerati **distinti dall'infinito** al quale si accompagnano, invece, i verbi servili come *dovere, potere, volere*, che formano quindi **due distinti predicati verbali** (vedi p. 179). Esempi: *Non possiamo* (p.v.) *permettere* (p.v.) *una cosa simile* | *Essi dovranno* (p.v.) *pagare il fio delle loro colpe* | *I ragazzi vorrebbero* (p.v.) *sempre giocare* (p.v.).

Distinguere tra participio passato e aggettivo

4. Ci possono essere difficoltà a distinguere il ruolo di un participio passato in unione con una voce del verbo *essere*: è predicato *verbale* (il verbo è coniugato al passato prossimo) oppure predicato *nominale* (voce del verbo essere più aggettivo)? Un accorgimento: quando il verbo *essere* può essere sostituito dal verbo *venire*, siamo in presenza di un passato composto: *La finestra è aperta dal vento = La finestra viene aperta dal vento* = predicato verbale; *Il negozio è aperto | La partita è finita* = predicato nominale.

IN LATINO il **soggetto** si pone nel caso *nominativo*. Esempi: *La rosa è odorosa* →*Rosa odorosa est.* | *Voi siete pigri* →*Vos estis pigri*.

Il **predicato nominale** si scompone nelle due parti componenti:
(a) la **copula** (cioè la voce del verbo *essere*), che si pone, di regola, nello stesso modo, tempo, persona e numero in cui si presenta in italiano;
(b) la **parte nominale** del predicato (cioè il nome o l'aggettivo), che si pone nel **caso del soggetto**.
Esempi: *La rosa è un fiore* → *Rosa est flos.* | *Le rose sono odorose* → *Rosae sunt odorosae.* | *Sereno era il cielo* → *Serenum erat coelum.* | *Dante fu esule* → *Dantes fuit exul.* | *Essi furono vincitori* → *Illi fuerunt victores.* | *Antonio era stato ambasciatore* → *Antonius fuerat legatus*.

8 *Trascrivete le seguenti proposizioni, segnalando con un'indicazione fra parentesi e sottolineando il soggetto di ciascuna di esse.*

(1) (Esempio: Loro sono pazzi. *Loro (soggetto) sono pazzi*) (2) Qualcuno ha bussato alla porta. (3) Il tempo è moneta. (4) Passa il corteo. (5) Tacete! (6) Ci mancava l'apostrofo. (7) La mia patria è l'Italia. (8) Si avvicina l'inverno con tutti i malanni. (9) Al centro della settimana si trova il giovedì. (10) Che cosa desideri? (11) Un giorno non ti basterà. (12) Un giorno si presentarono dei banditi. (13) Partiremo giovedì. (14) Si affittano appartamenti in questo palazzo? (15) Non tirava un alito di vento. (16) Delle vocali hanno un suono chiuso. (17) Martedì non verrà. (18) Delle volte si commettono sciocchezze.

9 *Trascrivete le seguenti proposizioni segnalando con un'indicazione fra parentesi e sottolineandoli i predicati verbali e i predicati nominali.*

(1) (Esempio: Tarquinio, ultimo re di Roma, fu scacciato per la sua superbia. *Tarquinio, ultimo re di Roma, fu scacciato (p. v.) per la sua superbia*). (2) Lui sarà per te un vero amico. (3) Di chi è quel berretto? (4) È oltremodo superbo. (5) Arrivarono molti forestieri. (6) Creso era re della Lidia. (7) Bussate pure. (8) Sii molto tranquillo. (9) C'era una volta un re. (10) Quintilio fu inviato con l'ambasceria. (11) Il tappeto era steso per terra. (12) Il tappeto era steso per terra da bravi venditori. (13) Virgilio fu un illustre poeta. (14) Verrà cantato un inno. (15) La bimba era meno titubante di lui. (16) Questo o è o non è. (17) Deve arrivare il treno da Milano. (18) Don Abbondio andava pensando fra sé ai tanti matrimoni impediti. (19) Non mi lascerò smuovere dalle tue parole. (20) Ero lì lì per dire tutta la verità. (21) Perché siete qui? (22) Il lago era limpido come un cristallo. (23) La nave era in procinto di salpare dal porto. (24) Siamo ingannati da tutti.

10 Trascrivete le seguenti proposizioni (nelle quali il predicato è nominale) segnalando separatamente la copula e la parte nominale del predicato.

(1) (esempio) L'imputato era innocente. *L'imputato era (copula) innocente (parte nominale)*. (2) Il piccolo malato era tranquillo. (3) Il tempo era bello. (4) Chi siete voi? (5) La stoffa era ruvida. (6) Il bimbo fu contento del regalo. (7) Nella semioscurità Pietro era quasi invisibile. (8) Lunga era la via. (9) Carlo è solo nell'appartamento. (10) Lei era oltremodo arrogante. (11) Mio cugino era il primo della classe. (12) Sarà caldo il ferro? (13) La finestra è aperta da molto tempo. (14) Furono degli sconfitti, non dei vincitori. (15) Non è permessa la caccia fuori stagione. (16) Mario è, fra tutti i compagni, il più veloce.

11 Fate l'analisi logica delle seguenti proposizioni semplici.

(1) La Provvidenza aiuta. (2) Piangeva. (3) La tigre è una belva. (4) Tu sorridesti. (5) Chi ha parlato? (6) Il mare mugghiava. (7) Rosso era quel vestito. (8) Sono stanco. (9) Era giunta. (10) Era schizzato del fango. (11) Che c'è? (12) C'erano dei fiori. (13) Cesare è stato rimproverato. (14) Guido è stato onesto. (15) Dormite! (16) Si terrà un'adunanza. (17) Sta arrivando il professore. (18) I ragazzi vorrebbero uscire. (19) Mancava un accento. (20) Maria si è lasciata convincere.

12 Fate l'analisi logica delle seguenti proposizioni le quali non differiscono dalle proposizioni semplici se non per il fatto che avranno due o più soggetti, ovvero due o più predicati (che si analizzeranno separatamente). (Si tratta di proposizioni composte soltanto nei riguardi del soggetto e del predicato).

(1) Il sonnambulo dorme e cammina. (2) Noi eravamo stanche e annoiate. (3) Guido e Maria piangevano. (4) I gigli sono bianchi e odorosi. (5) Tacete e studiate! (6) Ernesto e lo zio sono stati invitati. (7) Canteremo e balleremo. (8) La lettera è scritta e corretta. (9) Tu e Carla parlavate. (10) Il cavallo andrà nutrito e dissetato. (11) Ripida e faticosa era la salita. (12) C'erano il prefetto e il sindaco. (13) Quali e quante sono le carte? (14) Arriveranno dei limoni e delle arance. (15) Sono necessari il caldo e il freddo. (16) Stavo guardando e pensavo. (17) Voi e quelli sarete chiamati e interrogati. (18) Vi saranno il babbo, la mamma, gli zii e gli amici. (19) Voglio uscire e divertirmi. (20) Delle pecore, delle capre e una mucca pascolavano. (21) Clara è meno distratta e più pronta. (22) Il meno paziente e il più vivace era Franco.

ANALIZZARE E TRADURRE/1 Per fare l'analisi logica di una proposizione semplice basta, in primo luogo, distinguere gli elementi essenziali (colonna 1); in secondo luogo, si indicano le diverse funzioni che essi svolgono nella frase: soggetto e predicato verbale o nominale (colonna 2; all'interno di quest'ultimo, si distingue copula e parte nominale). Quindi si procede alla costruzione latina (colonna 3) e alla corrispondente traduzione (colonna 4).
Esempi da analizzare e tradurre: *L'aquila vola* ı *Le zie sono partite* ı *Dio è* ı *Stavamo per andare* ı *Luisa stava leggendo* ı *La rosa è un fiore* ı *Le viole sono profumate* ı *Sereno era il cielo* ı *Essi furono vincitori* ı *Antonio era stato ambasciatore*.

1 ELEMENTI DELLA FRASE	2 FUNZIONE LOGICA	3 COSTRUZIONE LATINA	4 TRADUZIONE LATINA
L'aquila *vola*	soggetto predicato verbale	nominativo sing. Ind. pres. 3ª sing.	*Aquila* *volat*
Le zie *sono partite*	soggetto predicato verbale	nominativo plur. Ind. pass. pr. 3ª pl.	*Avunculae* *profectae sunt*
Dio *è (esiste)*	soggetto predicato verbale	nominativo sing. Ind. pres. 3ª sing.	*Deus* *est*
Stavamo per andare *[noi]*	predicato verbale [soggetto sottint.]	Ind. imperf. 1ª plur. [nominativo plur.]	*Profecturi eramus* *[nos]*
La maestra *stava leggendo*	soggetto predicato verbale	nominativo sing. Ind. imperf. 3ª sing.	*Magistra* *legebat*
La rosa *è* *un fiore*	soggetto copula parte nominale	nominativo sing. Ind. pres. 3ª sing. nominativo sing.	*Rosa* *est* *flos*
Le rose *sono* *odorose*	soggetto copula parte nominale	nominativo plur. Ind. pres. 3ª plur. nominativo plur.	*Rosae* *sunt* *odorosae*
Sereno *era* *il cielo*	parte nominale copula soggetto	nominativo sing. Ind. imperf. 3ª sing. nominativo sing.	*Serenum* *erat* *coelum*
Essi *furono* *vincitori*	soggetto copula parte nominale	nominativo plur. Ind. p. rem. 3ª plur. nominativo plur.	*Ii* *fuerunt* *victores*
Antonio *era stato* *ambasciatore*	soggetto copula parte nominale	nominativo sing. Ind. trap. pr. 3ª sing. nominativo sing.	*Antonius* *fuerat* *legatus*

I complementi: diretti e indiretti, attributivi e appositivi, avverbiali

I complementi sono gli elementi che, in una frase semplice o in un periodo, aumentano e completano l'informazione contenuta nel predicato verbale. Esempi: *Vedo mia zia.* | *La bici era stata ridipinta da Gino.* | *Emma gioca con Andrea.* | *Lo zaino sulla sedia è di mio fratello.*

Detto in altri termini, più semplici ma efficaci: ogni costituente della frase che non sia soggetto o predicato funziona come complemento.

Al contrario del soggetto e del predicato, che sono due componenti autonomi, i complementi fanno sempre stretto riferimento a qualche altro costituente della frase e non possono reggersi da soli. Esempi: *Quella mattina la radio trasmetteva una vecchia canzone dei Beatles* | *Con la mia amica Elda sono uscita subito dopo le tre.*

Trascrivete le seguenti proposizioni sottolineando tutti gli elementi che costituiscono un complemento.

(1) (Esempio: Prendi il portacenere. *Prendi il portacenere*). (2) Sotto le macerie erano rimasti il padre e la sorella. (3) Ho letto attentamente la lettera. (4) Tremava dalla paura. (5) Marconi inventò la radio. (6) È morto il mio canarino. (7) Il riso abbonda sulla bocca degli stolti. (8) Antonio è stato assolto dall'accusa di insubordinazione. (9) È bella e decorosa la morte per la Patria. (10) Nel 1789 scoppiò la Rivoluzione francese. (11) Oggi il tempo non è propizio per una passeggiata. (12) Risolverete il problema su un foglio a quadretti. (13) A chi avete dato il permesso? (14) La tazza era piena di tè. (15) D'autunno le foglie degli alberi ingialliscono e cadono. (16) Furono censurati per indisciplina e negligenza. (17) L'*Eneide* di Virgilio fu tradotta in italiano da Annibal Caro. (18) Le ore del mattino hanno l'oro in bocca. (19) A me piacciono molto le trasmissioni della radio. (20) Il coprifuoco incominciava alle ore ventidue.

Complementi diretti e indiretti

La prima distinzione da fare tra i diversi tipi di complementi è quella tra complementi diretti e indiretti.

Il complemento diretto si unisce al verbo senza alcuna preposizione

Si chiama **complemento diretto** o **complemento oggetto** il complemento retto d i r e t t a m e n t e da un verbo transitivo in forma attiva o pronominale, s e n z a b i s o g n o d i a l c u n a preposizione. Esempi: *Adele guarda il panorama.* | *Voi amate la musica.* | *I topini mangiano il formaggio.* | *Mi lavai con cura.* | *Niente, aveva preso.* | *Acquistarono del prosciutto*. Ne parliamo più diffusamente a p. 22 e a p. 84.

▶ Si chiamano **complementi indiretti** tutti quei complementi retti dal predicato per mezzo di una preposizione (*di, a, da, in, con, su, per, tra, fra*). Esempi: *Lucia scappa da me.* ı *Queste carte erano di Giorgio.* ı *Ho dato ad Antonio il torrone.* ı *Con te andrei anche in capo al mondo.*

I complementi indiretti si uniscono al verbo con una preposizione semplice o articolata.

Attributo e apposizione

Esistono due tipi di complementi, chiamati *attributo* e *apposizione*, che aggiungono particolari specificazioni o qualificazioni ai nomi contenuti nella frase.

▶ Si chiama **attributo** (o **complemento attributivo**) un aggettivo qualificativo che si pone subito prima o subito dopo un nome. L'attributo specifica, restringendolo, il significato del nome oppure ne mette in rilievo una qualità. Esempi: *Maria è una bambina simpatica.* ı *La mia sedia è comoda.* ı *Le bianche scogliere di Dover comparvero all'improvviso.* ı *I vasti sobborghi della metropoli non facilitano i contatti umani.* ı *Voi tutti amate l'opera.*

Attributo: aggettivo qualificativo

Alcune osservazioni sulle forme degli attributi.

1. Un nome può essere accompagnato da **due o più attributi.** Esempi: *È difficile trovare un programma divertente e istruttivo.* ı *L'Africa è la patria di molte belve feroci.*

2. Aggettivi espressi al **grado comparativo** o **superlativo** vanno naturalmente considerati come un unico attributo. Esempi: *Ho trovato un programma più divertente di questo.* ı *Luca spiega ad Elena un gioco molto semplice ma poco diffuso.* ı *C'erano delle bestioline infinitamente piccole.* ı *Hai un comportamento meno tranquillo di tuo fratello.*

3. I **participi dei verbi**, quando sono usati come aggettivi, si considerano attributi (vedi anche p. 22 [4]). Esempi: *Lasciate le finestre chiuse.* ı *Non è una pista per sciatori principianti.* ı *La pioggia insistente interrompe la nostra marcia.* ı *Il cane stava con le orecchie tese e gli occhi spalancati.*

4. Agli effetti dell'analisi logica si considerano attributi anche quelle **locuzioni attributive** che si possono trasformare in veri e propri aggettivi: *Non si trova acqua da bere* (= potabile). ı *L'uva che si trova ora sulla vite non è da mangiare* (= commestibile). ı *Ha fatto una corsa da pazzi* (= pazzesca).

▶ Si chiama **apposizione** (o **complemento appositivo**; dal latino *appositio*, «aggiunta») un nome o una coppia di nomi che si riferisce strettamente ad un altro nome e lo determina più precisamente, senza restringerne il significato. L'apposizione si trova di solito prima del nome cui si riferisce; se si trova dopo è spesso separata da una virgola. Esempi: *Il fiume Po è il maggior corso d'acqua italiano.* ı *Il Po, fiume piemontese, è il maggiore d'Italia.* ı *Il tuo amico Valerio è andato a casa.* ı *Valerio, tuo amico e*

Apposizione: un nome che si riferisce a un nome

compagno, è già andato a casa. | L'*imperatore* Nerone fu crudele. | Nerone, *imperatore* romano, si distinse per crudeltà. | Voi *ragazzi* oggi siete molto vivaci.

Mentre l'attributo ha spesso una funzione essenziale nel determinare il significato del nome al quale si riferisce, l'apposizione quasi sempre può essere omessa senza che il significato di base del nome cambi: *Mio fratello Carlo preferisce la pastasciutta* | *Carlo preferisce la pastasciutta.*

Casi particolari di apposizione

Occorre fare attenzione al fatto che i **soprannomi**, gli aggettivi **patronimici**, gli **aggettivi sostantivati** con iniziale maiuscola uniti a un nome proprio sono da considerare altrettante apposizioni. Esempi: *Tarquinio il Superbo fu l'ultimo re romano.* | *Il Pelide Achille era il più forte eroe greco.* | *Brueghel il Vecchio fu un grande pittore fiammingo.*

Un altro caso particolare è dato dalle **apposizioni che si collegano al nome per mezzo di preposizioni, congiunzioni, o locuzioni varie** (*da, come, quale, in qualità di*), come negli esempi che seguono: *Pietro da vecchio sarà molto noioso.* | *Fu mandato Cornelio come ambasciatore.* | *Io, in veste di amministratore, deciderò.* (Casi da non confondere con i complementi predicativi del soggetto e dell'oggetto, vedi oltre.)

IN LATINO l'**attributo** si pone *nello stesso caso, numero e genere* in cui si dovrà porre il nome cui esso si riferisce; così anche l'**apposizione** si pone nello stesso caso (e, quando è possibile, anche nello stesso numero e genere) in cui si pone il nome a cui si riferisce.

Complementi avverbiali

▶ Si chiamano **complementi avverbiali** quei complementi costituiti dalle parti invariabili del discorso (esclusa la preposizione), che n o n s o n o u s a t e c o n v a l o r i d i s o s t a n t i v i (in questo caso sarebbero soggetti o complementi indiretti). Esempi: *L'impresa riuscì felicemente.* | *Poi giunsero i soldati.* | *Allora verrò quando mi inviterai.* | *Oh, che gioia.* | *Non sempre la bellezza si accompagna al fascino.* | *Li esortò affinché studiassero di più.* | *Avanzavano carponi.* | *Ad un tratto sbucò da un cespuglio una lepre.* | *Scendi adagio.* | *Verremo il più presto possibile.* | *Alzati di buon'ora.* | *Per quel che sappiamo, domani limiteranno la corrente elettrica.* | *Tremo ogni volta che scoppia un tuono.*

IN LATINO i complementi **avverbiali**, salvo qualche caso particolare sintattico, si trascrivono tali e quali dal vocabolario latino senza alcuna flessione. Esempi: *L'impresa riuscì felicemente.* → *Res evenit feliciter.* | *Poi giunsero i militi.* → *Postea pervenerunt milites.* | *Allora verrò, quando m'inviterai.* → *Tum veniam, cum me invitabis.* | *Li esortò affinché studiassero di più.* → *Eos hortatus est ut studerent magis.* | *Alzati di buon'ora.* → *Surge multo mane.*

ANALIZZARE E TRADURRE/2 Possiamo ora proporre l'analisi logica delle proposizioni complesse e composte. Anche in questo caso, bisognerà (1) distinguere gli elementi essenziali e accessori della proposizione; (2) indicare le diverse funzioni che essi svolgono nella frase; (3) costruire poi la frase in latino e (4) tradurla. Nota in particolare la funzione svolta dagli **attributi** e il modo di tradurli in latino.

1 ELEMENTI DELLA FRASE	2 FUNZIONE LOGICA	3 COSTRUZIONE LATINA	4 TRADUZIONE LATINA
Maria	soggetto	nominativo singol.	*Maria*
è	copula	Ind. pres. 3ª sing.	*est*
una fanciulla	parte nominale	nominativo singol.	*puella*
buona	attributo p. nomin.	nominativo singol.	*bona*
I popoli	soggetto	nominativo plurale	*Populi*
asiatici	attributo soggetto	nominativo plurale	*asiatici*
sono	copula	Ind. pres. 3ª plur.	*sunt*
pazienti	parte nominale	nominativo plurale	*perferenti*
Vostra	attributo soggetto	nominativo singol.	*Vestra*
sorella	soggetto	nominativo singol.	*soror*
è venuta	predicato verbale	Ind. p. pros. 3ª sing.	*venit*
Belle	attributo p. nomin.	nominativo plurale	*Pulchrae*
e divertenti	attributo p. nomin.	nominativo plurale	*et iucundae*
favole	parte nominale	nominativo plurale	*fabulae*
sono	copula	Ind. pres. 3ª plur.	*sunt*
queste	soggetto	nominativo plurale	*hae*
C'era	predicato verbale	Ind. perf. 3ª sing.	*Erat*
la finestra	soggetto	nominativo singol.	*fenestra*
chiusa	attributo soggetto	nominativo singol.	*clausa*
Vi era	predicato verbale	Ind. imperf. 3ª sing.	*Erat*
una fossa	soggetto	nominativo singol.	*fovea*
meno larga	attributo soggetto	nominativo singol.	*minus lata*
La più diligente	attributo p. nom.	nominativo singol.	*Diligentissima*
scolara	parte nominale	nominativo singol.	*discipula*
era	copula	Ind. imperf. 3ª sing.	*erat*
Vittoria	soggetto	nominativo singol.	*Victoria*
C'erano	predicato verbale	Ind. imperf. 3ª plur.	*Erant*
delle bestioline	1º soggetto	nominativo plurale	*bestiolae*
infinitamente piccole	attributo 1º sogg.	nominativo plurale	*minimae*
e piante	2º soggetto	nominativo plurale	*et plantae*
alte alte	attributo 2º sogg.	nominativo plurale	*altissimae*

I complementi: diretti e indiretti, attributivi e appositivi, avverbiali

14 *Fate l'analisi logica delle seguenti proposizioni, facendo particolare attenzione al ruolo svolto dagli* **attributi** *e distinguendolo da quello delle parti nominali dei* **predicati**

(1) Il cane è un animale fedele. (2) Tutte le pere marcirono. (3) Quel libro era appassionante e intelligente. (4) Il combattimento navale fu tremendo. (5) Arrivano due aranciate. (6) Nacque una profonda amicizia. (7) Clotilde e Bettina furono le mie migliori amiche. (8) Piovvero botte da orbi. (9) Camillo Cavour fu un valente diplomatico italiano. (10) I miei genitori e mio fratello mi hanno portato con loro. (11) . Fu scoperto un meraviglioso tesoro. (12) Quei giovani saranno dei bravi artisti lirici. (13) Tutta la classe era stata lodata. (14) Gianni è un ragazzo molto determinato ma eccentrico. (15) Venne un signore ricco sfondato. (16) Scarse erano le forze navali ed aeree. (17) Raffaello Sanzio fu un pittore eccelso e celeberrimo. (18) Si vedeva un drappo rosso scarlatto. (19) Erano sopraggiunti dei motivi gravi e delle circostanze inaspettate. (20) La porta fu aperta ed è aperta. (21) Più rilassante e meno pericoloso sarebbe stato un viaggio in treno.

15 *Fate l'analisi logica delle seguenti proposizioni, facendo particolare attenzione al ruolo svolto dalle* **apposizioni.**

(1) Il poeta Omero fu cieco. (2) I profumi francesi sono più pregiati di questo. (3) Il monte Cervino è incantevole. (4) Il Pelìde Achille fu un eroe greco. (5) Cicerone fu un grande oratore. (6) Cicerone come oratore fu grande. (7) Alessandro il Macedone fu un grande generale. (8) I Latini erano un popolo bellicoso. (9) Il nostro amico Pietro è partito. (10) Pietro, nostro carissimo amico, è partito. (11) Mio cugino Pietro è uno scolaro diligente. (12) Riprovate e siate più tenaci. (13) Il monte Everest è la più bella vetta. (14) L'onestà è tra le più belle virtù. (15) Alessandro il Grande fu re macedone. (16) Parlò Appio Claudio il Cieco. (17) Demostene da fanciullo era balbuziente. (18) Quei cuccioli sono molto giocherelloni. (19) Il capitano Achab era un uomo duro e spietato. (20) Cornelia, madre dei Gracchi, fu una figura esemplare. (21) Donna virtuosissima, fu il più bello e nobile esempio. (22) Giulio Cesare, celebre generale romano, era un ottimo scrittore. (23) Erano coltivate la vite e l'ulivo, piante utilissime. (24) Le arance, prodotto siciliano, sono dei frutti molto vitaminici.

ANALIZZARE E TRADURRE/3 Nota in particolare la funzione svolta dalle **apposizioni** e il modo di tradurle in latino.

1 ELEMENTI DELLA FRASE	2 FUNZIONE LOGICA	3 COSTRUZIONE LATINA	4 TRADUZIONE LATINA
Maria	soggetto	nominativo singol.	Maria
è	copula	Ind. pres. 3ª sing.	est
una fanciulla	parte nominale	nominativo singol.	puella
buona	attributo p. nom.	nominativo singol.	bona
Il fiume	apposizione sogg.	nominativo singol.	Flumen
Po	soggetto	nominativo singol.	Padus
è	copula	Ind. pres. 3ª sing.	est
il più grande	attributo p. nomin.	nominativo singol.	maximum
fiume	parte nomina	nominativo singol.	flumen
italiano	attributo p. nomin.	nominativo singol.	Italicum
Il tuo	attr. appos. sogg.	nominativo singol.	Tuus
amico	apposizione sogg.	nominativo singol.	amicus
Valerio	soggetto	nominativo singol.	Valerius
è stato arrestato	predicato verbale	Ind. p. pr. 3ª sing.	captus est
Il Po,	soggetto	nominativo singol.	Padus,
grande	attributo appos.	nominativo singol.	magnum
fiume	apposizione sogg.	nominativo singol.	flumen
italiano,	attributo appos.	nominativo singol.	italicum
ha straripato	predicato verbale	Ind. p. pr. 3ª sing.	exundavit
Valerio,	soggetto	nominativo singol.	Valerius
tuo	attributo appos.	nominativo singol.	tuus
intimo	attributo appos.	nominativo singol.	intimus
amico,	apposizione sogg.	nominativo singol.	amicus
è stato arrestato	predicato verbale	Ind. p. pr. 3ª sing.	captus est.
Tarquinio	soggetto	nominativo singol.	Tarquinius
il Superbo	apposizione sogg.	nominativo singol.	Superbus
fu	copula	Ind. p. rem. 3ª sing.	fuit
l'ultimo	attributo p. nomin.	nominativo singol.	ultimus
re	p. nomin.	nominativo singol.	rex
romano	attributo p. nomin.	nominativo singol.	Romanus
Pietro	soggetto	nominativo singol.	Petrus
da vecchio	apposizione sogg.	nominativo singol.	senex
sarà	copula	Ind. fut. s. 3ª sing.	erit
assai noioso	parte nominale	nominativo singol.	molestissimus
Fu mandato	predicato verbale	Ind. p. rem. 3ª sing.	Missus est
Cornelio	soggetto	nominativo singol.	Cornelius
come ambasciatore	apposizione sogg.	nominativo singol.	legatus

Il complemento diretto o oggetto; il complemento oggetto interno

Si chiama **complemento diretto** o **complemento oggetto** il complemento che indica ciò su cui ricade direttamente l'azione espressa dal verbo. Il verbo può essere transitivo in forma attiva oppure pronominale; fra il verbo e il complemento non si interpone alcuna preposizione. Esempi: *Adele guarda il panorama.* | *Voi amate la musica.* | *I topini mangiano il formaggio.* | *Mi lavai con cura.* | *Niente, aveva preso.* | *Acquistarono del prosciutto* (*del* = articolo partitivo e non preposizione articolata).

Si chiama **complemento oggetto interno** il complemento oggetto, retto da verbi intransitivi, che ripete l'idea «interna» al verbo, rendendolo transitivo. Esempi: *Vivevano una vita felice.* | *Piansi lacrime amare.*

Il complemento oggetto si colloca di solito d o p o i l v e r b o c u i s i r i f e r i s c e; solo di rado lo precede. Spesso è da considerare quasi obbligatorio perché se viene staccato dal verbo al quale si riferisce l'intera frase perde senso o cambia significato. Ecco infatti come compaiono gli esempi, privando i predicati del loro oggetto: *Adele guarda.* | *Voi amate.* | *I topini mangiano.* | *Lavai con cura.* | *Aveva preso.* | *Acquistarono*: viene spontaneo chiedersi, alla fine di ogni enunciato: «che cosa?»

Ulteriori particolarità del complemento diretto vengono esposte a p. 84.

IN LATINO il **complemento oggetto** si pone nel caso *accusativo*.

 Fate l'analisi logica delle seguenti proposizioni.

(1) Il fantino spronò il cavallo. (2) Sentimmo un tonfo cupo. (3) Guidava un'auto velocissima. (4) La stella della sera è Sirio, la più luminosa. (5) Onora il padre e la madre. (6) La mamma cercava del cotone. (7) Ho visitato Firenze, Roma, Napoli e la Sicilia. (8) Rispettate gli alberi. (9) La soave primavera è la più gradita stagione. (10) Gli esperti avevano trascritto tutti i nomi prescelti. (11) Prendi penna e carta e scrivi la lettera. (12) Gli operai abbatterono degli alberi vecchi. (13) L'ateniese Milziade vinse i Persiani, popolo assai bellicoso. (14) Le nostre brave ginnaste hanno vinto una difficile competizione. (15) Magnifica e incantevole è la riviera ligure, meta turistica. (16) Chi l'ha detto? (17) Segarono l'inferriata e raggiunsero il cortile. (18) Scrivi alcuni numeri romani. (19) Ho invitato Elena, la più tranquilla tra le mie amiche. (20) Il torrente Bisagno abbatte il ponte, costruzione robusta. (21) Fate una bella analisi logica. (22) Mi turba questo contrattempo. (23) Imitate i buoni. (24) Che dici? (25) Corrono voci allarmanti. (26) Una limpida fonte ci ristorò. (27) Vi chiamerà il preside. (28) Vestitevi. (29) Còpriti. (30) Esse avevano appreso delle notizie allarmanti (31) Scrivete i numeri 30, 705, 1940. (32) Scrivete 80, 1, 749.

I complementi: diretti e indiretti, attributivi e appositivi, avverbiali

 ANALIZZARE E TRADURRE/4 Nota in particolare la funzione svolta dal **complemento diretto** e il modo di tradurlo in latino.

1 ELEMENTI DELLA FRASE	2 FUNZIONE LOGICA	3 COSTRUZIONE LATINA	4 TRADUZIONE LATINA
La mamma	soggetto	nominativo singol.	*Mater*
comperò	predicato verbale	Ind. p. rem. 3° sing.	*emit*
il formaggio	compl. oggetto	accusativo singol.	*caseum*
Un solo	attributo c.oggetto	accusativo singol.	*Unum*
uovo	compl. oggetto	accusativo singol.	*ovum*
ha fatto	predicato verbale	Ind. p. pross. 3ª sing.	*fecit*
la nostra	attributo soggetto	nominativo singol.	*nostra*
gallina	soggetto	nominativo singol.	*gallina*
Cesare,	soggetto	nominativo singol.	*Caesar*
famoso	attributo apposiz.	nominativo singol.	*clarus*
generale	apposizione sogg.	nominativo singol.	*dux*
romano,	attr. apposiz sogg.	nominativo singol.	*romanus*
vinse	predicato verbale	Ind. p. rem. 3ª sing.	*vicit*
Pompeo,	compl. oggetto	accusativo singol.	*Pompeium,*
tenace	attr. app. c. ogg.	accusativo singol.	*tenacem*
e acerrimo	attr. app. c. ogg.	accusativo singol.	*et acerrimum*
rivale	apposiz. c. ogg.	accusativo singol.	*inimicum*
Lo	compl. oggetto	accusativo singol.	*Eum*
licenziai	predicato verbale	Ind. p. rem. 1° sing.	*dimisi*
(io)	sogg. sottinteso	nominativo singol.	*(ego)*
Il babbo	soggetto	nominativo singol.	*Pater*
comperò	predicato verbale	Ind. p. rem. 3ª sing.	*emit*
dei libri	compl. oggetto	accusativo plurale	*libros*

I complementi indiretti

🔸 Si chiamano **complementi indiretti** tutti quei complementi che si reggono per mezzo di preposizioni semplici o articolate o per mezzo di locuzioni prepositive.

Esempi: *Il babbo di Rosetta è finanziere.* | *Ho trovato un anello d'oro.* | *Il vento del sud spirava impetuoso.* | *Muore di fame.* | *Uscimmo di casa.* | *Andai a teatro.* | *Consegnalo a Bice.* | *Luca non è adatto a comandare.* | *Uscii a passeggio.* | *Cominciò la caccia all'uomo.* | *All'imbrunire rinfresca.* | *Forza, al lavoro!* | *Andavamo a tre a tre.* | *Giunsero da Milano.* | *Sant'Antonio da Padova.* | *Recatevi dal dottore.* | *Cadeva dal sonno.* | *Fu ucciso dai congiurati.* | *Dagli amici mi guardi Iddio.* | *Tutti nascono da una donna.* | *Venne un ambasciatore da parte del re.* | *In autunno cadono le foglie.* | *Andò in collera.* | *Scesero in camicia.* | *Era posto in vendita.* | *Entrammo nel tempio.* | *Avvenne negli ultimi tempi.* | *Sta' attento nello scrivere.* | *Si mantenne entro le mura.* | *Egli studia con passione.* | *Uscii con mille lire.* | *Scrivo meglio con la matita.* | *Comprò una casetta col giardino.* | *Con lo sbagliare s'impara.* | *Uscii in compagnia del babbo.* | *Comunicalo per mezzo di una lettera.* | *La statua poggia su una colonna.* | *Era sul tavolo.* | *Andammo sul palcoscenico.* | *Ritornò sulla barca.* | *Ne ritornarono dieci su cento.* | *Posate lo zaino sopra il banco.* | *Tenne una conferenza sulle religioni orientali.* | *Ti daremo notizie intorno alla gita.* | *Fu preparato il pasto per gli sciatori.* | *Abbiamo tardato per causa tua.* | *Mi liberai per miracolo.* | *L'ha venduto per ventimila dollari.* | *Hai attitudine per il disegno.*

Una stessa preposizione può reggere complementi differenti

Abbiamo proposto numerosi esempi perché si possa ragionare sul fatto che **una medesima proposizione serve a introdurre diversi complementi**. La preposizione *di*, per esempio, introduce diverse funzioni: *di Rosetta* (specifica un'appartenenza), *d'oro* (informa su un materiale), *del sud* (provenienza), *di fame* (causa) eccetera. Dunque, per stabilire la natura del complemento che si sta analizzando è fuorviante usare il «metodo delle domande», come si faceva un tempo (se il complemento risponde alla domanda «di che cosa?» allora è un complemento di specificazione; se risponde alla domanda «a chi, a che cosa?», allora è un complemento di termine, eccetera). A una medesima domanda possono corrispondere, infatti, complementi diversi. Per classificare i complementi indiretti occorre invece ragionare e **interpretare l'informazione che essi portano**.

Per analizzare la frase, bisogna valutare la funzione svolta dal complemento indiretto

Complemento di specificazione

🔸 Si dice **complemento di specificazione** quell'elemento di una proposizione che specifica, cioè «precisa la specie» o «una speciale condizione» di individuo o un oggetto rappresentati da un elemento della frase; normalmente la specificazione consiste in una restrizione del

FUNZIONE: specificare la specie o la condizione

significato, che così diventa più preciso. Esempio: *Il babbo è buono.* | *Il babbo <u>di Rosetta</u>* (= quello speciale babbo) *è buono.* Grammaticalmente, il complemento di specificazione è di solito rappresentato da un sostantivo o da una parte sostantivata. Si unisce ad un altro elemento della proposizione grazie alla **preposizione *di***. Esempi: *Roma è la capitale <u>d'Italia</u>.* | *È arrivata una coorte <u>di cavalieri</u>.* | *L'ozio è il padre <u>dei vizi</u>.* | *La fuga <u>dei nemici</u> fu precipitosa.* | *Hanno tagliato la siepe <u>dei nostri vicini</u>.* | *I barbari conquistarono le province <u>dell'Impero</u> romano.* Ulteriori particolarità del complemento di specificazione vengono precisate a p. 85.

PREPOSIZONI: *di*

IN LATINO il complemento di **specificazione** si pone nel caso *genitivo*.

ANALIZZARE E TRADURRE/5 Nota in particolare la funzione svolta dal **complemento di specificazione** e il modo di tradurlo in latino.

1 ELEMENTI DELLA FRASE	2 FUNZIONE LOGICA	3 COSTRUZIONE LATINA	4 TRADUZIONE LATINA
Roma *è* *la capitale* *d'Italia*	soggetto copula parte nominale c. specificazione	nominativo singol. Ind. pres. 3ª sing. nominativo singol. genitivo singolare	*Roma* *est* *caput* *Italiae.*
L'ozio *è* *il padre* *dei vizi*	soggetto copula parte nominale c. specificazione	nominativo singol. Ind. pres. 3ª sing. nominativo singol. genitivo singolare	*Otium* *est* *pater* *vitiorum.*
È arrivata *una coorte* *di cavalieri*	predicato verbale soggetto c. specificazione	Ind. p. pr. 3ª sing. nominativo singol. genitivo singolare	*Pervenit* *cohors* *equitum.*
I barbari *conquistarono* *le province* *dell'Impero* *romano.*	soggetto predicato verbale compl. oggetto c. specificazione attributo c. specif.	nominativo plurale Ind. p. rem. 3ª pl. accusativo plurale genitivo singolare genitivo singolare	*Barbari* *ceperunt* *provincias* *Imperii* *romani.*
Hanno ucciso *le galline* *dei nostri* *amici.*	predicato verbale compl. oggetto attributo c. specif. c. specificazione	Ind. p. pr. 3ª pl. accusativo plurale genitivo singolare genitivo plurale	*Necaverunt* *gallinas* *nostrorum* *amicorum.*

17 *Fate l'analisi logica delle seguenti proposizioni.*

(1) La serie dei numeri è infinita. (2) È bellissimo, questo pomeriggio. (3) I Monregalesi sono gli abitanti di Mondovì. (4) Gli antichi interrogavano l'oracolo di Apollo Delfico. (5) La ramanzina dei genitori lo fece ravvedere. (6) L'aula risuonava di voci. (7) Il barattolo della vernice è stata rovesciato. (8) Il capoluogo della Sicilia è Palermo. (9) Le lettere dell'alfabeto italiano sono ventuno. (10) Facemmo delle passeggiate magnifiche. (11) La scena rappresentava l'officina di un fabbro. (12) Ho comperato dei bellissimi libri di fiabe. (13) Difficile è l'esatta conoscenza della lingua giapponese. (14) La villa del dottor Funaro era più bella. (15) Il quadro in ingresso ha una cornice rovinata. (16) C'era un convoglio di quattordici navi. (17) Sono apparse delle lucciole. (18) Quelle due luci erano i fanali di una locomotiva. (19) Stavo studiando la lezione di geografia. (20) Il vocìo dei passanti ci disturba. (21) Degli uomini mascherati assalirono il fattorino della Cassa di Risparmio. (22) La radio è un'invenzione di Guglielmo Marconi, scienziato e premio Nobel. (23) Egli è molto curioso e chiede sempre la causa delle cose. (24) Paride, figlio di Priamo, rapì Elena, moglie di Menelao, fratello di Agamennone. (25) Si udirono degli squilli di tromba.

Complemento di termine

FUNZIONE: indicare il «termine» di un'azione
PREPOSIZIONE: *a*

➡ Si dice **complemento di termine** l'elemento che indica l'individuo o l'oggetto sul quale «terminaᅠ, finisce» un'azione o un'idea già espressa. Grammaticalmente, il complemento di termine è di solito rappresentato da un sostantivo o da una parte sostantivata. Si unisce ad un altro elemento della proposizione grazie alla **preposizione *a***.

Esempi: *Il pane è necessario agli uomini.* | *I vizi sono funesti ai giovani.* | *Antonio ha regalato un libro a sua sorella.* | *La mamma mi aveva dato una mela.* | *Rivolsi loro delle raccomandazioni.* | *Per lo stomaco occorrono cibi variati.*

IN LATINO, il complemento di **termine** si pone nel caso *dativo*.

18 *Fate l'analisi logica delle seguenti proposizioni.*

(1) La discordia è dannosa alla convivenza pacifica. (2) Spero che questo dono ti sia gradito. (3) Sia gloria a Dio nell'alto dei cieli. (4) Quella abitudine era comune agli uni e agli altri. (5) Obbedite solo al richiamo della coscienza. (6) Agli atleti italiani fu assegnato il primo premio. (7) Le autorità giudiziarie hanno concesso a tutti gli imputati la libertà provvisoria. (8) Daremo il nostro appoggio alla vostra causa. (9) Socrate, famosissimo filosofo dell'antichità, diede lezioni al giovane Alcibiade. (10) Alessandro, re dei Macedoni, dichiarò guerra a Dario, re dei Persiani. (11) A te, mio ottimo amico, darò un segno della mia riconoscenza. (12) Comunicherai ai tuoi la notizia della mia partenza. (13) La nonna le raccontò una bella favola. (14) Dimmi la lezione di geo-

grafia. (15) Le avevo regalate a Cornelia. (16) Restituii loro i due quadri. (17) Rèndimi subito il pennarello! (18) Dei poveri chiedevano l'elemosina ai passanti. (19) A chi successe Tarquinio Prisco? (20) C'erano degli animaletti simili ai granchi. (21) Mi voleva dare degli schiaffi. (22) Che rimprovero ti ha mosso il preside? (23) Ci sembra una pazzia la vostra. (24) Vi si aggiunsero mille difficoltà. (25) Riferitemelo.

Complemento di vocazione

Si dice **complemento di vocazione** l'elemento che indica l'individuo o l'oggetto a cui si rivolge direttamente il discorso o un'invocazione. Si unisce agli altri elementi della proposizione mediante **virgole o interiezioni**. Esempi: *Mario, spegni subito!* | *O caro il mio ragazzo!* | *Dimmi la verità, Paolo*.

FUNZIONE: rivolgersi direttamente a un individuo, a un concetto o a un oggetto. È preceduto da interiezioni

IN LATINO il complemento di **vocazione** si pone nell'apposito caso *vocativo* preceduto o no, come in italiano, dall'interiezione «o». Esempi: *O fanciulli, amate lo studio* →*(O) pueri, amate studium.* | *Varo, rèndimi le mie legioni!* →*Vare, redde mihi legiones!* | *Dimmi la verità, Paolo* →*Dic mihi verum, Paule.*

Fate l'analisi logica delle seguenti proposizioni.

(1) O Cesare, i morituri ti salutano. (2) Cittadini, rispettate il verde pubblico. (3) Mio Dio, aiutatemi. (4) Studiate, ragazzi! (5) O mamma, sapessi! (6) Non perdete mai il coraggio, ragazze. (7) Casa mia, casa mia, sei per me una badia. (8) Ti verrò presto a trovare, caro il mio cucciolo. (9) Silvia, rammenti il tempo…? (10) Ti saluto, o Genova, mia città natale!

Complemento di compagnia o unione

Si dice **complemento di compagnia o unione** l'elemento che rappresenta un individuo o un oggetto «insieme al quale» si trovano altri elementi della proposizione. (Quando il complemento di compagnia indica un oggetto, allora si chiama più propriamente **complemento di unione**.) Si unisce agli altri elementi della proposizione mediante la **preposizione** *con* oppure **locuzioni prepositive** (*insieme con, assieme a, in compagnia di, in unione con,* e così via). Esempi: *Antonio giocava a dama con Federico.* | *Abbiamo passato la giornata insieme con gli amici.* | *Verrà mio cugino in compagnia di suo padre.* | *Il contadino uscì con la zappa.* | *Berrà l'acqua insieme col vino.* | *Alla mamma piacciono le case col giardino.*

FUNZIONE: indicare l'individuo o l'oggetto insieme al quale si compie una azione.
PREPOSIZIONI: *con*
LOCUZIONI: *insieme con…*

IN LATINO, il complemento di **compagnia** o di **unione** si pone nel caso *ablativo* preceduto dalla preposizione *cum*.

Esempi: *Antonio giocava con i compagni.* →*Antonius ludebat cum comitibus.* | *Abbiamo passato la giornata insieme con gli amici* →*Consumpsimus diem cum amicis.* | *Verrà mio cugino in compagnia di suo padre.* →*Veniet meus consobrinus cum patre suo.* | *Il contadino uscì con la zappa.* →*Agricola exiit cum ligone.* | *Berrà l'acqua insieme col vino.* →*Bibet aquam cum vino.*

20 Fate l'analisi logica delle seguenti proposizioni.

(1) Annibale valicò le Alpi con un forte esercito. (2) In una settimana fu approntato un cantiere con tutti gli automezzi. (3) Abbiamo mangiato pesce con patatine fritte. (4) Prendi il martello con una decina di chiodi. (5) Sono stato in compagnia dei nonni. (6) Ho smarrito il portafoglio con 50.000 lire. (7) Abbiamo discusso con Marco le conclusioni della riunione. (8) Ho bevuto una grande tazza di latte col caffè. (9) Ho preparato una bella scatola con frutti di marzapane. (10) Spiccava la basilica di San Pietro con la famosa cupola di Michelangelo. (11) Il babbo ha regalato a Giorgio un bel libro con molte illustrazioni. (12) Venne il commesso con della stoffa bellissima e assai resistente. (13) Con chi avete fatto società? (14) Ho visto il nostro professore col suo bel cane e in compagnia di sua figlia. (15) Portami la grammatica col quaderno degli esercizi. (16) Cristoforo Colombo, celebre navigatore genovese, partì con tre caravelle. (17) Ricordo il volto sorridente del nonno con l'immancabile pipa. (18) Era passato un autocarro con un carico di mattoni. (19) Con quali compagni hai fatto amicizia? (20) Insieme a Guido c'era sua sorella.

Complemento di mezzo o strumento

FUNZIONE: indicare l'individuo o l'oggetto grazie al quale si compie un'azione.
PREPOSIZIONI: *con, in, su, a, di, per, mediante*
LOCUZIONI: *per mezzo di, grazie a, per opera di ...*

Si dice **complemento di mezzo o strumento** l'elemento che rappresenta un individuo o un oggetto «per mezzo del quale» si compie un'azione. Grammaticalmente è di solito rappresentato da un sostantivo o da una parte sostantivata. Si unisce agli altri elementi della proposizione mediante le **preposizioni** *con, in, su, a, di, per, mediante*, oppure con **locuzioni prepositive** (*per mezzo di, grazie a, per opera di*). Esempi: *Il cavaliere incita il cavallo con lo sprone.* |*Avevamo avvertito Mario per mezzo di amici.* | *I nemici attraversarono il fiume mediante un ponte di barche.* | *Sospingevamo la barca a mezzo di remi.* | *Il prigioniero visse a pane e acqua.* | *Il giardino era cinto di siepi.* | *Condusse il cavallo alla stalla tenendolo per la cavezza.* | *Per opera di Bruto e Collatino Roma venne liberata.*

Nota che si considerano complementi di mezzo:

1. i nomi che indicano un **mezzo di trasporto**, quando sono accompagnati da un verbo o sostantivo che esprima movimento (esempi: *Alcuni arrivarono in auto, altri a piedi.* | *I ragazzi viaggiavano sulla nave Saturnia*);

2. i nomi che indicano un **oggetto di divertimento** quando sono accompagnati da un verbo che indica l'idea di gioco. Esempi: *Faremo una partita al pallone.* | *Giocavano a scacchi tutto il giorno.*

IN LATINO il complemento di **mezzo** o **strumento** si esprime in due diverse maniere.

(a) Se il complemento è costituito da un nome indicante *animale o cosa*, si pone nel caso *ablativo semplice*.
Esempi: *Il cavaliere incita il cavallo con lo sprone.* →*Eques incitat equum calcari.* | *Il pastore custodiva il gregge col cane.* →*Pastor custodiebat gregem cane.* | *I nemici attraversarono il fiume mediante un ponte di barche.* →*Hostes transierunt flumen ponte ratium.* | *Spingevamo la barca a mezzo di remi* →*Impellebamus ratem remis.* | *Il prigioniero visse a pane ed acqua.* →*Captivus vixit pane et acqua.* | *Il giardino era cinto di siepi.* →*Hortus erat cinctus saepibus.* | *Alcuni arrivarono in vettura, altri a piedi.* →*Alii pervenerunt vehiculo, alii pedibus.* | *Faremo una partita al pallone.* →*Ludemus pila.*

(b) Se il complemento è costituito da un nome indicante *persona*, si pone di regola nel caso *accusativo* preceduto dalla preposizione *per* (= per mezzo di, grazie a, ecc.), oppure nel caso *genitivo* seguito dalle forme ablative *opera* o *beneficio* (= per opera di, per intercessione di, ecc.).
Esempi: *Avevamo ammonito Mario per mezzo di amici* →*Monueramus Marium per amicos.* | *Per opera di Bruto e di Collatino Roma venne liberata.* →*Bruti et Collatini opera Roma liberata est.*

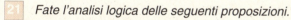

21 *Fate l'analisi logica delle seguenti proposizioni.*

(1) I ragazzi sfrecciavano con i pattini. (2) Scrivete con una penna nuova. (3) Con queste verdure preparerai una bella insalata. (4) Fate la stessa operazione con numeri decimali. (5) Il mio gattino si è azzuffato con quello di Giorgio. (6) Tutti i balconi erano adorni di arazzi. (7) Mi ero ornata di una collana. (8) I naviganti si orientavano con la bussola e col sole. (9) Pulisciti le mani sporche con quel fazzoletto. (10) Era sorridente, raggiante e vestita con un nuovo abito corto. (11) Il sommergibile colpì con un siluro la bella nave e l'affondò. (12) Col palmo della mano accarezzò il micio. (13) L'albero fu abbattuto a colpi di ascia. (14) Col ripetere sempre le stesse cose infine le ricorderai. (15) L'inferno è lastricato di buone intenzioni. (16) Non di solo pane vive l'uomo. (17) Per mezzo della lingua latina acquisterete una maggiore e più profonda conoscenza della lingua italiana. (18) Mediante un allenamento continuo raggiungerai certamente i risultati prefissati. (19) Io andrò a piedi; i miei cugini verranno in bicicletta. (20) Manderemo il pacco richiesto per ferrovia. (21) È famosa la commedia intitolata *Una partita a scacchi*. (22) Verremo in automobile o in treno. (23) Vi avvertirò a mezzo di corriere. (24) Giocherai con noi, Anselmo, a pallone? (25) Vi pagherò l'importo del libro a mezzo di vaglia postale. (26) È stato trasmesso per radio un bellissimo concerto.

40   I complementi indiretti

Complemento di modo o maniera

FUNZIONE: indicare come si svolge una azione
PREPOSIZIONI: *con, di, in, per, sotto, da*
LOCUZIONI: *a mo' di, secondo il costume di...*

➡ Si dice **complemento di modo o maniera** l'elemento che indica il modo in cui avviene un'azione o un fatto. Grammaticalmente è di solito rappresentato da un sostantivo o da una parte sostantivata. Si unisce agli altri elementi della proposizione mediante le **preposizioni** *con, di, in, per, sotto, da, a,* oppure con **locuzioni prepositive** (*a mo' di, a guisa di, secondo il costume di*). Esempi: *Non fare le cose in fretta. | Gli studenti ascoltavano il discorso con attenzione. | Lo zio parla con molta franchezza. | Eravamo a piedi nudi. | Essi accettarono di buon grado l'invito. | Ascoltammo in silenzio quella musica. | L'ha fatto per scherzo. | Si era mascherata da Arlecchino. | Il monumento s'ergeva a guisa di colonna.*

IN LATINO il **complemento di modo o maniera** si esprime in tre diverse maniere.

(a) Se il complemento è costituito da un sostantivo solo, senza attributo, si usa il caso *ablativo* preceduto dalla preposizione *cum* (= con, di, in, per). Esempi: *Gli scolari ascoltavano il discorso con attenzione. →Discipuli audiebant sermonem cum diligentia. | Noi leggiamo con diletto i libri belli. →Legimus cum delectatione libros pulchros.*

(b) Se il complemento è costituito da un sostantivo accompagnato da uno o più attributi, allora si esprime nel caso *ablativo semplice* o con la preposizione *cum* inserita fra l'attributo o gli attributi e il sostantivo.
Esempi: *Lo zio parla con molta franchezza →Avunculus loquitur magna (cum) libertate. | Leggete ad alta voce. →Legite magna (cum) voce.*

(c) Se il complemento è introdotto da qualche locuzione particolare, si esprimerà nel caso *genitivo* preceduto dalla forma ablativa *more* (= alla, da, secondo il costume di) o dalla parola invariabile *instar* (= a mo' di, a guisa di, a somiglianza di).
Esempi: *Egli andava vestito da servo →Is vestem induebat more servorum. | Giurò secondo il costume dei Romani →Iuravit more Romanorum. | Il monumento si ergeva a guisa di colonna →Monumentum eminebat instar columnae.*

    22   Fate l'analisi logica delle seguenti proposizioni.

(1) Il pubblico applaudì con entusiasmo il comico. (2) Ernesto recita con molto garbo ed espressione la sua parte. (3) Accolsi con gioia la notizia della tua guarigione. (4) Giobbe sopportava tutto con straordinaria pazienza. (5) Ti parlo, mamma, a cuore aperto e tu ascoltami con pazienza. (6) Tu giuochi coi tuoi compagni con troppa foga. (7) Applicatevi con maggior impegno allo studio dell'italiano. (8) Gli stranieri vi guardano con curiosità. (9) Queste sono opere scritte con cura. (10) Con pazienza restaurò perfettamente il tavolino. (11) Alessandro con astuzia tagliò il nodo gordiano con la spada. (12) Le tor-

te con le ciliegine sono le preferite di Salvatore. (13) Camminava con le stampelle e doveva procedere con cautela. (14) Con piglio severo e occhi torvi lo rimproverò con aspre parole. (15) I bambini accolsero gli amici con altissime grida e con grande entusiasmo. (16) Essi salutavano in silenzio e con compostezza. (17) Con questa penna scrivo a stento e con pessima calligrafia. (18) Il falegname levigò con molta cura tutte le tavole con la pialla. (19) Erano vestiti da cinesi, ma agivano da inglesi. (20) Preferivo il risotto cucinato alla parmigiana.

Complemento di denominazione

➡ Si dice **complemento di denominazione** il nome proprio che denomina, cioè determina, uno dei seguenti nomi comuni: città, isola, penisola, provincia, mese, nome, cognome, soprannome, lago. Si unisce agli altri elementi della proposizione mediante la **preposizione di**; quando non è preceduto dalla preposizione, non si deve considerare complemento, ma parte del nome. Esempi: *Si diressero verso la città di Napoli.* | *L'isola di Sicilia era detta Trinacria.* | *A nord del mare Adriatico si trova la penisola d'Istria.* | *Così sorse la provincia d'Africa.* | *Mi fu dato il nome di Filippo.* | *Per la vittoria riportata a Zama i Romani diedero a Scipione il soprannome di Africano.* | *Il lago d'Iseo si trova nelle Alpi.* | *Ora siamo nel mese di marzo.*

FUNZIONE: aggiungere un «nome proprio» ad alcuni nomi di luogo o di tempo.
PREPOSIZIONI: *di* (necessaria)

In latino il complemento di **denominazione** si pone, come una apposizione, nello stesso caso in cui si dovrà porre il nome comune a cui si riferisce e che esso denomina. A differenza che in italiano, nota che in latino i nomi veri e propri determinanti i mesi sono aggettivi in funzione di attributi e quindi concordano con il nome cui si riferiscono.

Esempi: *Si diressero verso la città di Napoli.* →*Contenderunt ad urbem Neapolim.* | *L'isola di Sicilia era detta Trinacria* →*Insula Sicilia appellabatur Trinacria.* | *Così sorse la provincia d'Africa* →*Sic orta est provincia Africa.* | *Mi fu dato il nome di Filippo* →*Mihi datum est nomen Philippus.* | *Il lago d'Iseo si trova nelle Alpi* →*Lacus Sebinus est in Alpibus.*

23 *Fate l'analisi logica delle seguenti proposizioni.*

(1) L'isola di Creta fu la sede di un'antichissima e gloriosa civiltà. (2) Le isole di Sicilia e di Sardegna sono le maggiori isole d'Italia. (3) Al mio nipotino fu dato il nome di Carlo. (4) Il lago Ladoga è il più vasto d'Europa. (5) Il basso Inferno dantesco è la città di Dite. (6) Conosco un ramo del lago di Como. (7) Nel mese di luglio si sono abbattuti sette fortissimi temporali. (8) Le città di Genova, Torino, Milano, Venezia, Bologna sono capoluoghi di regioni dell'Italia settentrionale. (9) La parte meridionale della Grecia è la penisola del Peloponneso. (10) L'isola di Rodi appartiene al gruppo delle isole del Dodecaneso. (11) Romolo, figlio del dio Marte, fondò la città di Roma. (12) L'Arno, il principale fiume della Toscana, bagna le città di Firenze e di Pisa. (13) I

prìncipi Torlonia, celebri mecenati, prosciugarono il lago di Fucino. (14) Alla Basilicata fu ridato il nome romano di Lucania. (15) Ho visitato i laghi di Bracciano, di Bolsena e il lago Trasimeno. (16) Visitammo il lago Maggiore e il lago di Garda, mete famose di turisti stranieri. (17) Gli fu concesso il titolo di Cavaliere del lavoro. (18) L'imperatore d'Austria aveva anche il titolo di re d'Ungheria. (19) Il giorno 20 del mese di luglio segna l'inizio del solleone. (20) La città di Genova è sede di un importante porto.

Complemento di causa

FUNZIONE: **indicare una causa**
PREPOSIZIONI: *per, di, a, da*
LOCUZIONI: *a causa di, a cagione di, per motivo di, grazie a...*

Si dice **complemento di causa** l'elemento della proposizione che indica la causa, il motivo, la ragione di qualcosa. Grammaticalmente è di solito rappresentato da un sostantivo o da una parte sostantivata. Si unisce agli altri elementi della proposizione mediante le **preposizioni** *per, di, a, da, su* oppure con **locuzioni prepositive** (*a causa di, a cagione di, per motivo di, grazie a* eccetera). Esempi: *L'aeroporto è chiuso per mancanza di visibilità.* | *Fu contento di quel regalo.* | *Soffocavamo dal caldo.* | *A quella notizia la donna svenne.* | *Su richiesta del babbo venne un taxi.* | *A causa (per causa) della pioggia i fiumi straripono.* | *Maria fu notata a motivo della sua straordinaria bellezza.* | *In grazia delle loro preghiere il prigioniero fu liberato.*

IN LATINO il complemento di **causa** si esprime in due diverse maniere: **(a)** in *ablativo semplice* oppure **(b)** in *accusativo* preceduto dalla preposizione *ob* o *propter*. Esempi: *I nemici per mancanza di frumento chiedono la pace.* → *Hostes inopia frumenti petunt pacem.* | *Egli fu contento di quel regalo.* → *Ille fuit contentus illo dono.* | *A quella notizia la donna svenne.* → *Eo nuntio mulier animo defecit.* | *Su richiesta del babbo, venne una carrozza.* → *Rogatu patris venit currus.* | *A (per) causa della pioggia i fiumi straripono.* → *Ob pluviam flumina exundaverunt.* | *Maria fu rimproverata a motivo delle numerose assenze* → *Maria reprehensa est propter multas absentias.*

24 *Fate l'analisi logica delle seguenti proposizioni.*

(1) La guerra terminò per l'intervento degli alleati. (2) La città di Catania era deserta per la violenta eruzione dell'Etna. (3) Soffre di emicrania. (4) Il valico alpino è interrotto a causa dell'abbondante nevicata. (5) Per timore di ulteriori indigestioni smise del tutto di mangiare cioccolata. (6) Sono contento della decisione presa. (7) Il console celebrò un magnifico trionfo per la vittoria riportata. (8) Siamo fieri del nostro comportamento. (9) Il negozio era affollato grazie ai modici prezzi delle merci. (10) Dallo spavento, cacciò un urlo. (11) Sorrise di contentezza. (12) A quella notizia tutti approvarono la decisione del dio Apollo. (13) Argo, il fedele cane di Ulisse, morì dalla gioia. (14) Dato il freddo le lezioni saranno interrotte. (15) Il raccolto, speranza degli agricoltori, fu assai scarso a causa della siccità. (16) Commetti molti errori a cau-

sa della tua distrazione. (17) Siamo stanchi delle vostre vane promesse, egregi signori. (18) Il periodo, per la mancanza di una virgola, era confuso e oscuro. (19) Ricordava, il poeta, gli alti cipressi risonanti del cinguettio di numerosi uccelli. (20) A quelle parole nessuno di noi osò fiatare e dalla paura un tremito ci colse. (21) Era ammalato di polmonite e grazie alle cure assidue dei suoi genitori guarì. (22) È possibile la morte per la semplice puntura di un piccolo insetto. (23) Ti ringrazio delle ore trascorse insieme.

Complemento di luogo

➡ Si dice **complemento di luogo** l'elemento della proposizione che determina o circoscrive un luogo reale oppure figurato.

FUNZIONE: determinare un luogo reale o figurato

Il predicato o il sostantivo da cui il complemento dipende possono esprimere un'idea di quiete o di movimento, dando luogo a quattro diversi casi.

1. Il complemento di **stato in luogo** si realizza in dipendenza da verbi o nomi che esprimono un'idea di q u i e t e, di s t a t o, di r i p o s o. Si considera stato in luogo anche il complemento che esprime l'idea di un moto circoscritto. Si unisce agli altri elementi della proposizione mediante le **preposizioni** *in, a, su, sopra, dentro, per, fra, sotto, presso* eccetera. Esempi di l u o g h i r e a l i: *Allora eravamo a Milano.* I *È soffice la neve sulle colline.* I *Ho trascorso l'estate in Toscana.* I *L'inverno, dentro le pareti domestiche, trascorre lentamente.* I *Sopra il tavolo c'era un bottiglino.* I *L'aeroplano era fra le nubi.* I *Il gatto stava nascosto sotto l'armadio.* I *La lavagna è situata presso la cattedra.* Esempi di l u o g h i f i g u r a t i: *Lasciaci vivere in pace.* I *Ha sempre vissuto in grande agiatezza.* I *Tutti erano ancora in dubbio.* Esempi di l u o g h i c i r c o s c r i t t i: *Passeggiammo due ore per i viali.* I *Giuocate qui nel giardino.* I *Oggi gli allievi della scuola di ballo danzeranno in palestra.*

STATO IN LUOGO: quiete
PREPOSIZIONI: *in, a, su, sopra, dentro, per, fra, sotto, presso*...

2. Il complemento di **moto a luogo** (o **moto verso luogo**) si realizza in dipendenza da verbi o nomi che esprimono un'idea di a v v i c i n a m e n t o o di d i r e z i o n e. Si unisce agli altri elementi della proposizione mediante le **preposizioni** *in, a, su, verso, sopra, dentro, per, fra, sotto, presso* eccetera. Esempi di l u o g h i r e a l i: *Domani andremo a Roma.* I *Quando verrete da noi?* I *Gli agenti entrarono nell'appartamento.* I *Salimmo sul tram.* I *La tua venuta fra noi sarà graditissima.* I *Il viaggio di Luisa alla volta di Firenze è fissato per domani.* I *Lo zio partirà per l'America.* I *L'esercito romano mosse contro Annibale.* Esempi di l u o g h i f i g u r a t i: *Tutte le province furono ridotte sotto la sovranità di Roma.* I *Il consigliere cadde in disgrazia agli occhi del principe.* I *La mamma ci richiamò tutti al dovere.*

MOTO A LUOGO: avvicinamento
PREPOSIZIONI: *in, a, su, verso, sopra, dentro, per, fra, sotto, presso*...

3. Il complemento di **moto da luogo** si realizza in dipendenza da verbi o nomi che esprimono un'idea di a l l o n t a n a m e n t o o di p r o v e n i e n z a. Si unisce agli altri elementi della proposizione mediante le **preposizioni** *da* e *di.* Esempi di l u o g h i r e a l i: *Fra poco uscirò di casa.* I *Molti prigionieri sono fuggiti dai campi di concentramento.* I *Presto dovremo allon-*

MOTO DA LUOGO: allontanamento

PREPOSIZIONI: *da, di*

tanarci *da voi*. | *La partenza dalla stazione è fissata alle ore nove*. | *All'uscita degli operai dallo stabilimento ci fu una grande manifestazione*. | *Da Brindisi ad Atene il viaggio fu ottimo*. Esempi di l u o g h i f i g u r a t i: *La felicità lo accompagnò per tutta la mattina*. | *Non è sempre facile il passaggio dall'infanzia all'adolescenza*.

MOTO DA LUOGO: attraversamento
PREPOSIZIONI: *per, da, attraverso*

4. Il complemento di **moto per luogo** si realizza in dipendenza da verbi o nomi che esprimono un'idea di p a s s a g g i o, di a t t r a v e r s a m e n t o. Si unisce agli altri elementi della proposizione mediante le **preposizioni** ***per, da, attraverso***. Esempi di l u o g h i r e a l i: *Andando a Roma, passeremo per Firenze*. | *Da Napoli tornai a Genova per mare*. | *Questa volta passerò da Bologna*. | *Annibale calò in Italia attraverso le Alpi*. Esempi di l u o g h i f i g u r a t i: *Che cosa vi è passata per la mente? Attraverso mille peripezie l'innamorato corona finalmente il suo sogno d'amore*.

IN LATINO il complemento di luogo, sia reale che figurato, si costruisce di regola nei seguenti modi.

(a) Lo **stato in luogo** si pone nel caso *ablativo* preceduto dalle preposizioni *in* (= in, a, su, sopra, dentro, per) e *sub* (= sotto), oppure nel caso *accusativo* preceduto dalle preposizioni *inter* (= fra) e *apud* (= presso).
Esempi: *È soffice la neve sulle colline* → *Est mollis nix in collibus*. | *Il reggimento era in Toscana* → *Legio erat in Etruria*. | *Vivete in pace!* → *Vivite in pace!* | *Sopra il tavolo c'era un bottiglino* → *In tabula erat lagoena*. | *Passeggiammo per i viali* → *Deambulavimus in viis*. | *La luna occhieggiava tra le nubi* → *Luna emicabat inter nubes*. | *Il gatto se ne stava nascosto sotto l'armadio* → *Felis se celabat sub armario*. | *La lavagna è situata presso la cattedra* → *Tabula nigra sita est apud cathedram*.

(b) Il **moto a luogo** si pone nel caso *accusativo* preceduto dalle preposizioni *in* (= in, su, sopra, dentro), *ad* (= a, da, per, verso, alla volta di, presso), *sub* (= sotto), *inter* (= fra), *adversus* e *contra* (= contro).
Esempi: *Gli agenti entrarono nell'appartamento* → *Custodes intraverunt in habitationem*. | *Il servo cadde in disgrazia del suo padrone* → *Servus incurrit in offensam sui domini*. | *Salimmo sulla carrozza* → *Ascendimus in currum*. | *Quando verrete da noi?* → *Quando venietis ad nos?* | *La nave salpava alla volta dell'Africa* → *Navis solvebat ad Africam*. | *Il ladro si nascose sotto il letto* → *Fur se condidit sub lectum*. | *Tutte le province furono ridotte sotto la sovranità di Roma* → *Omnes provinciae subactae sunt sub potestatem Romae*. | *La tua venuta tra noi sarà graditissima* → *Tuus adventus inter nos erit gratissimus*. | *L'esercito romano mosse contro Annibale* → *Exercitus Romanorum profectus est adversus Hannibalem*. | *Nulla può l'uomo contro la volontà di Dio*. → *Nihil potest homo contra voluntatem Dei*.

(c) Il **moto da luogo** si pone nel caso *ablativo* preceduto delle preposizioni *a* o *ab* (= da, di), *e* o *ex* (= *fuori da, fuori di*), *de* (= giù da).
Esempi: Ci allontanammo dalla città. → Discessimus ab urbe. | Il dolore lo accompagnò dalla culla alla tomba → Dolor eum comitatus est a cuna ad sepulcrum. | Uscivano (fuori) di scuola | Exibant e schola. | La discesa dal monte era malagevole → Descensus de monte erat arduus.

(d) Il **moto per luogo** si pone nel caso *accusativo* preceduto dalla preposizione *per* (= per, da, attraverso).
Esempi: I nemici passarono per i campi → Hostes transierunt per agros. | Passeremo dalla Maremma toscana → Transibimus per locum palustrem Etruscum. | Annibale venne in Italia attraverso le Alpi. → Hannibal venit in Italiam per Alpes. | Che cosa vi è passata per la mente? → Quid vobis actum est per mentem? | Attraverso molte peripezie ho raggiunto l'agognata mèta → Per multos casus contigi optatam metam.

25 *Fate l'analisi logica delle seguenti proposizioni.*

(1) La nostra gita in campagna fu bellissima. (2) Verrò da te. (3) Ines è ritornata ai suoi studi prediletti. (4) Verrete da noi e passerete le prossime feste. (5) Presso Zama avvenne uno scontro decisivo fra i Cartaginesi e i Romani. (6) Nessuno di voi esca dall'aula. (7) Scendi giù da quell'albero! (8) Vi era un acre odor di fumo dentro la stanza. (9) Vieni da me e ti racconterò tutto. (10) Per la vallata scorre un largo ruscello. (11) Alla mostra del pittore Ramperti ho visto dei bei quadri. (12) La discesa dal monte al piano fu agevole. (13) La spedizione degli Ateniesi in Sicilia non fu fortunata. (14) Le lancette segnavano sul quadrante le ore 11; uscimmo da quel sotterraneo con molta fatica. (15) Il sole ti nuoce: va' all'ombra di quella tenda. (16) Negli alveari le api stipano il miele in piccole celle. (17) Le ballerine corsero leggere e precise ai loro posti nel palcoscenico. (18) Si accomiatarono da noi. (19) I bulbi di tulipano sono appena stati messi sotto terra nelle fioriere. (20) Alcuni miei parenti abitano nella città di Montevideo nell'America meridionale. (21) Il babbo è partito in treno per la città di Bologna. (22) Le navi transitanti per il canale di Suez devono pagare il passaggio. (23) Sulla vetta del monte spicca un'enorme croce. (24) Giuocammo alle corse nel parco della villa. (25) Si sporse dalla finestra, perdette l'equilibrio e precipitò nella via. (26) All'uscita degli alunni dalla scuola si ode uno schiamazzo assordante. (27) L'oratore salì sulla pedana e rivolse il suo discorso al popolo nella piazza. (28) Gettammo degli ossi dentro la gabbia e le fiere li afferrarono con gli acuti denti. (29) Verrai da Giorgio? Io vi andrò e spero di trovarvi molti altri amici.

Complemento di argomento

FUNZIONE: indicare ciò di cui parla uno scritto o un discorso
PREPOSIZIONI: *di, su, sopra, circa*
LOCUZIONI: *intorno a, riguardo a...*

Si dice **complemento di argomento** l'elemento della proposizione che indica la materia di uno scritto, di un discorso, di una lettura. Grammaticalmente è di solito rappresentato da un sostantivo o da una parte sostantivata. Si unisce agli altri elementi della proposizione mediante le **preposizioni** *di, su, sopra, circa* oppure con **locuzioni prepositive** (*intorno a, riguardo a* eccetera). Inoltre, sono da considerare complementi di argomento **tutti i titoli di opere** (libri, brani, poesie, film eccetera) **che non sono costituiti da una proposizione.**
Esempi: *Questo libro tratta di insetti.* ı *Il romanzo parla delle avventure di Robinson Crusoe.* ı *Il celebre comico intrattenne il pubblico con il suo nuovo repertorio.* ı *Circa l'arrivo dei nostri amici, non ho ancora notizie sicure.* ı *Preferisco i documentari intorno alla vita degli animali.* ı *Su questo argomento parleremo più a lungo domani.* ı *Giorgio prese un grosso trattato di pedagogia.* ı *La lettura di «Guerra e pace» è appassionante.*

IN LATINO il complemento di **argomento** si pone nel caso *ablativo* preceduto dalla preposizione *de*.

Esempi: *Questo libro tratta di filosofia.* → *Hic liber agit de philosophia.* ı *Circa l'arrivo dei nostri ti terrò informato.* → *De adventu nostrorum te certiorem faciam.* ı *Udii la conferenza sulla immortalità dell'anima* → *Audivi sermonem de immortalitate animi.* ı *Era un trattato intorno all'allevamento delle api* → *Erat liber de educatione apium.*

26 *Fate l'analisi logica delle seguenti proposizioni.*

(1) Dante scrisse un trattato sulla lingua volgare. (2) Questo capitolo sulle invasioni dei barbari in Italia è assai importante. (3) L'ultima parte verte sulle disfunzioni del nostro organismo. (4) Dammi notizie dei tuoi affari. (5) Faremo una lezione particolare sull'ablativo assoluto. (6) Studieremo le regole sull'uso del gerundio. (7) Voi parlate di sport e d'ogni sorta di divertimenti. (8) È uscito un numero speciale della rivista sui viaggi in Francia. (9) Hai comperato quel libro di avventure? (10) Parlammo di te. (11) Ne discuteremo. (12) Ho avuto notizie circa il prossimo ritorno di tua madre. (13) E di ciò, basta. (14) Discutevamo del più e del meno. (15) Sulle colonne del giornale troverai molti avvisi su questo argomento. (16) Sui vari punti programmatici del partito c'è un articolo sul giornale di ieri. (17) Intorno al tavolo, seduti, gl'invitati parlavano intorno agli ultimi avvenimenti politici. (18) Parlammo d'altre cose. (19) Dal podio tenne un vibrante discorso sulla necessità di una nuova legge. (20) Vi è piaciuta, ragazzi, la favoletta del re Travicello? (21) Giulio Cesare scrisse in stile vivace e robusto sette libri sulla sua spedizione nella Gallia. (22) Del *Canzoniere* del Petrarca parlerà con competenza nella prossima lezione il professor Carducci.

Complemento di tempo

➡ Si dice **complemento di tempo** l'elemento della proposizione che determina o circoscrive un intervallo di tempo. Grammaticalmente è di solito rappresentato da un sostantivo o da una parte sostantivata. Se ne distinguono due grandi tipi.

1. Complemento di **tempo determinato**: indica il tempo preciso nel quale si verifica un modo di essere o avviene un fatto o si compie un'azione. Si unisce al predicato mediante le **preposizioni** *durante* (espressa o sottintesa) *a, su, di, con, in.* Esempi: *La sera* [= durante la sera] precedente si era tenuta l'assemblea dei soci. ı [Durante] *Questo trimestre* sono migliorato in tutte le materie. ı *Durante la notte* la temperatura scende di parecchi gradi. ı *D'estate* le notti sono più brevi dei giorni. ı Partimmo *alle sette*. ı Rincasò *tardissimo*. ı *A mezzanotte* eravamo ancora seduti a tavola. ı Arrivammo a casa *sull'imbrunire*. ı *Col sorgere* del sole dovete levarvi da letto. ı *In autunno* cadono le foglie.

FUNZIONE: indicare un intervallo temporale

TEMPO DETERMINATO: il tempo preciso nel quale si verifica qualcosa
PREPOSIZIONI: *durante, a, su, di, con, in*

2. Complemento di **tempo continuato**: indica il tempo durante il quale perdura, continua un modo di essere o un'azione. Si unisce al predicato mediante la **preposizione** *per*, **che può essere espressa o sottintesa**. Esempi: *Mi fermai per due ore.* ı *Siamo stati (per) tutto l'inverno in una casa in montagna.* ı *Fai bollire le uova per sette minuti esatti.* ı *Tutto il giorno da solo, sono stato.*

TEMPO CONTINUATO: il tempo durante il quale si verifica qualcosa
PREPOSIZIONI: *per*

IN LATINO le due principali specie del complemento di **tempo** si costruiscono nei seguenti modi.

(a) Il complemento di tempo **determinato** si pone in *ablativo semplice*. Esempi: *(Durante) la sera* precedente si era tenuta l'assemblea dei soci → *Vespere* superiore actum erat concilium sociorum. ı *D'estate* le notti sono brevi → *Aestate* noctes sunt breves. ı *A mezzanotte* uscimmo → *Media nocte* exivimus. ı Arrivammo a casa *sull'imbrunire* → Pervenimus domum *vespere*. ı *In autunno* cadono le foglie → *Autumno* cadunt folia.

(b) Il complemento di tempo **continuato** si pone nel caso *accusativo* preceduto talvolta dalla preposizione *per*. Esempi: Là mi fermai *(per) due ore* → Ibi substiti *(per) duas horas*. ı *(Per) tutto quel giorno* rimasero soli → *(Per) totum illum diem* manserunt soli. ı Dante visse *(per) 56 anni*. ı Dantes vixit *(per) cinquaginta sex anno*.

Fate l'analisi logica delle seguenti proposizioni.

(1) In primavera faremo delle belle passeggiate. (2) Gli elefanti vivono molti anni. (3) La seconda guerra mondiale scoppiò nel 1939. (4) Ha piovuto con violenza tutta la notte. (5) Mario verrà da te la settimana ventura. (6) Nello

stesso momento la radio trasmetteva notizie sull'accaduto. (7) L'anno venturo frequenterete gli studi superiori nell'Università di Pisa. (8) Noi vediamo di giorno, i gatti di notte. (9) L'inverno finisce il giorno 21 del mese di marzo. (10) In primavera le rondini vengono dall'Africa in Europa. (11) Quante ore dovrò aspettarti? (12) Molti ragazzi andranno quest'estate al mare o in montagna. (13) D'autunno si ritorna a scuola. (14) Il nonno visse 92 anni; era nato il 25 maggio. (15) Lo vedrò alle 16 in piazza Savonarola. (16) Ginetta mi ha raccontato per un'ora delle storie vere assai divertenti. (17) Per molto tempo Anselmo fu reso felice dalla riuscita del suo lavoro. (18) All'arrivo del treno una folla enorme sostava nel piazzale della stazione. (19) Quella sera ritornammo con lo zio Carlo a mezzanotte. (20) In chiesa durante il tempo quaresimale si celebrano importanti funzioni. (21) Martina ha giocato a tennis per due ore insieme a un'amica e alle 18 è tornata a casa; ha fatto appena in tempo a incontrare Marcello. (22) Studierò tutto l'anno con amore e impegno. (23) L'estate prossima andrò al mare con mia sorella e ci fermeremo un mese. (24) Di primavera la campagna si riveste di fiori selvatici. (25) Ragazzi, meritate un premio: avete lavorato con cura tutta la mattina; nel pomeriggio avete finito il lavoro in giardino. (26) La settimana scorsa la famiglia di Fernanda si è trasferita dall'Italia in Francia. (27) Nove giorni volarono tra le file dei Greci le frecce del dio Apollo, vendicatrici dell'offesa fatta al sacerdote Crise. (28) Il contadino ritorna la sera dai campi lieto del lavoro compiuto durante il giorno. (29) Questa sera arriverà lo zio, si fermerà con noi tre ore e a mezzanotte ripartirà per l'America. (30) Quella notte fu per me terribile: infatti rimasi per tutto il tempo chiusa in soffitta.

Complemento di qualità

FUNZIONE: indicare una qualità o una proprietà
PREPOSIZIONI: *da, a, con, di*

Si dice **complemento di qualità** l'elemento della proposizione che indica una q u a l i t à f i s i c a o m o r a l e di un individuo oppure una p r o p r i e t à p a r t i c o l a r e di un oggetto o di un materiale. Grammaticalmente è di solito rappresentato da un sostantivo o da una parte sostantivata. Si unisce agli altri elementi della proposizione (specialmente al verbo essere) mediante le **preposizioni** *da, a, con, di.* Esempi: *Alberto è un giocatore di talento.* | *Era un uomo di nobili sentimenti.* | *Conosci quel bambino dai capelli neri? Questo cagnolino è di una vivacità enorme.* | *È un bell'esemplare a pelo corto.* | *Il tuo abito è di colore grigio.* | *Un uomo di fiero aspetto, con la barba lunga e la chioma arruffata apparve sulla soglia.*

IN LATINO il complemento di **qualità** *deve essere sempre accompagnato da un attributo anche se nella frase italiana questo non esiste. Si può esprimere in due maniere diverse.*

(a) Il complemento si pone nel caso *genitivo*, se indica una qualità morale permanente.
Esempi: *Maria è una ragazza d'ingegno* → *Maria est puella magnii ingenii.* | *Era un uomo di nobili sentimenti* → *Erat vir nobilium sensuum.*

I complementi indiretti

(b) Il complemento si pone nel caso *ablativo*, se indica una qualità fisica o una qualità morale transitoria.
Esempi: *Conosci quel bambino dai capelli neri?* → *Novistine illum puerum capillo nigro?* | *Era un uomo di fiero aspetto, con la barba lunga e con la chioma arruffata* → *Erat homo fero vultu, barba longa et coma incompta.*

 Fate l'analisi logica delle seguenti proposizioni.

(1) Quello è un uomo di profonda cultura e di elevati sentimenti. (2) Suo fratello era un bel ragazzo dai capelli ondulati, di alta statura e d'intelligenza pronta. (3) Un bimbo dal viso sorridente allieta la loro casa. (4) Non è un comportamento di buon senso, né di coraggio, né di grande prudenza. (5) Occorrono dei dirigenti di rapida intuizione e di grande attività. (6) Mi piace quella tua amica: è gentile e di carattere discreto. (7) Cesare era un uomo dalla pelle chiara, dagli occhi neri e vispi, di alta statura e di florida salute. (8) Perché vuoi rimproverare una bambina di tanto senno? (9) Nei poemi omerici Minerva è la dea dalle bianche braccia. (10) Ulisse, uomo dalla mente vivace e dall'animo astuto, salvò precarie situazioni dei Greci. (11) Lasciarono un'aula di discrete dimensioni e ornata di stucchi pregevoli. (12) Dall'antro oscuro sbucò un uomo dall'aspetto selvaggio e di corporatura gigantesca. (13) Sto leggendo la vita di Seneca, filosofo di grande dottrina e d'ingegno. (14) Una personalità di notevole autorità morale può, con un consiglio prudente, rimediare a molti mali. (15) Il parroco era un uomo di manica larga e assolveva con facilità i peccatori penitenti. (16) L'anno scorso feci un viaggio e visitai monumenti e opere artistiche di alto pregio. (17) Cercasi giovane di ottimo carattere e di buona presenza, per compagnia a persona anziana. (18) Non è un anello di pregio né di grande valore. (19) Sono stato seduto tanto a lungo che sono rimasto un pezzo con la gamba rigida. (20) Dall'India si importano in tutte le parti del mondo gemme dai molti riflessi e di notevoli dimensioni. (21) I Nervii, tribù dei Belgi, erano uomini d'azione: di essi parla Cesare nei suoi Commentari. (22) Pallidi, macilenti, coi vestiti laceri e con volti spettrali e le spalle incurvate procedevano sotto la sferza degli aguzzini. (23) Uscimmo all'alba dal rifugio, camminammo tre ore per un sentiero di difficile passaggio e alle otto giungemmo alla vetta. (24) Tito, figlio e successore di Vespasiano, fu un imperatore di grande generosità e bontà, acquistò fama con l'assedio e l'espugnazione della città di Gerusalemme nell'anno 70 e gli fu dato l'appellativo di «delizia del genere umano».

Complemento di materia

Si dice **complemento di materia** l'elemento della proposizione che indica il materiale, cioè la sostanza o le sostanze di cui è composto un individuo o un oggetto. Grammaticalmente è di solito rappresentato da un sostantivo o da una parte sostantivata. Si unisce agli altri elementi della proposizione mediante le **preposizioni** *di* e *in*. Esempi:

FUNZIONE: indicare il materiale di cui è fatto un individuo o un oggetto

PREPOSIZIONI: *di, in*

Dure manette di ferro gli stringevano i polsi. | *Costruimmo una casetta di legno.* | *È d'argento, il tuo braccialetto? L'acqua è composta di idrogeno e di ossigeno.* | *Questa casa è di cemento armato.*

IN LATINO il complemento di **materia** si può costruire in due maniere.

(a) Il complemento si pone nel caso *ablativo* preceduto dalla preposizione *e* o *ex*;
Esempi: *Costruimmo una baracca di legno* → *Extruximus casam ex ligno.* | *Dure manette di ferro gli stringevano i polsi* → *Durae manicae ex ferro ei adstringebant carpos.* | *L'uomo consta di anima e di corpo* → *Homo constat ex animo et corpore.* | *Questo muro è costruito in calce.* → *Hic murus extructus est ex calce.*

(b) Il complemento si risolve, quando è possibile, in un *aggettivo* che si dovrà concordare, come un attributo, col sostantivo a cui si riferisce.
Esempi: *Costruimmo una baracca di legno* → *Extruximus casam ligneam.* | *Dure manette di ferro gli stringevano i polsi* → *Durae manicae ferreae ei adstringebant carpos.*

29 *Fate l'analisi logica delle seguenti proposizioni.*

(1) L'aria è formata di ossigeno e di azoto. (2) Ho comperato un vestito di pura lana. (3) Le tue idee sono altrettanti castelli di carta. (4) Era un uomo vero in carne ed ossa. (5) Una nave è fatta di acciaio, di ferro, di legno e di altre materie. (6) Ampi scaloni di marmo ornano molti palazzi. (7) A mia sorella fu regalata una bellissima collana di perle. (8) Le mura della città di Babilonia erano di mattoni. (9) Egli aveva un anello d'oro di grande valore. (10) Era una maglietta di cotone di poco conto. (11) Lo scudo di Achille era una pregevole opera di metallo del dio Vulcano. (12) Ho comprato una pagnotta di segala, una di crusca e una di semola di grano duro. (13) I popoli antichi mangiavano i cibi in tazze di terracotta. (14) Gli antichi guerrieri usavano lunghe aste di legno con la punta di ferro. (15) Sul suo scrittoio vi erano alcuni oggetti di pelle lavorata. (16) Ai tempi dell'Impero le vesti delle matrone romane erano di lino e di seta. (17) Il pettine d'avorio è un oggetto raro e prezioso. (18) Presso alcuni popoli orientali molte case sono di fango e di paglia. (19) Alessandro sul letto di morte consegnò il suo anello d'oro al generale Perdicca. (20) Con la sua sbadataggine Giulietta rovesciò e ruppe un bel vaso di cristallo. (21) Con le sue magnifiche odi il poeta Orazio innalzò a sé un «monumento di bronzo». (22) Nella biblioteca di Alessandria vi sono dei libri assai antichi di papiro e di pergamena. (23) Sotto quell'umile vestito vi era un uomo di nobili sentimenti. (24) Tutte le abitazioni di Mosca, prima del grande incendio, erano costruite di legno. (25) Apparve sulla scena la cantante con un vestito cortissimo di pelle e ornata di stravaganti monili.

Complementi di abbondanza e privazione

> Si dice **complemento di abbondanza** e, rispettivamente, **complemento di privazione** l'elemento della proposizione che indica ciò che un individuo o un oggetto hanno in abbondanza oppure, al contrario, ciò che manca a un individuo o a un oggetto. Grammaticalmente, questi due complementi sono di solito rappresentati da un sostantivo o da una parte sostantivata. Si uniscono al verbo o all'aggettivo mediante la **preposizione di.** Esempi: *Quest'anno le viti abbondano d'uva.* | *Avevano caricato il camion di carbone.* | *Si era rimpinzato di dolci.* | *Che bel paniere colmo di frutta!* *Lo stadio era gremito di folla.* | *La gara è dotata di ricchi premi.* | *Questa stanza scarseggia di luce.* | *Con la siccità la regione fu privata della sua unica risorsa.* | *Venne spogliato di ogni suo avere.* | *In quel negozio vendono angurie prive di semi.* | *Il suo sangue è povero di globuli rossi.* | *La sua posizione era scevra di ogni doppio fine.* | *Sono rimasto privo del suo aiuto.*

FUNZIONE: indicare ciò di cui sono ricchi un individuo o un oggetto
PREPOSIZIONI: *di*

IN LATINO i complementi di **abbondanza** e di **privazione** si pongono, di regola, entrambi nel caso *ablativo semplice*. Esempi: *Quest'anno i campi abbondano di messi.* → *Hoc anno agri abundant messibus.* | *Avevano caricato il carro di carbone.* → *Oneraverant carrum carbone.* | *C'era un paniere colmo di frutta.* → *Erat fiscina referta pomis.* | *Questo vano scarseggia di aria.* → *Hoc conclave eget aëre.* | *Lo spogliò delle armi.* → *Eum spoliavit armis.* | *Ho la coscienza scevra di rimorsi.* → *Habeo conscientiam immunem angoribus.* | *Sono privo del tuo aiuto.* → *Sum orbatus tuo auxilio.*

30 Fate l'analisi logica delle seguenti proposizioni.

(1) La lingua italiana è ricca di verbi. (2) Di quanto denaro avete bisogno? (3) Voi fanciulli avete bisogno di consiglio e di aiuto. (4) La stanza del tuo amico manca di luce e di aria. (5) La zona abbondava di vegetazione, eppure mancava di acqua potabile. (6) La terra di Sicilia, prodiga di agrumi, è ricca di zolfo. (7) Pompeo voleva privare Cesare del governo della Gallia. (8) Avevamo bisogno dell'aiuto dello zio. (9) In alcune zone il sottosuolo d'Italia è ricco di acque. (10) In Piemonte la terra è fertile di grano e di uva. (11) Questa enciclopedia vi sarà molto utile: abbonda di importanti notizie. (12) Carico di colpe, l'uomo trovò solo in vecchiaia pace e conforto. (13) Cucciolo di setter bisognoso di cure cerca urgentemente padroncino affettuoso. (14) Portami quel recipiente di vetro colmo di olive. (15) C'erano delle casettine di legno ricche di comodità. (16) C'è penuria di moneta spicciola. (17) Rammentate con facilità le poesie: siete dotate di una buona memoria. (18) Alla notizia del felice evento il mio animo si colmò di gioia indicibile. (19) Comperami della frutta: il negozio vicino ne è molto fornito. (20) Volete leggere qualche bel libro? La biblioteca della scuola ne trabocca. (21) La settimana scorsa Emma si recava in autobus al lavoro; con sua grande rabbia fu alleggerita del portafoglio gonfio di banconote.

Complemento di paragone

FUNZIONE: indicare il secondo termine di un paragone
PREPOSIZIONI: *di*
CONGIUNZIONI: *che, che non*
AVVERBI: *come, quanto*

Si dice **complemento di paragone** l'elemento della proposizione che indica l'individuo o l'oggetto paragonato, confrontato con un primo individuo od oggetto chiamato «primo termine di paragone». Il complemento di paragone è anche detto «secondo termine di paragone». Le costruzioni che contengono questo complemento contengono sempre una comparazione di maggioranza, di minoranza o di uguaglianza. Grammaticalmente è di solito rappresentato da un sostantivo o da una parte sostantivata. Si unisce agli altri elementi della proposizione (specialmente al verbo essere) mediante la **preposizione** *di*. In particolare: una comparazione di maggioranza o di minoranza introduce il secondo termine di paragone mediante le **congiunzioni** *che* o *che non*; una comparazione di uguaglianza introduce il secondo termine di paragone mediante la **preposizione** *di*, la **congiunzione** *che* oppure gli **avverbi** *come* o *quanto*. Esempi: *La primavera* (primo termine) *mi è più gradita che non l'inverno* (secondo termine). ι *Carlo* (primo termine) *è meno studioso di sua sorella.* (secondo termine). ι *Maria* (primo termine) *è tanto intelligente quanto suo cugino* (secondo termine). ι *Il latino* (primo termine) *mi piace più dell'italiano* (secondo termine). ι *Con questi occhiali* (primo termine) *vedo meno che non con quelli* (secondo termine). ι *Ne so tanto* (primo termine) *quanto te* (secondo termine).

IN LATINO il complemento di **paragone** (o **secondo termine di paragone**) si pone *nello stesso caso del primo termine* preceduto dall'avverbio *quam*.

Se il primo termine di paragone viene a trovarsi in caso nominativo o accusativo e si tratta di una comparazione di maggioranza o di minoranza (non di uguaglianza), allora il complemento di paragone o secondo termine di paragone si può anche, di regola, porre nel caso *ablativo semplice*. Esempi: *La primavera* (primo termine) *è più gradita dell'inverno* (secondo termine) → *Ver est gratius quam hiems* (o *hieme*). ι *Carlo* (primo termine) *è meno studioso che sua sorella* (secondo termine) → *Carolus est minus studiosus quam soror* (o *sorore*). ι *Maria* (primo termine) *è così intelligente come suo fratello* (secondo termine) → *Maria est tam intelligens quam frater*. ι *Con questi occhiali* (primo termine) *vedo meno che non con codesti* (secondo termine) → *His perspicillis video minus quam istis*.

31 *Fate l'analisi logica delle seguenti proposizioni.*

(1) La luna è più piccola del sole. (2) L'olio è meno pesante dell'acqua. (3) Bice è tanto intelligente quanto tua sorella. (4) La mia scuola è bella come la tua. (5) Ho comperato un cagnolino più bello del vostro. (6) Questi esempi vi saranno più utili d'ogni insegnamento. (7) La salute è un dono più prezioso

ANALIZZARE E TRADURRE/6 Alcuni esempi di analisi svolta, con traduzione latina, di proposizioni complesse e composte. Nota in particolare il modo di rendere il **complemento di paragone**.

1 ELEMENTI DELLA FRASE	2 FUNZIONE LOGICA	3 COSTRUZIONE LATINA	4 TRADUZIONE LATINA
La mia	attributo soggetto	nominativo singol.	Meus
penna	sogg./1º t. parag.	nominativo singol.	calamus
è	copula	Ind. pres. 3ª sing.	est
più bella	parte nominale	nominativo singol.	pulchrior
della tua	attributo c. parag.	nom. singol. + quam [oppure: ablativo]	quam tuus [tuo]
[sottinteso: penna].	[compl. paragone]	[nominativo singol.] [oppure: ablativo]	[calamus] [calamo]
Ho visto	predicato verbale	Ind. p. pr. 1ª sing.	Vidi
un cane	c. ogg./1º t. parag.	accusativo singol.	canem
più bello	attributo c. oggetto	accusativo singol.	pulchriorem
di questo	attributo c. parag.	nom. singol. + quam [oppure: ablativo]	quam hunc [hoc]
[sottinteso: cane]	[compl. paragone]	[accusativo singol.] [oppure: ablativo]	[canem] [cane]
Questo	attributo soggetto	nominativo singol.	Haec
gatto	c. ogg./1º t. parag.	accusativo singol.	felis
è	copula	Ind. pres. 3ª sing.	est
non meno fedele	parte nominale	nominativo singol.	non minus fidus
di un cane.	attributo c. parag.	nom. singol. + quam	quam canis.
In una pentola	c. st. in l./1º t. par.	ablativo sing. + in	In olla
di terracotta	compl. materia	ablativo sing. + ex	ex luto (fictili)
le castagne	soggetto	nominativo plurale	castaneae
cuociono	predicato verbale	Ind. pres. 3ª plur.	coquuntur
con miglior	attributo c. modo	ablativo singolare	meliore
rendimento	compl. modo	ablativo singolare	fructu
che non in una pentola	compl. paragone	abl. s. + quam + in	quam in olla
di ferro	compl. materia	ablativo sing. + ex	ex ferro [ferrea].

delle ricchezze. (8) Studio con minor passione la storia che la geografia. (9) Camillo fu di animo più nobile che Coriolano. (10) D'estate preferisco andare al mare che ai monti. (11) Più che la primavera, amo l'autunno. (12) Alla salute giova più il lavoro che l'ozio. (13) Il ferro è meno prezioso dell'argento, ma l'oro è più prezioso dell'argento. (14) Il mio zaino è grande come il tuo. (15) Spesso l'uomo è meno generoso della terra stessa. (16) Un vero amico è non meno prezioso di un tesoro. (17) Tu hai i capelli più scuri di me. (18) Questa bibita mi piace più di quella. (19) Cincinnato amava (di) più la vita dei campi che la vita di città. (20) Ho conosciuto un giovane di statura alta come tuo fratello. (21) Niente mi è più caro di questo ricordo. (22) D'inverno le notti sono piu lunghe che d'estate. (23) I gatti si difendono più con le unghie che coi denti. (24) Una scala di ferro sarà più resistente che una scala di legno. (25) Dimostrò maggior prudenza che audacia. (26) Il vostro dono mi fu gradito più d'ogni altro. (27) Quell'insignificante fatto risultò più importante di altri. (28) Con gli scarponi farai minor fatica che con quelle scarpe. (29) Sotto il mio ombrello ti riparerai più che sotto il tuo. (30) In quel negozio si compra della merce migliore e meno cara che in questo emporio. (31) Nessuna città del mondo è più cara al mio cuore di Roma. (32) Dopo tutti quei travagli eravamo più esausti per la fame che non per la fatica. (33) Questa settimana avremo maggior lavoro che nell'altra. (34) Il medico ha riscontrato nella piccola inferma una febbre superiore ai giorni scorsi. (35) Con l'inchiostro rosso daremo maggior risalto al disegno che non con l'inchiostro nero. (36) Quest'anno ci alleneremo con maggior tranquillità dell'anno scorso. (37) Questo lievito dà minor rendimento di quello naturale. (38) Ti scriverò una lettera più lunga delle solite e t'informerò sui nostri affari. (39) Niente di più facile che questo.

Complemento di origine o provenienza

FUNZIONE: indicare una discendenza, una derivazione
PREPOSIZIONI: *da, di*

Si dice **complemento di origine** o **provenienza** l'elemento della proposizione che indica la d i s c e n d e n z a di una persona, di una famiglia, di un popolo, ovvero la d e r i v a z i o n e di una cosa, o di un fatto, o di un'idea. Dipende, solitamente, da verbi, sostantivi o aggettivi che esprimono un'idea di origine o comunque di provenienza. Grammaticalmente è di solito rappresentato da un sostantivo o da una parte sostantivata. Si unisce al verbo, al nome o all'aggettivo mediante le **preposizioni *da*** e ***di***. Esempi: *Achille era nato da Peleo e da Teti.* ı *Molti uomini illustri discendono da umile famiglia.* ı *Anche da te deriva l'armonia del gruppo.* ı *Il vino si ricava dall'uva.* ı *Il Po nasce dalle Alpi.* ı *Dante Alighieri era oriundo di Firenze.*

IN LATINO il complemento di **origine o provenienza** si esprime in tre diverse maniere.

(a) Il complemento si pone nel caso *ablativo semplice*, se è costituito dal nome proprio dei genitori o dal nome comune indicante la famiglia, la stirpe, la condizione in generale. Esempi: *Achille era nato da Peleo e da Teti* → *Achilles natus erat Peleo et Thetide.* ı *Molti uomini illustri discendono da* umile *famiglia* → *Multi viri clari orti sunt humili loco.* | Mario nacque *da* poveri ma onesti *genitori* → *Marius natus est pauperibus sed integris parentibus.*

(b) Il complemento si pone nel caso *ablativo* preceduto dalla preposizione *a* (*ab*), se è costituito da un nome (proprio o comune) indicante antenati remoti, ovvero da un nome (proprio o comune) indicante soltanto derivazione. Esempi: *Noi italiani discendiamo dagli antichi Romani.* → *Nos Italii orti sumus ab antiquis Romanis.* | *La superbia deriva dall'ignoranza.* → *Superbia gignitur ab ignorantia.* | *I vizi derivano dall'ozio.* → *Vitia gignuntur ab otio.*

(c) Il complemento si pone nel caso *ablativo* preceduto dalla preposizione *e* (*ex*), se è costituito da un pronome o da un nome comune ovvero da un nome proprio indicante il luogo di nascita di una persona. Esempi: *Da voi nasceranno figli buoni* → *Ex vobis nascentur liberi boni.* | *Egli era nato da uno schiavo.* → *Ille natus erat e servo.* | *S. Antonio di (o da) Padova fu discepolo di San Francesco d'Assisi.* → *Sanctus Antonius ex Patavio fuit discipulus Sancti Francisci ex Asisio.*

32 *Fate l'analisi logica delle seguenti proposizioni.*

(1) La vera forza deriva dalla sicurezza. (2) Incominciate dal capitolo terzo. (3) San Francesco d'Assisi è il patrono d'Italia. (4) Quelle parole affettuose scaturivano da un cuore generoso. (5) Ho ricevuto molte telefonate dai miei genitori. (6) Ho udito da voi una ben triste notizia. (7) La parola Foro deriva da una parola latina. (8) Da un lavoro ben fatto si ricava comunque un risultato. (9) Dall'alba si conosce il giorno. (10) Esopo, noto scrittore di favole, era nato da modesti genitori. (11) Gli Ebrei sono discendenti di Eber, progenitore di Abramo. (12) L'era volgare fa data dalla nascita di Gesù Cristo. (13) Dallo studio delle lingue trarrete grande vantaggio. (14) Raffaello da Urbino apprese i primi rudimenti della pittura da suo padre. (15) Dalla lettura di buoni libri riceverete utili cognizioni e buoni ammaestramenti. (16) Molti vostri errori dipendono dalla distrazione. (17) Nella storia dell'arte è famoso come miniatore Oderisi da Gubbio. (18) Federico II nacque in Italia, ma discendeva da Germani. (19) Da queste frazioni improprie ricavate altrettanti numeri misti. (20) Il Po nasce dal Monviso, attraversa il Piemonte, la Lombardia, l'Emilia e sfocia nel mare Adriatico. (21) Da quel suo augurio ho tratto gli auspici per la riuscita dell'impresa. (22) Da te aspetto un risultato migliore che da tua sorella. (23) I carolingi, re franchi, discendevano da Carlo Magno. (24) Da «arte» derivano le parole «artista» e «artigiano». (25) La serie dei numeri è infinita e comincia da «uno». (26) Da chi hai appreso tante notizie su questa faccenda? (27) Il pittore Jacopo da Bassano trasse il suo soprannome dal paese veneto ove nacque. (28) Ne risultò una marmellata eccellente.

FUNZIONE: indicare qualcosa da cui ci si allontana o ci si libera
PREPOSIZIONI: *da, di*

Complemento di allontanamento

Si dice **complemento di allontanamento** l'elemento della proposizione che indica l'individuo o l'oggetto da cui un altro individuo od oggetto si allontana, si separa, si libera, sia in senso proprio che figurato. Dipende, solitamente, da verbi, sostantivi o aggettivi che esprimono un'idea di allontanamento, di separazione, perciò spesso coincide con il complemento di moto da luogo. Grammaticalmente è di solito rappresentato da un sostantivo o da una parte sostantivata. Si unisce al verbo, al nome o all'aggettivo mediante le **preposizioni *da* e *di*.** Esempi: *Liberaci dal male e così sia.* ǀ *Dividete le mele acerbe da quelle mature.* ǀ *Allontaniamoci di qui.* ǀ *È doloroso il distacco dalle persone care.* ǀ *I moti portarono alla liberazione del popolo oppresso.* ǀ *Così avvenne la cacciata del tiranno.* ǀ *Ora Tito si sentiva libero da ogni preoccupazione.* ǀ *Non è sempre facile disgiungere l'apparenza dalla realtà.* ǀ *Pompei è molto lontana da Napoli?*

IN LATINO il complemento di **allontanamento** si pone, di regola, nel caso *ablativo* preceduto dalla preposizione *a* (*ab*), meno frequentemente da *e* (*ex*), e *de*. Esempi: *Lìberaci dal male, o Signore* → *Libera nos a malo, Domine.* ǀ *Separate le mele buone dalle cattive.* → *Secernite mala bona a putridis.* ǀ *Così i re furono cacciati dal trono di Roma* → *Sic reges expulsi sunt de solio Romae.* ǀ *L'utile non può trovarsi disgiunto dall'onesto.* → *Utile non potest seiungi ab honesto.*

33 *Fate l'analisi logica delle seguenti proposizioni.*

(1) Solo con l'esperienza saprai separare il vero dal falso e il giusto dall'ingiusto. (2) Tenne un discorso alieno da ogni equivoco. (3) Fu esiliato dalla sua terra per una legge ingiusta. (4) Guardatevi dai pericoli. (5) Le Bocche di Bonifacio separano la Sardegna dalla Corsica. (6) L'assemblea fu discorde dall'opinione dell'oratore. (7) Guardatevi dai falsi amici. (8) Separate una proposizione dall'altra con un segno d'interpunzione. (9) Lo stretto di Messina divide l'isola di Sicilia dalla Calabria. (10) Dovettero emigrare dal loro paese e cercare fortuna oltreoceano. (11) Mi sento finalmente libero da ogni responsabilità. (12) Camillo liberò Roma dai Galli nell'anno 387. (13) Mi accomiatai dagli amici e ritornai in giardino. (14) Lontani da quelle montagne, soffrivano. (15) Il distacco dalle abitudini stabilite è spesso difficile ma necessario. (16) Aristide subì con rassegnazione l'espulsione dalla patria. (17) Tarquinio, ultimo re di Roma, fu per la sua superbia espulso dalla città. (18) In qual modo potrei liberarmi di quella seccatura? (19) Mi sono distratto dalla lettura solo per un momento. (20) Per la molta ruggine stenterai a svitare questo perno dalla mappa. (21) Posso ritornare a scuola: sono guarita dall'influenza. (22) Me ne scrollai di dosso il peso. (23) Giove aveva punito gli uomini carichi di colpe: Deucalione e Pirra ne furono immuni.

Complemento di esclamazione

⇒ Si dice **complemento di esclamazione** l'elemento della proposizione che indica l'individuo, l'oggetto, l'idea che s u s c i t a u n f o r t e s e n t i m e n t o: gioia, dolore, sdegno, ira eccetera. Si unisce agli altri elementi della proposizione (specialmente al verbo essere) mediante le **interiezioni** *o, oh, ah, ohi, ohimè, ahimè* (espresso o sottinteso) o mediante gli **aggettivi esclamativi** *che, quale, quanto*, ovvero mediante la **preposizione** *per* o la **locuzione prepositiva** *guai a*.
Esempi: *Fortunato uomo!* ı *Speranza inutile!* ı *Ah, povero me.* ı *Oh che miseria!* ı *Ah, che guaio…* ı *Quanta paura per nulla!* ı *Per tutti gli dei dell'Olimpo!* ı *Guai alle spie!*

FUNZIONE: **indicare qualcosa che suscita un forte sentimento**
È preceduto da interiezioni e aggettivi esclamativi.

IN LATINO il complemento di **esclamazione** si rende in diverse maniere.

(a) Il complemento si pone nel caso *accusativo* preceduto o no dalle interiezioni *o, heu, eheu* (= o, oh, ah, ahi, ohimé, ahimé) ovvero preceduto dalla preposizione *per* (= per).
Esempi: *(O) fortunato uomo!* → *(O) fortunatum hominem!* ı *(Oh) fallace speranza degli uomini!* → *(O) fallacem spem hominum!* ı *(Ah) povero te!* → *(Heu) te miserum!* ı *(Ohi) miseri mortali!* → *(Eheu) miseros mortales!* ı *Per gli dei immortali!* → *Per deos immortales!*

(b) Il complemento si pone nel caso *nominativo* con gli aggettivi esclamativi *qui, quae; quod* (= che); *qualis, quae* (= quale); *quantus, quanta, quantum* (=quanto, -a); purché non sussista già un altro complemento.
Esempi: *Che dolore!* → *Qui dolor!* ı *Quale sventura!* → *Qualis calamitas!* ı *Quanta paura!* → *Quantus metus!*

(c) Il complemento si pone nel caso *dativo* preceduto dalle interiezioni *hei* (= ohimé, ahimé) o *vae* (= guai a).
Esempi: *Ahimé misero!* → *Hei mihi misero!* ı *Guai ai vinti!* → *Vae victis!*

(d) Talvolta, il complemento si pone nel caso *vocativo* preceduto dalla interiezione *pro* o *proh* (= per).
Esempi: *Per gli dei immortali!* → *Pro dii immortales!* ı *Per Giove santo!* → *Pro sancte Iuppiter!*

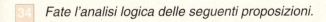

Fate l'analisi logica delle seguenti proposizioni.

(1) Oh bella, questa! (2) Guai agli spacciatori di monete false! (3) Che spettacolo! (4) Povero me! quanta fatica sprecata! (5) Noi infelici! che faremo? (6) Che gioia! è tornata la luce. (7) Che spavento! (8) Bella figura! sei stato l'ultimo della classe. (9) Un destino simile! che fortuna! (10) Beato te! sei stato promosso. (11) Vorrei conoscere, perbacco, le vostre vere intenzioni.

(12) Non dormire, per Diana! (13) Piove a ritmo continuato: che brutta giornata! (14) Quale felicità, se guarirai! (15) Tuo padre dirà: «Quanti soldi sprecati!» (16) Quale esempio! dalle formiche noi dobbiamo trarre ammaestramento sull'utilità della previdenza. (17) Santo Cielo! Che ti è venuto in mente questa mattina? (18) «Guai a voi, anime prave!» esclamò Caronte a Dante e a Virgilio presso le rive dell'Acheronte, fiume infernale.

Complemento di agente e di causa efficiente

FUNZIONE: indicare colui che compie un'azione espressa da un verbo passivo

PREPOSIZIONI: *da, di*
LOCUZIONE: *da parte di*

Si dice **complemento di agente** l'elemento della proposizione che indica l'individuo che compie un'azione espressa da un verbo passivo. Quando a compiere l'azione è un oggetto o un concetto, il complemento prende il nome di **complemento di causa efficiente**. Questi complementi si trovano quindi solo nelle frasi passive e corrispondono al soggetto delle equivalenti proposizioni attive (vedi p. 170-171). Si uniscono al verbo passivo dal quale dipendono mediante le **preposizioni** *da* o, talvolta, dalla **locuzione prepositiva** *da parte di*. Esempi di complementi d'agente: I nostri furono assaliti alle spalle <u>dall'esercito</u> nemico. | Un pesante monito è stato rivolto loro <u>da parte dell'ambasciata</u>. | È stato slegato <u>da te</u>, questo cane? | Sono stato graffiato <u>dal gatto</u>. | Monna Lisa è stata dipinta <u>da Leonardo.</u> | La bella ragazza era circondata <u>da ammiratori</u>. Esempi di complementi di causa efficiente: Il poveretto fu sepolto <u>da una valanga.</u> | La casa era stata distrutta <u>dalle fiamme.</u> | Non lasciatevi prendere <u>dall'ira.</u> | Si lasciò intenerire <u>dalle</u> <u>sue preghiere.</u>

IN LATINO il complemento di **agente** si forma con il caso *ablativo*, preceduto dalla preposizione *a* (*ab*). Esempi: I nostri furono assaliti <u>dall'esercito nemico</u> → Nostri petiti sunt <u>ab esercitu</u> hostium. | È stato slegato <u>da te</u> questo cane? → Solutasne est <u>a te</u> hic canis? | Sono stato graffiato <u>dal gatto</u> → Unguibus laceratus sum <u>a fele</u>. | La figura della Vergine era circondata <u>dagli angeli</u> → Imago Virginis erat circumdata <u>ab angelis</u>.

Il complemento di **causa efficiente** si forma con il caso *ablativo semplice*. Esempi: Il poveretto fu sepolto <u>da una valanga.</u> → Infelix obrutus est nivium <u>lapsu</u>. | La casa era stata distrutta <u>dalle fiamme.</u> → Domus deleta erat <u>flammis</u>. | Non lasciatevi prendere <u>dall'ira</u> → Nolite incendi <u>ira</u>. | Ella si lasciò smuovere <u>dalle sue preghiere</u> → Illa commota est <u>precibus</u> eius.

35 Fate l'analisi logica delle seguenti proposizioni.

(1) Il suo arrivo era stato preannunciato dal figlio. (2) Sono tormentato dalla febbre. (3) Fummo invitati da lui a pranzo. (4) Molti, spinti dall'odio o dall'ira, commettono i più atroci misfatti. (5) Molti fiumi sono alimentati dai laghi e questi dai ghiacciai. (6) Da quale uomo, mio caro, ti sei lasciato ingannare! (7) La loro identità non poté essere celata dal volto mascherato. (8) Dal grande dolo-

re, egli fu colto da pazzia. (9) Può essere svitato da chiunque. (10) Dai buoni, non dai cattivi fatevi guidare. (11) L'ira di Coriolano contro la sua patria fu frenata dalla moglie Volumnia e dalla madre Veturia. (12) Questa rosa è stata abbattuta dal vento. (13) La ragazza arrossì dalla vergogna. (14) Dalla fermata dell'autobus fummo accompagnati da suo nipote. (15) All'arrivo dell'esercito di Pirro i Romani furono atterriti dalla vista degli elefanti. (16) Il segnale di inizio della partita fu dato dall'arbitro. (17) Il giovane fu evitato da tutti e dovette allontanarsi dal paese. (18) Sul fiume c'era un piccolo ponte di ferro consumato dal tempo e dalla ruggine. (19) Gli ordini degli Dei erano portati dal dio Mercurio dai piedi alati. (20) Andammo dal bidello, ci fu data da lui una scopa e con questa pulimmo il corridoio. (21) La scala costruita da inesperti muratori e con materiale scadente cedette per il gran peso. (22) Andrò dal dottore e da lui mi farò dare una buona cura. (23) Da un uomo dall'animo buono non ci si possono attendere tali azioni. (24) Da giovane era stato investito da un'automobile sulla via Flaminia. (25) Da chi sarà stata presa questa corda?

Complemento di limitazione

▶ Si dice **complemento di limitazione** l'elemento della proposizione che delimita i termini entro cui va intesa un'idea o un concetto già espressi. Grammaticalmente è di solito rappresentato da un sostantivo, un aggettivo o un verbo. Si unisce agli altri elementi della proposizione mediante le **preposizioni** *a, da, di, in, secondo* o mediante le **locuzioni prepositive** *in fatto di, quanto a, in quanto, rispetto* eccetera. Esempi: *Beati i puri di cuore.* | *Tu sei coraggioso soltanto a parole.* | *È miope da un occhio.* | *Per astuzia Ulisse superava tutti gli altri eroi.* | *In condotta lasci a desiderare.* | *Non riuscirà nell'intento, almeno secondo il mio parere.* | *In fatto di diplomazia Michele non è secondo a nessuno.* | *Quanto a questo, taccio.* | *È molto migliore di me rispetto all'impegno.*

FUNZIONE: **limitare il significato di un concetto**

PREPOSIZIONI: *a, da, di, in*

LOCUZIONI: *in fatto di, quanto a, in quanto, rispetto a*

IN LATINO il complemento di **limitazione** va in *ablativo semplice*. Esempi: *Beati gli umili di cuore* → *Beati humiles corde.* | *Tu sei coraggioso soltanto a parole.* → *Tu es audax tantum verbis.* | *Anselmo è cieco da un occhio.* → *Anselmus est caecus altero oculo.* | *Per astuzia Ulisse superava tutti gli altri eroi.* → *Calliditate Ulixes anteibat ceteros heroes.* | *Non riuscirà nell'intento, almeno secondo il mio parere.* → *Nihil proficiet, saltem mea sententia.* | *Sono maestri in fatto di malafede.* → *Ii sunt peritissimi perfidia.*

36 *Fate l'analisi logica delle seguenti proposizioni.*

(1) Quell'uomo è perfettamente sano di mente. (2) L'automobile superò in velocità il treno. (3) In fatto di ordine Maria non è seconda a nessuna. (4) In latino hai migliorato il profitto. (5) Polifemo, figlio di Nettuno, superava per forza tutti gli altri

Ciclopi. (6) L'anno trascorso eri bravo in matematica. (7) In che modo si rassomigliano nell'aspetto quelle due! (8) In seguito a quella operazione ella è delicata di stomaco. (9) Il famoso Cimabue fu da Giotto superato nell'arte della pittura. (10) Anacarsi, uno dei sette sapienti della Grecia, era scita di nazione. (11) Nel campo della meccanica quel giovane è molto bravo e farà progressi. (12) Molti uomini illustri sono meritevoli di biasimo riguardo alla loro vita privata. (13) È ancora incerto nei movimenti per la frattura subita. (14) I cani differiscono dai gatti per la fedeltà all'uomo. (15) Nessuno dei Greci fu più famoso di Demostene riguardo all'eloquenza. (16) Con lo studio potresti migliorare in matematica. (17) Sono gemelle, ma differiscono per statura: Cornelia è più alta di Marcella. (18) In ginnastica siete molto bravi, ma chi di voi si distingue nello studio? (19) È un libro ricco di *suspense* e in ciò è tra i miei favoriti. (20) Creso, re della Lidia, uomo assai ricco, fu felice in apparenza e da tutti invidiato. (21) Di tutti i vostri compagni Andrea è il più anziano. (22) Tullio zoppica da una gamba: ha parato un rigore ma si è storto la caviglia. (23) Nello scorso anno scolastico avete riportato maggiori voti nelle materie letterarie che nelle materie scientifiche: in queste eravate superati da molti compagni. (24) Molti nomi latini nel caso genitivo superano nel numero delle sillabe la forma del caso nominativo.

Complemento di convenienza

FUNZIONE: indicare l'individuo cui spetta una certa azione o condizione
PREPOSIZIONI: *a, da, di*

Si dice **complemento di convenienza** l'elemento della proposizione che indica l'individuo o l'oggetto a cui spetta (o non spetta) oppure conviene (o non conviene) una certa azione o stato. Dipende, di solito, da verbi che esprimono idea di convenienza o di spettanza, come *è proprio... è dovere..., spetta... è ufficio...* Grammaticalmente è di solito rappresentato da un sostantivo o una parte sostantivata. Si unisce al predicato da cui dipende mediante le **preposizioni** *a, da, di*. Esempi: *Era dovere del dittatore romano reggere con fermezza le sorti della patria.* | *È proprio dei magistrati provvedere alla giustizia.* | *È preciso ufficio del preside compiere quell'atto.* | *È da sciocchi credervi.* | *Ai più vecchi si addice la saggezza e l'indulgenza.* | *Spetta alla magistratura fare luce sull'incidente.* | *L'estrema difesa della rete è compito del portiere.*

IN LATINO il complemento di **convenienza** si pone, di regola, nel caso *genitivo*, mentre il predicato si riduce alla *sola voce del verbo esse*, sopprimendo di solito le parole «proprio», «ufficio», «dovere», «compito» e simili, presenti invece in italiano.

Esempi: *Era dovere del dittatore romano reggere le sorti della patria nei pericoli.* → *Erat dictatoris romani administrare rem publicam in periculis.* | *È proprio dei magistrati provvedere alla giustizia.* → *Est magistratuum administrare iustitiam.* | *Sarà ufficio di Mario fare ciò.* → *Erit Marii facere id.* | *Spetta al maestro fare osservazioni.* → *Est magistri facere monita.* | *È da sciocco credere a simili cose.* → *Est insipientis credere his rebus.*

37 Fate l'analisi logica delle seguenti proposizioni.

(1) Gli erano proprie l'operosità e la sobrietà. (2) Sarà affare del giudice stabilire la ragione. (3) Sarebbe stato dovere di tuo fratello calmare gli animi. (4) È ufficio del Parlamento discutere sulle leggi proposte. (5) Agire in questo modo è più da persone calcolatrici che da persone generose. (6) È proprio da forti sopportare con rassegnazione un tale dolore. (7) L'ufficio del censore era (di) rimuovere dal Senato gl'immeritevoli. (8) Spettava agli edili la cura della pulizia della città di Roma. (9) Ai ragazzi non si addicono le ore piccole. (10) La direzione del traffico della città spetta ai vigili urbani. (11) In questi casi conviene una certa prudenza di giudizio. (12) L'ufficio della dieresi è (di) separare le due vocali di un dittongo. (13) Non spettava a quell'impiegato fare i conti di cassa la sera. (14) È dovere di ogni buon cittadino rispettare le leggi per il bene della comunità. (15) Esaminare i biglietti era affare del controllore del treno durante il viaggio. (16) La valutazione della vostra preparazione nelle varie materie sarà compito degli esaminatori. (17) La decisione spetterà all'arbitro. (18) L'intelligenza è dell'uomo, l'istinto è degli animali. (19) Non è tuo compito criticare così il profitto scolastico di tua sorella. (20) Sarebbe spettato a lui decidere sulla validità del punto. (21) Sarebbe stato da ingenui credere con somma facilità alle lusinghiere parole di quell'adulatore. (22) È proprio di ogni uomo sbagliare; da stolti perseverare nell'errore. (23) Spetterebbe un po' a tutti la cura dell'ambiente in cui viviamo. (24) Presso i Romani, vegliare tutta la notte ed evitare gl'incendi nella città spettava al prefetto dei vigili. (25) La rettitudine e l'onestà furono proprie di Fabrizio, addetto alle trattative con Pirro sul riscatto dei prigionieri.

Complemento di esclusione

Si dice **complemento di esclusione** l'elemento della proposizione che indica l'a s s e n z a, l'e s c l u s i o n e da un gruppo di un individuo o di un oggetto. (Bisogna fare attenzione a distinguere questo complemento da quello di privazione, che indica invece ciò che m a n c a a un individuo o un oggetto.) È di solito rappresentato da un sostantivo o da una parte sostantivata. Si unisce agli altri elementi della proposizione mediante le **preposizioni** *senza, tranne, fuorché* o mediante le **locuzioni prepositive** *eccetto che, salvo che, fuori di, fuori che* eccetera. Esempi: *Perché sei uscito senza cappello?* | *C'erano tutti tranne Piero.* | *Hai enumerato tutti i generali eccetto uno.* | *Sono bravo in tutti gli stili fuorché nel dorso.* | *Ho studiato tutto, salvo questo complemento.* | *Ascoltò la notizia senza sorridere.*

FUNZIONE: indicare l'assenza o l'esclusione di qualcuno o qualcosa

PREPOSIZIONI: *senza, tranne, fuorché,*
LOCUZIONI: *eccetto che, salvo che, fuori di, fuori che*

IN LATINO il complemento di **esclusione** si realizza in due modi.

(a) Il complemento si pone nel caso *ablativo* preceduto dalla preposizione *sine* (= senza), traducendo con un *sostantivo di corrispondente significato* il complemento di esclusione che fosse eventualmente rappresentato da un infinito.

Esempi: *Perché sei uscito senza cappello?* → *Cur existi sine pileo?* | *Ascoltò la notizia senza piangere* (= *senza pianto*). → *Ille audivit nuntium sine fletu*.

(b) Il complemento si pone nel caso *accusativo* preceduto dalla preposizione *praeter* (= tranne, fuorché, eccetto che, fuori di, fuori che, eccetera). Esempi: *C'erano tutti, tranne Pietro* → *Aderant omnes, praeter Petrum*. | *Hai enumerato tutti i generali eccetto uno*. → *Numeravisti omnes duces praeter unum*. | *So tutto, salvo questo capitolo*. → *Scio omnia, praeter hoc caput*.

38 *Fate l'analisi logica delle seguenti proposizioni.*

(1) Questa pastasciutta senza sale non mi attira affatto. (2) Il frontespizio del libro era privo del titolo. (3) Eccettuato l'ultimo periodo, il componimento è fluido e corretto. (4) La zia aveva pensato a tutto fuorché al dolce. (5) A me piace ogni sorta di cibo, tranne che i pesci. (6) Salvo piccoli incidenti, la gara si svolse con regolarità. (7) Parteciperanno alla festa tutte le mie amiche fuorché, naturalmente, le due in viaggio da Torino. (8) Senza cappotto non uscirai dato questo freddo. (9) Ormai vive senza la speranza di rivederli. (10) Era senza dubbio un ragazzo di animo buono, privo di grandi passioni (fatta eccezione per la pallacanestro). (11) Salvo casi eccezionali voi non dovete assentarvi dall'ufficio. (12) È dovere dei soldati eseguire con prontezza e senza discussione gli ordini del capitano. (13) Durante la gita a Firenze incontrai i miei compagni dell'anno scorso: c'erano tutti tranne quattro. (14) Non dovresti guidare la bici senza mani. (15) Avevano accettato l'invito tutti gl'impiegati, tranne due. (16) Accetto tutto, fuorché denaro. (17) Su questo argomento della storia romana siamo stati interrogati tutti dalla professoressa, tranne Luigi e Giovanni, i più bravi della classe. (18) Il condannato ascoltò la terribile sentenza senza battere ciglio. (19) Se ne andò senza ringraziarmi e senza salutarmi. (20) A parte leggere, non ho fatto altro per tutte le vacanze.

Complemento di fine o scopo

FUNZIONE: indicare la finalità o la destinazione di un'azione

PREPOSIZIONI: *a, di, da, in, per*
LOCUZIONI: *a fine di, per scopo di*

Si dice **complemento di fine o scopo** l'elemento della proposizione che indica il f i n e, lo s c o p o di un'azione oppure la d e s t i n a z i o - n e di un individuo o di un oggetto. Grammaticalmente è di solito rappresentato da un sostantivo o da una parte sostantivata. Si unisce a un verbo o a un sostantivo mediante le **preposizioni** *a, di, da, in, per* o mediante le **locuzioni prepositive** *a fine di, a scopo di* eccetera. Esempi: *Due sentinelle stavano a guardia del palazzo*. | *Ciò torna a tuo onore*. | *L'eccessiva distrazione vi sarà di danno*. | *Te l'avevo detto per il tuo bene*. | *Era un bel cavallo da corsa*. | *È una recita a scopo di beneficenza*. | *L'ho fatto a fin di bene*.

IN LATINO il complemento di **fine** o **scopo** si esprime in tre maniere.

(a) Nel caso *accusativo* preceduto dalla preposizione *ad* o *in*.

Esempi: <u>A guardia</u> del palazzo stavano due sentinelle → <u>In custodiam</u> palatii erat duae excubiae. | I soldati combattono <u>per la salvezza</u> della patria. → Milites pugnant <u>ad salutem</u> patriae.

(b) Il complemento si pone nel caso *genitivo* seguito dal nome *causa* o *gratia*.
Esempi: I genitori ti rimproverano <u>per il tuo bene</u>. → Parentes te reprehendunt tui <u>boni causa</u>. | È una recita <u>a scopo di beneficienza</u>. → Est spectaculum <u>beneficentiae gratia</u>.

(c) Il complemento si pone nel caso *dativo semplice*, specie quando dipende dalle locuzioni verbali «mandare in», «ricevere in», «venire in», «essere di», «riuscire di», «ascrivere a», «attribuire a», «tornare a», «dare in».
Esempi: I Plateesi accorsero <u>in aiuto</u> degli Ateniesi. → Plataeenses accurrerunt <u>auxilio</u> Athaeniensium. | Codesta distrazione vi sarà <u>di danno</u>. → Ista mentis aberratio vobis erit <u>damno</u>. | Ciò torna <u>a</u> tuo <u>onore</u>. → Id tibi est <u>honori</u>.

39 *Fate l'analisi logica delle seguenti proposizioni.*

(1) Fu stabilito un giorno per il convegno. (2) C'era sempre, di giorno e di notte, una sentinella a guardia del ponte. (3) Questa tinta servirà per la coloritura delle porte e degli armadi. (4) Il capitano aveva lasciato un pugno di soldati a difesa del forte. (5) A onore del vero, non avevano commesso alcuna mancanza grave. (6) Durante la mia assenza lascio a guardia della casa questo grande cane. (7) La tua compagna può essere citata ad esempio per il suo coraggio. (8) Viaggiai per un mese per affari. (9) L'ho fatto per scherzo, non per cattiveria. (10) Sono state chiamati in soccorso due reparti della protezione civile. (11) Per questo ero venuto, non per altro calcolo. (12) La zia è partita per la Francia per ragioni di studio. (13) I soldati mercenari combattono a scopo di lucro e per il bottino di guerra. (14) Domenica scorsa fui invitato a pranzo dagli zii. (15) Molte nazioni lavorano per la pace e per una maggiore intesa fra i popoli. (16) Nella saletta di soggiorno v'erano dei mobili di stile moderno. (17) Aveva agito a questo modo non per vendetta ma per poca riflessione. (18) Il caposquadra era lui, ma era inetto a comandare. (19) Abbiamo fissato la nostra adunanza per il giorno nove di questo mese e verremo tutti, eccettuato Carlo ammalato di polmonite. (20) Questo mobile comperato dal babbo sarà collocato nella sala da pranzo. (21) Le portai in dono un grande mazzo di rose gialle. (22) Quel film è già stato proiettato al cinema Olimpia in prima visione. (23) A tutti i partecipanti alla gara gastronomica sarà dato in dono un libro di ricette. (24) Studiate bene e imparerete un metodo: questo vi sarà di aiuto e di sostegno sempre. (25) Questo risultato torna a vantaggio delle squadre in procinto di retrocessione. (26) L'ho fatto solo per divertimento, non credevo di agire per il meglio. (27) Ho già preparato il necessario per il viaggio. (28) Alfredo mandò per un medico; purtroppo era troppo tardi; Violetta soffriva per un male incurabile. (29) Agisci per interesse o per piacere? (30) Sono contenta per voi. (31) Piove: domani andremo per funghi. (32) Questo è l'abito per la festa di Carnevale; ti piace?

Complemento di età

FUNZIONE: indicare l'età
PREPOSIZIONI: *a, di*
LOCUZIONI: *all'età di, di vita, d'età*

→ Si dice **complemento di età** l'elemento della proposizione che indica l'età (i giorni, i mesi, gli anni, i secoli) di un individuo o di un oggetto. Grammaticalmente è di solito rappresentato da un sostantivo con aggettivo quantitativo. Si unisce agli altri elementi della proposizione mediante le **preposizioni** *a, di*, spesso unite alle espressioni *all'età, di età, di vita*. Talvolta la preposizione *di* si trova preceduta da un nome che indica il corrispondente periodo di vita, come *bambino, ragazzo, uomo, adulto, donna, vecchio* eccetera. Esempi: *A quindici anni non mi lasciano ancora uscire di sera.* | *Era un bel cucciolo di tre mesi.* | *All'età di cinque anni sapeva già scrivere e leggere.* | *Mi comparve davanti una donna d'età indefinibile.* | *L'associazione aveva più di un secolo di vita.* | *Entrò in collegio bambino di pochi anni e ne uscì uomo di trent'anni.*

IN LATINO il complemento di **età** si realizza in tre maniere.

(a) Il complemento si pone nel caso *accusativo* accompagnato dall'aggettivo *natus, a, um* usato quale attributo del nome di persona o animale o cosa di cui si indica l'età.
Esempi: *Egli a tre mesi (di età) rimase orfano di madre.* → *Ille tres menses natus orbatus est matre.* | *Maria all'età di tredici anni conseguirà la licenza.* → *Maria tredecim annos nata consequetur licentiam.* | *A nove anni Annibale partì per la Spagna.* → *Novem annos natus Hannibal profectus est in Hispaniam.*

(b) Il complemento si pone nel caso *accusativo* col *numerale ordinale* al singolare aumentato di un'unità, accompagnato dall'aggettivo *agens, -ntis* usato quale attributo del nome di persona o animale o cosa di cui si indica l'età.
Esempi: *Egli a soli tre mesi rimase orfano di madre.* → *Ille quartum mensem agens orbatus est matre.* | *Maria all'età di tredici anni conseguirà la licenza.* → *Maria decimum quartum annum agens consequetur licentiam.* | *A nove anni Annibale partì per la Spagna.* → *Decimum annum agens Hannibal profectus est in Hispaniam.*

(c) Il complemento si pone nel caso *genitivo* accompagnato da un nome indicante il corrispondente periodo della vita, come *infans* (= infante, bambino, bambina), *puer* (= fanciullo) e *puella* (= fanciulla), *adulescens* (= giovinetto, giovinetta, adolescente), *iuvenis* (= giovane), *vir* (= uomo) e *mulier* (= donna), *senex* (= vecchio) e *anus* (= vecchia), usato quale apposizione del nome di persone di cui si indica l'età.
Esempi: *Egli a tre mesi rimase orfano di madre.* → *Ille infans trium mensium orbatus est matre.* | *A nove anni Annibale partì per la Spagna.* → *Puer novem annorum Hannibal profectus est in Hispaniam.* | *La madre morì a cinquant'anni.* → *Mater obiit mulier quinquaginta annorum.* | *Il nonno mio morì (vecchio) di novantacique anni.* → *Meus avus mortuus est senex nonaginta quinque annorum.*

Fate l'analisi logica delle seguenti proposizioni.

(1) I gatti muoiono a sette o otto anni di vita. (2) Avevamo con noi la sorellina di quaranta giorni. (3) A quattordici anni non si è ancora adulti. (4) Ho un bel canarino di pochi mesi. (5) Guido a quindici anni se ne va in Inghilterra da solo. (6) Parecchie sequoie muoiono ad alcuni secoli di vita. (7) Caddi dalla culla a tre giorni d'età. (8) Questo vestito ha una settimana e già devo portarlo a pulire. (9) Cicerone giovane di ventisei anni pronunciò la prima orazione in Senato. (10) Mio fratello, ragazzo di vent'anni, è sotto le armi a Cuneo. (11) Il buon pievano uscì di vita vecchio di 98 anni con la mente lucidissima. (12) Questo vino è veramente buono: è vecchio di quindici anni. (13) Alcuni uomini a molti anni di età non hanno ancora acquistato una sufficiente esperienza di vita. (14) A quanti anni si è laureato, e in quale disciplina, Guglielmo Marconi? (15) Giovanni era un giovanotto di alta statura, snello, sulla ventina. (16) All'età di venticinque anni Annibale guidava gli eserciti cartaginesi nella Spagna. (17) All'età di cinquant'anni anni l'uomo ha già sorpassato la metà media della sua vita. (18) Mi compiaccio con tuo padre: all'età di 55 anni sembra un uomo sulla quarantina. (19) Questo formaggio non è stagionato: è di pochi mesi. (20) Tito Pomponio Attico a 67 anni perdette la madre di novanta. (21) Tutti i bambini di tre anni dovrebbero frequentare la scuola materna. (22) Alessandro Magno con una lunga serie di guerre aveva conquistato gran parte dell'Oriente e morì giovane a 33 anni. (23) Mio cugino è di età maggiore di me: a diciassette anni frequenta la prima classe del liceo. (24) La maggioranza delle mogli sono di età inferiore al marito.

Complemento di estensione

Si dice **complemento di estensione** l'elemento della proposizione che indica una delle tre d i m e n s i o n i (lunghezza, larghezza, altezza/profondità) di un oggetto o di uno spazio. È di solito rappresentato da un sostantivo con aggettivo quantitativo. Si unisce agli altri elementi della proposizione mediante **aggettivi indicanti dimensione**, come *lungo, largo, alto, profondo*; mediante le **preposizioni** *di, per* (espresse o sottintese) o con le **espressioni** *in lunghezza, in larghezza, in altezza, in profondità* (espresse o sottintese) eccetera. Esempi: *Scavarono una fossa profonda quattro passi.* | *Il muro era alto dieci piedi.* | *Il fiume qui è largo sette metri.* | *Fabbricarono un muro lungo venti passi.* | | *La penisola si protende nel mare per 88 chilometri.* | *Il ponte misurava in altezza 900 piedi.* | *C'era una torre di dieci metri.*

FUNZIONE: indicare una dimensione
PREPOSIZIONI: *di, per*
AGGETTIVI: *lungo, largo, alto, profondo*
LOCUZIONI: *in lunghezza, in larghezza, in altezza, in profondità*

IN LATINO il complemento di **estensione** si pone in due maniere.

(a) Il complemento si pone nel caso *accusativo semplice*.
Esempi: *Scavarono una fossa profonda quattro passi.* → *Effoderunt foveam altam quatuor passus.* | *Il muro era alto dieci piedi* → *Murus erat altus decem pedes.* | *Il fiume era largo sette passi.* → *Flumen erat latus septem passus.*

(b) Il complemento si pone nel caso *accusativo* accompagnato dalle espressioni *in longitudinem* (= in, di lunghezza), *in latitudinem* (= in, di larghezza), *in altitudinem* (= in, di altezza; in, di profondità).
Esempi: *La pianura si estendeva (per) due miglia (in lunghezza)* → *Planities patebat duo milia passuum in longitudinem.* | *Il monte era novecento piedi di altezza.* → *Mons eminebat nongentos pedes in altitudinem.* | *Il viale misurava tre passi in larghezza.* → *Via patebat tres passus in latitudinem.*

42 Fate l'analisi logica delle seguenti proposizioni.

(1) La nostra casetta ha due piani ed è alta forse dieci metri. (2) C'è un ponte sul Po presso Piacenza lungo novecento passi. (3) Nel giardino di mio zio v'è un albero di diciotto metri. (4) Nei campi la neve era alta un metro. (5) Quella colonna di marmo misura in altezza otto metri. (6) Il giardiniere scavò una buca di quaranta centimetri di profondità. (7) Arrivammo su una collina estesa mille passi e alta cento. (8) La catena degli Appennini si estende in lunghezza 1 350 chilometri: essa è la spina dorsale della nostra penisola. (9) Il lago Maggiore è 3 540 piedi di profondità e misura 37 miglia in lunghezza. (10) La cupola di San Pietro si slancia verso il cielo per 250 metri. (11) Il territorio degli Elvezi si estendeva per 240 miglia in lunghezza e 180 in larghezza. (12) In quel punto il fiume aveva una larghezza di dodici passi e una profondità di quattro. (13) Il tempio di San Pietro nella città di Roma misura 177 passi in lunghezza ed è alto 180 metri. (14) Gli antichi guerrieri erano armati di un'asta lunga sei piedi con la punta di ferro. (15) V'era una bella pianura larga un miglio percorsa da due strade carrozzabili. (16) Il mar Morto è depresso per 750 metri sotto il livello del Mediterraneo. (17) I nemici avevano costruito per le battaglie navali alcune quinquiremi lunghe duecento piedi e larghe sessanta. (18) Con una zattera lunga duecento piedi e larga cinquanta Annibale trasportò con molti soldati alcuni elefanti muniti di torri. (19) Nell'ultima settimana del mese di dicembre venne una forte nevicata: in alcuni luoghi la neve era alta due metri. (20) I guerrieri nei tempi antichi erano armati di corazza, di scudo e di aste di quattro piedi. (21) Su una collina alta duecento metri i Romani edificarono un tempio in onore di una divinità. (22) Il lago di Garda è più grande del lago di Como: questo si estende per settanta miglia quadrate, quello per centosessanta. (23) Per la difesa della città Cesare ordinò lo scavo di una fossa profonda cinque piedi, larga tredici, lunga cento. (24) Gli antichi re dell'Egitto costruirono delle piramidi alte molti piedi: una ne misura ottocento. (25) Del tempio di Saturno edificato dai Romani nel Foro rimangono otto colonne di pietra di trenta piedi di pregiata fattura. (26) Un'antica città scomparsa è stata scoperta a 100 chilometri a nord-ovest di Veracruz, in Messico. (27) Un gruppo di archeologi americani ha scoperto la più antica strada pavimentata del mondo: risalirebbe a 4.600 anni orsono. (28) Hanno fotografato un buco nero a 50 milioni di anni luce dalla costellazione Virgo.

Complemento di distanza

Si dice **complemento di distanza** l'elemento della proposizione che indica la distanza, cioè lo spazio o l'intervallo che intercorre tra due luoghi, individui oppure oggetti. (Bisogna fare attenzione a distinguere questo complemento da quello, assai simile, di allontanamento, di cui si è parlato a p. 56, che indica il punto dal quale una cosa è lontana o distante.) Grammaticalmente è di solito rappresentato da un sostantivo unito a un aggettivo quantitativo. Si unisce a un verbo o a un aggettivo mediante le **preposizioni** *per* (di solito sottintesa) e *a* oppure mediante le **locuzioni prepositive** *alla distanza di, per uno spazio di, con un intervallo di* eccetera. Esempi: *La chiesa era lontana cinquecento metri.* | *La mia casa è distante pochi passi dalla stazione.* | *Genova e Roma distano 300 miglia.* | *Le terme di Acqui sono a un chilometro dal centro della città.*

FUNZIONE: indicare lo spazio che intercorre tra due entità

PREPOSIZIONI: *per*
LOCUZIONI: *alla distanza di, per uno spazio di, con un intervallo di*

IN LATINO il complemento di **distanza** si realizza in tre diversi modi.

(a) Il complemento si pone nel caso *accusativo semplice*.
Esempi: *La chiesa era lontana cinquecento metri.* → *Templum aberat quingentos passus.* | *La mia casa è distante pochi passi dalla stazione.* → *Mea domus abest paucos passus a statione.*

(b) Il complemento si pone nel caso *ablativo semplice*.
Esempi: *La scuola distava duecento metri dalla piazza.* → *Schola aberat ducentis passibus a foro.* | *A diciotto miglia da Genova si trova Savona.* → *Duodeviginti milibus (passuum) a Genua sita est Savona.*

(c) Il complemento va nel caso *genitivo* accompagnato dal nome *spatio* o *intervallo* (= alla distanza di, per uno spazio di, con un intervallo di…).
Esempi: *Via Libertà è alla distanza di centocinquanta passi da corso Italia.* → *Via Libertas distat centum quinquaginta passuum spatio a via Italia.* | *Il campo sportivo era distante dalla città due miglia* → *Circus aberat ab urbe intervallo duorum milium (passuum).*

Fate l'analisi logica delle seguenti proposizioni.

(1) La scuola e la palestra si trovano a trecento metri. (2) A quante miglia si trova la prossima stazione? (3) A quanti passi troveremo la fermata dell'autobus per il Foro? (4) Torino, capitale del Piemonte, dista dodici miglia dai monti. (5) A quale distanza è il sole della terra? (6) L'Albania è a 55 miglia di distanza dalle coste della nostra penisola. (7) Andes, patria di Virgilio, era distante tre miglia dalla città di Mantova. (8) Lo stabilimento balneare distava cinquecento metri dalla mia pensione. (9) Per uno spazio di dieci miglia non si trovava un casolare. (10) La città di Livorno col suo porto militare è ad una dozzina di miglia da Pisa. (11) I cavalieri di Ariovisto si fermarono a eguale

distanza da quel poggio e attesero l'impeto dai cavalieri di Cesare. (12) Il conducente dell'autobus con abilità arrestò la vettura a due passi dal disgraziato vecchio. (13) Nell'anno 490 avanti Cristo i Persiani furono sconfitti dai Greci nella pianura di Maratona lontana quindici miglia da Atene. (14) A qualche miglio di distanza sorgeva un tempio di Minerva alto pochi metri. (15) I Romani con tutti i bagagli si avviarono alla volta di Napoli distante 190 miglia dalla città di Roma. (16) La moderna Pompei si trova a un miglio dalla vecchia città. (17) I Belgi, popolo bellicoso della Gallia settentrionale, disposero un agguato nelle selve; aspettarono l'arrivo dei Romani a due miglia di distanza. (18) Egli si fermò a pochi passi da lui, con lo sguardo minaccioso. (19) Alla distanza di un centinaio di metri troverai un albero dell'altezza di quattro metri e a pochi passi la farmacia. (20) C'era un laghetto ricco di pesci, di sei metri di profondità, distante un miglio dal paese e a pochi passi dal fiume.

Complemento di misura

FUNZIONE: indicare, misurandola, una superiorità o un'inferiorità
PREPOSIZIONI: *di, per*

Si dice **complemento di misura** l'elemento della proposizione che indica la misura, il calcolo di quanto un individuo o un oggetto è superiore o inferiore a un altro per quantità, proporzione, epoca, eccetera. Questo complemento dipende quindi sempre da aggettivi al grado comparativo o da verbi ed espressioni di valore comparativo. Grammaticalmente è di solito rappresentato da un sostantivo unito a un aggettivo quantitativo. Si unisce all'elemento da cui dipende mediante le **preposizioni** *di* (spesso sottintesa) e *per*. Esempi: *Era più alto di lui di tutta la testa.* | *Tuo cugino non è più il primo della classe: è stato superato di due punti.* | *Ci vuole un foglio più largo di cinque millimetri.* | *Quest'aula è più piccola di quella di un terzo.*

IN LATINO il complemento di **misura** si pone nel caso *ablativo semplice*.

Esempi: *Era (di) un palmo più alta di Maria.* → *Erat uno palmo altior quam Maria.* | *Tuo cugino non è più il primo della classe: è superato da Migliardi per due punti* → *Tuus consobrinus non est jam primus condiscipulorum: superatur a Migliardi duobus punctis.* | *Quest'aula è più piccola di quella di un terzo.* → *Haec aula est tertia parte minor illa.*

44 Fate l'analisi logica delle seguenti proposizioni.

(1) Di quanti centimetri sono più alti i tuoi sci? (2) Farinata superava di tutto il tronco il povero Cavalcante. (3) La vostra scuola è di metà più piccola della nostra. (4) Mio fratello è nato sei anni dopo di me. (5) Questo triangolo è più piccolo dell'altro di una metà. (6) Il Tevere è lungo 225 miglia ed è più corto dell'Adige di tre miglia. (7) Le avanguardie precedevano di poche miglia il grosso dell'esercito. (8) Di solito nella lingua latina l'aggettivo ordinale si adopera accresciuto di un'unità. (9) Per questa finestra occorrono dei vetri dieci centimetri più lunghi di quelli. (10) La palestra era lunga trenta passi, cioè cin-

que passi più corta del piazzale. (11) I nostri dovettero cedere ai nemici di mille uomini più numerosi di essi. (12) Durante l'ultima gara alle corse il vincitore precedette gli altri di venti minuti. (13) Le navi dei nemici erano cinque miglia più vicine alla costa che non le navi dei Romani. (14) In quella battaglia i Galli erano di diecimila uomini più numerosi dei Romani e vinsero con facilità. (15) Giuseppe è arrivato primo nei cento metri per un decimo di secondo; è di un anno più giovane di Luca. (16) Presso le isole Egadi Lutazio Catulo sconfisse nel 242 le forze dei Cartaginesi superiori di alcune unità. (17) Il fiume Reno è della metà più lungo dell'Elba e trasporta una maggiore quantità di acque. (18) Le acque del fiume erano state ingrossate dalle abbondanti piogge e il ponte di ferro le sovrastava di soli tre metri. (19) La Sardegna è due volte più grande della Corsica e questa supera quattro volte l'isola d'Elba.

Complemento di prezzo

Si dice **complemento di prezzo** l'elemento della proposizione che indica il prezzo, il costo di un oggetto o di un individuo. Questo complemento dipende sempre da verbi o locuzioni verbali che esprimono l'idea di acquisto, di vendita, di locazione o di noleggio. Grammaticalmente è di solito rappresentato da un avverbio o da un sostantivo unito a un aggettivo quantitativo. Si unisce a un verbo o a una locuzione verbale mediante le **preposizioni** *per* (espressa o sottintesa) *a, di* oppure mediante la **locuzione prepositiva** *al prezzo di*. Esempi: *Questa casa è costata 150 milioni.* | *L'ho pagata centomila lire.* | *Abbiamo comperato due libri per duemila lire.* | *Ho noleggiato un ombrellone pagandolo diecimila lire.* | *Questo vaso costa troppo.* | *Ho acquistato tutto a un prezzo modico.* | *L'ho pagato meno di te.*

FUNZIONE: indicare un costo
PREPOSIZIONI: *per, a, di*
LOCUZIONE: *al prezzo di*

IN LATINO il complemento di **prezzo** ha due diverse realizzazioni.

(a) Normalmente, il complemento si pone nel caso *ablativo semplice*.
Esempi: *L'impresa è costata molta fatica* → *Haec res stetit multo labore.* | *Ho preso in appalto i lavori a un prezzo modico.* → *Conduxi illa opera pretio modico.*

(b) Il complemento si trova nel caso *genitivo* se è costituito dagli avverbi «tanto», «quanto», «più», «meno».
Esempi: *Il mio libro vale tanto quanto il tuo.* → *Meus liber est tanti quanti tuus.* | *Un vero amico conta più di un tesoro* → *Verus amicus est pluris quam thesaurus.* | *L'ho pagato meno di te* → *Id emi minoris quam tu.*

Fate l'analisi logica delle seguenti proposizioni.

(1) A metà prezzo ho comperato un libro di poesie. (2) Quanto sangue costò quella vittoria! (3) Il progresso costa inevitabilmente qualche sacrificio. (4) Il viaggio a Dublino non costava poi molto. (5) Questo risultato ti ripaga più di

ogni altro. (6) Quanto hai pagato quella bicicletta? (7) L'ho pagata troppo cara; non ne sono soddisfatto. (8) Quello scrittoio antico mi piace molto; peccato che costi più di due milioni. (9) Lo ebbe, infine, ma a caro prezzo. (10) Quanto spenderò? (11) Maneggia con cura queste tazze: costano molti quattrini. (12) Per pochi denari vendette la sua reputazione. (13) Questo anello costa più di quanto l'hai pagato. (14) L'anno passato affittai la mia casa al paese ad equo canone e presi in affitto un appartamento in città con la stessa formula. (15) Quel commerciante è poco esperto: ha dovuto rivendere la merce a basso prezzo. (16) Durante l'assedio di Parigi la popolazione moriva di fame: un topo fu pagato cento franchi. (17) La compilazione di questo libro per lo studio della lingua latina mi è costata molta fatica. (18) Costa non poco. (19) Durante l'impresa africana i Romani comprarono degli schiavi per poco prezzo e li rivendettero nel Foro ad un prezzo maggiore. (20) Al prossimo raccolto il grano, data la carestia, subirà un aumento di prezzo e costerà ottomila lire. (21) A causa della grandine quest'anno le viti hanno sofferto e il vino costerà più dell'anno scorso. (22) Il figlio era caduto nelle mani dei pirati e il padre dovette pagare molti sesterzi per il suo riscatto. (23) Lucullo, famoso per le sue ricchezze e per il fasto, comprava a caro prezzo le primizie per la mensa.

Complemento di stima

FUNZIONE: indicare in quanta considerazione si tiene un individuo o un oggetto
PREPOSIZIONI: *di, per, in*
AGGETTIVO CON FUNZIONE DI AVVERBIO: *molto, poco* ecc.

Si dice **complemento di stima** l'elemento della proposizione che indica la stima, la considerazione materiale o morale che si nutre per un individuo o un oggetto. Questo complemento dipende sempre da verbi o locuzioni verbali che esprimono l'idea di stima materiale o morale. Grammaticalmente è di solito rappresentato da un aggettivo sostantivato o sostantivo con aggettivo quantitativo. Si unisce a un verbo o a una locuzione verbale mediante le **preposizioni** *di, per, in* (spesso sottinteso) oppure mediante un **aggettivo sostantivato con funzione avverbiale**. Esempi: *Noi vi stimiamo molto.* | *La tua amicizia, per me, vale di più di qualunque ricchezza.* | *Questa merce è valutata meno di quella.* | *Spesso gli uomini tengono in piccolissima considerazione la virtù.* | *Apprezziamo moltissimo questo tuo gesto.* | *Quel terreno era stato tenuto in minimo pregio.* | *La villa di Mario fu stimata per duecento milioni.*

IN LATINO il complemento di **stima** si realizza in due maniere.

(a) Il complemento si pone nel caso *ablativo semplice*, se esso è determinato da un sostantivo con aggettivo quantitativo. Esempi: *La villa di Mario fu stimata duecento milioni.* → *Villa Marii ducta est viginti milibus sestertium.* | *Hanno stimato il nostro campo duecento talenti.* → *Aestimaverunt nostrum praedium ducentis talentis.*
(b) Il complemento si pone nel caso *genitivo* se è espresso in modo indeterminato da un apparente avverbio che si tradurrà con l'aggettivo sostantivato corrispondente.

Esempi: *Noi vi stimiamo molto (= abbiamo grande stima di voi).* → *Vos aestimamus magni.* | *La tua amicizia per me vale di più (= è in maggior conto) che qualunque ricchezza.* → *Tua amicitia mihi stat maioris quam quaelibet divitiae!* | *Questa merce è valutata di meno (= è tenuta in minor conto) di quella.* → *Haec merx aestimatur minoris quam illa.* | *Spesso gli uomini apprezzano poco (= tengono in piccola considerazione) la virtù.* → *Saepe homines faciunt parvi virtutem.* | *Apprezziamo moltissimo (= facciamo grandissimo conto di) codesto tuo gesto.* → *Dicimus maximi hunc tuum gestum.* | *Quel terreno era stato valutato pochissimo* → *Illud praedium aestimatum erat minimi.*

46 *Fate l'analisi logica delle seguenti proposizioni.*

(1) I danni dell'incidente furono calcolati in tre milioni di lire. (2) In nessuna considerazione saranno tenute le scuse di un alunno negligente. (3) Al momento opportuno faremo gran conto dei (= terremo in gran conto i) vostri saggi consigli. (4) Questo anello d'oro era stato valutato un milione di lire per la sua pregiata fattura. (5) Carla è mia amica ed io la stimo moltissimo per l'indipendenza e la vivacità. (6) Demostene e Cicerone erano tenuti in gran conto dai concittadini per la loro eloquenza. (7) Quanto era stimato quel giovane dai superiori per la sua onestà! (8) Molti artisti da vivi furono stimati poco, moltissimo da morti. (9) A nulla varrà chiudere la stalla dopo la fuga dei buoi. (10) Gli Ateniesi tenevano in maggior conto le arti e le lettere che non la forza militare. (11) Il tuo amico Antonio è stimato di più dai suoi genitori che dai professori. (12) Dovreste apprezzare di più le parole di un uomo onesto e leale. (13) Marco Porcio Catone, ardente avversario di Cesare, stimava di più la libertà che la vita stessa. (14) Hai tenuto in poco conto i miei consigli. (15) Gli schiavi oriundi della Gallia e della Spagna erano dai Romani meno apprezzati degli schiavi greci. (16) È proprio dell'uomo arrogante stimare poco gli uomini di umile origine. (17) Alessandro Magno, re dei Macedoni, molto apprezzava i poemi di Omero e li custodiva con gelosa cura. (18) Non mette neppure conto discuterne. (19) Tutti tenevano in grandissima considerazione il suo ingegno vivace e di più stimavano le sue numerose virtù. (20) A Sparta si apprezzava di più la robustezza del corpo che non le virtù morali del cittadino. (21) Nessun senatore romano tenne in tanta stima Pompeo quanto (lo tenne) Cicerone. (22) Apelle apprezzava i giudizi sui suoi quadri e li ascoltava con attenzione.

Complemento di vantaggio o svantaggio

▶ Si dice **complemento di vantaggio o svantaggio** l'elemento della proposizione che indica l'individuo o l'oggetto a f a v o r e o a d a n n o del quale avviene un fatto o si compie un'azione. Grammaticalmente è di solito rappresentato da un sostantivo o da una parte sostantivata. Si unisce a un verbo o a una locuzione verbale mediante le **preposizioni** *per, verso, contro, in difesa di, a favore di, in favore di* eccetera.
Esempi: *Ho fatto questa torta per te.* | *Il senso di protezione delle leonesse verso*

FUNZIONE: indicare l'individuo o l'oggetto a favore (o sfavore) del quale si svolge un'azione
PREPOSIZIONI: *per, verso, contro, in difesa di, a favore di,*

i propri <u>cuccioli</u> è grandissimo. ı *Annibale aveva giurato odio eterno <u>a Roma</u> e <u>ai Romani</u>.* ı *Ciò è <u>contro natura</u>.* ı *Non dovete agire <u>a danno del prossimo</u>.* ı *Tutti gli abitanti accorsero alle armi <u>in difesa della loro terra</u>.* ı *Il centravanti segnò due reti <u>a favore della propria squadra</u>.*

IN LATINO il complemento di **vantaggio** o **svantaggio** si pone in tre diverse maniere.

(a) Il complemento si pone nel caso *dativo semplice* quando è introdotto dalle preposizioni «a» o «per».
Esempi: *Annibale aveva giurato odio eterno <u>a Roma</u> e <u>ai Romani</u>.* → *Hannibal iuraverat odium <u>Romae</u> et <u>Romanis</u>.* ı *I genitori fanno <u>per noi</u> molti sacrifici.* → *Parentes subeunt <u>nobis</u> multas iacturas.*

(b) Il complemento si pone nel caso *accusativo* quando è preceduto da locuzioni prepositive come «contro», «a svantaggio di», «verso», «a danno di» (preposizioni *in, erga, contra, adversus, adversum*).
Esempi: *Ciò è <u>contro natura</u>.* → *Hoc est <u>contra naturam</u>.* ı *Non dobbiamo agire <u>a danno del prossimo</u>.* → *Non agendum est nobis <u>in alteros</u>.* ı *Grandissimo è l'amore della mamma <u>verso i figli</u>.* → *Maximus est amor matris <u>erga liberos</u>.*

(c) Il complemento si pone nel caso *ablativo* quando è preceduto da locuzioni prepositive come «in difesa di», «a favore di» (preposizione *pro*).
Esempi: *Tutti i cittadini accorsero alle armi <u>in difesa della Patria</u>.* → *Omnes cives accurrerunt ad arma <u>pro Patria</u>.* ı *I partigiani hanno combattuto <u>a favore della libertà</u>.* → *Sectatores pugnaverunt <u>pro libertate</u>.*

47 *Fate l'analisi logica delle seguenti proposizioni.*

(1) L'amore verso la natura è un grande valore della civiltà. (2) Un odio terribile contro i suoi oppressori alimentava la sua ira. (3) In un parco inglese è stato innalzato un monumento a Peter Pan. (4) È di grande preoccupazione il suo stato di malinconia. (5) I poeti scrivono per tutti gli uomini. (6) L'accusato parlò con calore in difesa di sé stesso e fu assolto dai giudici. (7) I nostri antenati costruivano case molto grandi per le loro numerose discendenze. (8) Lo fecero per principio. (9) Questa presa di posizione tornerà a tuo danno. (10) Abbiamo letto l'orazione di Cicerone in difesa del poeta Archia. (11) Le colonie ioniche dell'Asia Minore si staccarono dal dominio dei Persiani e combatterono per la propria libertà. (12) Uccide più persone la gola che la spada: la golosità è assai dannosa alla salute. (13) La squadra locale rimase in dieci giocatori, a tutto vantaggio degli avversari. (14) Questa partita non è stata di grande soddisfazione. (15) Le vitamine della frutta sono importanti per la difesa dell'organismo. (16) A tutto danno delle popolazioni della campagna il grano fu requisito dai tribuni e inviato in città. (17) La lettura è un grande conforto nelle avver-

sità e un sollievo nelle fatiche quotidiane. (18) Se nessuno si schiera in mio favore, combatterò da solo per le mie idee. (19) Pompeo, avversario di Cesare, agiva piuttosto per ambizione che per il bene dei concittadini. (20) In seguito alle informazioni sui movimenti del nemico, Cesare temeva per Labieno e per le sue legioni. (21) A vantaggio dello Stato romano Ottaviano dichiarò la guerra contro Antonio e Cleopatra e li vinse presso Azio nell'anno 31. (22) Per te lo farò volentieri. (23) Questa riuscita è merito del vostro impegno ed è motivo di orgoglio per voi tutti. (24) Il suo amore verso la letteratura la stimolò a scrivere. (25) Informato dagli esploratori dell'esatta posizione dei nemici, il capitano macchinò un'insidia a loro danno.

Complemento di colpa

Si dice **complemento di colpa** l'elemento della proposizione che indica la c o l p a di cui una persona è accusata o per cui è condannata. Solitamente dipende da verbi, aggettivi o sostantivi che esprimono l'idea di accusa, di condanna o di assoluzione. Grammaticalmente è di solito rappresentato da un sostantivo. Si unisce al verbo, al sostantivo o all'aggettivo mediante le **preposizioni** *da, di, per* spesso precedute dalle locuzioni formate con i **sostantivi comuni** *delitto, reato, accusa, colpa, misfatto* eccetera. Esempi: *L'ufficiale fu accusato del delitto di alto tradimento.* ǀ *L'imputato fu condannato per furto.* ǀ *L'impiegato, reo di concussione, fu licenziato su due piedi.* ǀ *Ercole fu assolto dal peculato.*

FUNZIONE: indicare la colpa alla base di una condanna
PREPOSIZIONI: *da, di* (spesso + *delitto, reato, accusa, colpa...*)

IN LATINO il complemento di **colpa** si pone, di regola, nel caso genitivo eventualmente accompagnato dal nome *crimine* (= delitto, reato, accusa, colpa, misfatto, ecc.).

Esempi: *L'ufficiale fu accusato (del delitto) di tradimento verso la Patria.* → *Centurio accusatus est (crimine) proditionis in Patriam.* ǀ *Il reo fu condannato per (reato di) omicidio.* → *Reus damnatus est (crimine) homicidii.* ǀ *Ercole fu assolto dal(l'accusa di) peculato.* → *Hercules absolutus est crimine repetundarum.* ǀ *Egli era colpevole (del misfatto) di parricidio.* → *Ille erat reus parricidii (crimine).*

Fate l'analisi logica delle seguenti proposizioni.

(1) L'amministrazione comunale citò a giudizio tre impiegati per broglio. (2) Chi di voi è stato accusato di una colpa tanto grave? (3) Il lupo, nella favola di Fedro, accusa la volpe del furto. (4) Dionigi ammirò l'amicizia di Damone con Finzia e per questo lo assolse dalla pena capitale. (5) All'età di 23 anni Cesare osò citare in giudizio Dolabella per concussione. (6) Donna Anna accusa don Giovanni di tradimento. (7) Mario fu punito per la trasgressione al regolamento scolastico. (8) Non vorrei mai essere incolpato di crudeltà verso gli animali. (9) Molti cittadini romani furono accusati di tirannide e precipitati dalla

rupe Tarpea. (10) Non ne ho colpa. (11) Non farti carico di uno sbaglio che non hai commesso. (12) Non lo credevo colpevole di un tale misfatto. (13) Sallustio da preconsole fu dai nemici di Cesare accusato di eccessiva rapacità nella provincia di Numidia. (14) Un generale dell'esercito regolare fu processato e condannato, reo di alto tradimento. (15) Milziade morì in carcere assieme a molti uomini illustri accusati di violenza e concussione. (16) Publio Clodio aveva accusato di violenza Tito Annio Milone e questi lo uccise sulla via Appia. (17) Molti furono accusati e condannati per intelligenza con il nemico. (18) Nerone, reo di matricidio, osò simulare sentimenti di pietà filiale. (19) Entrambi i giovani erano colpevoli: l'uno di aggressione, l'altro di falsa testimonianza. (20) Giovedì prossimo in tribunale si svolgerà un processo per omicidio contro sei imputati. (21) Oreste fu assolto dall'uccisione della madre Clitennestra. (22) Cicerone fu amante della giustizia e nessuno poté citarlo in giudizio per estorsione. (23) Si arrogò il ruolo di pubblico accusatore dei mali della società. (24) Sesto Roscio Amerino fu difeso da Cicerone e assolto dalla Curia dall'accusa di parricidio. (25) Lo denunciò per calunnia aggravata.

Complemento di pena

Si dice **complemento di pena** l'elemento della proposizione che indica la p u n i z i o n e che viene i n f l i t t a a un individuo o da cui egli è a s s o l t o . Solitamente dipende da verbi, aggettivi o sostantivi che esprimono l'idea di condanna, di assoluzione, di multa, di punizione o di proscioglimento. Grammaticalmente è di solito rappresentato da un sostantivo o da un aggettivo sostantivato. Si unisce al verbo, al sostantivo o all'aggettivo mediante le **preposizioni *con, da, di, a, in*** (sempre articolata) spesso precedute dalle locuzioni formate con i **sostantivi comuni** *multa, pena* eccetera. Esempi: *Egli venne punito con il carcere duro.* ⏐ *Quell'assassino sarà condannato all'ergastolo.* ⏐ *I trasgressori saranno colpiti da una pesante sanzione amministrativa.* ⏐ *In appello fu assolto dalla pena di morte.* ⏐ *Il primo rapinatore ebbe* (sottinteso: *una pena di*) *vent'anni, il secondo fu condannato al doppio.* ⏐ *Il figlio fu condannato a una pena più mite.*

FUNZIONE: indicare una punizione per cui si viene assolti o condannati
PREPOSIZIONI: *con, da, di, a, in* (spesso + *multa, pena*...)

IN LATINO il complemento di **pena** si pone in due diverse maniere.

(a) Il complemento si rende nel caso *ablativo semplice*, se esso è determinato da un sostantivo. Esempi: *Egli venne punito col carcere duro.* → *Ille punitus est carcere duro.* ⏐ *Quel furfante sarà condannato all'ergastolo.* → *Ille homo nequam damnabitur ergastulo.* ⏐ *Fu multato di cento talenti.* → *Multatus est centum talentis.* ⏐ *Tutti i congiurati furono condannati alla decapitazione.* → *Omnes coniurati damnati sunt decollatio.* ⏐ *Nel secondo giudizio egli sarà assolto dalla pena di morte.* → *In secundo iudicio absolvetur morte.*

(b) Il complemento si rende nel caso *genitivo*, se è espresso in modo indeterminato da un apparente avverbio che si tradurrà con l'aggettivo sostantivato corrispondente.

Esempi: *Il secondo ladro fu condannato al doppio* (= a doppia pena). → *Alter fur damnatus est dupli.* | *Il figlio fu punito meno* (= a minor pena) *del padre.* → *Filius punitus est minoris quam pater.* | *A quanto è condannato?* → *Quanti condemnatur?*

49 *Fate l'analisi logica delle seguenti proposizioni.*

(1) Insieme a Gesù furono condannati alla pena della croce due ladroni. (2) Sopportò dieci anni di carcere duro. (3) La legge punisce con la reclusione gli spacciatori di monete false. (4) La sua targa fu fotografata e venne multato con un'ammenda di duecentomila lire. (5) Sisifo, figlio di Eolo, fu condannato da Giove ad una continua ed inutile fatica. (6) Proponevano l'abolizione della pena di morte e la sua trasformazione in carcere a vita. (7) Gli Ateniesi condannarono a morte Socrate ed egli in carcere bevve la cicuta. (8) Giunio Bruto condannò alla decapitazione i propri figli e assistette al loro supplizio. (9) Dante Alighieri fu accusato di baratteria e condannato all'esilio e al bando perpetuo. (10) Il Preside lo punì con una sospensione di cinque giorni dalle lezioni. (11) Dieci soldati, rei di diserzione dal combattimento, furono condannati alla fucilazione. (12) Con quale pena si punivano nei tempi antichi gli omicidi presso i vari popoli? (13) Alcune città avevano accolto i nemici fuggiaschi e il console le multò di 3000 moggi di grano. (14) Presso i Romani i colpevoli di alcuni gravi delitti venivano condannati alla crocifissione. (15) Dopo la prima guerra punica i Cartaginesi furono puniti con una multa di 3.200 talenti. (16) Milziade, accusato di tradimento, fu dagli Ateniesi assolto dalla pena capitale e condannato ad una multa. (17) Aristide, generale ateniese, fu condannato ad un esilio di dieci anni. (18) A quanto sarà condannato quel ragazzo? (19) A diciassette anni aveva già subito due condanne per furto. (20) Quell'omicida sarà condannato al doppio per la sua recidività. (21) Il poeta Ovidio urtò la suscettibilità dell'imperatore e fu da questi condannato all'esilio a 51 anni. (22) Il correo fu giudicato meno colpevole e fu condannato a meno del reo. (23) Nel mondo un medesimo delitto viene punito con pene diverse: l'ergastolo, la fucilazione, l'impiccagione, la sedia elettrica, secondo le leggi dei diversi popoli. (24) I Romani condannavano meno il ladro che l'usuraio.

Complemento di relazione

Si dice **complemento di relazione** l'elemento della proposizione che indica la cosa (solitamente una parte del corpo) a cui si riferisce un participio o un aggettivo da cui dipende. Si tratta di norma di un sostantivo che, per così dire, fa da complemento oggetto a un aggettivo o a un participio da cui dipende. Esempi: *Il bambino, scoperto il capo, correva sugli sci* | *Tranquillo lo sguardo, ferma la mano, il ragazzo fece il suo tiro* | *Rosso il viso dalla rabbia, rispose con forza alla minaccia.*

Il complemento di relazione può sempre trasformarsi in un complemento di modo o in un complemento di limitazione,

FUNZIONE: unire strettamente un sostantivo con un participio o un aggettivo, creando una costruzione particolare introducendo le preposizioni **a**, **con**, **in**. Esempi: *Il bambino, con il capo scoperto, correva sugli sci* ⏐ *Con lo sguardo tranquillo e la mano ferma, il ragazzo fece il suo tiro* ⏐ *Con il viso rosso dalla rabbia, rispose con forza alla minaccia*.

IN LATINO il complemento di **relazione** si pone in *accusativo semplice*.

Esempi: *La pia Ermengarda giaceva sul letto sparsa le trecce morbide.* → *Pia Ermengarda iacebat in lecto fusa capillos molles.* ⏐ *Laura torna al cielo, umida gli occhi.* → *Laura redit in coelum madefacta oculos.* ⏐ *Si presentò un uomo, macchiato il volto di sangue.* → *Se obtulit vir maculatus vultum sanguine.*

50 *Fate l'analisi logica delle seguenti proposizioni.*

(1) I fraticelli, sparsi il capo di cenere, cantavano il Miserere. (2) Cesare a causa della calvizie andava in senato cinto le tempie di una corona (3) Cesare colpito dalle pugnalate cadde, coperto il volto con la toga. (4) Stava tranquillo, chino il capo sul giornale. (5) Seneca, rinchiuso nel carcere, gelido le membra, bevve il veleno. (6) A sera i contadini ritornano dai campi, rotti le membra dal duro lavoro. (7) La donzelletta tornava dai campi ornata i lunghi capelli di fiori profumati. (8) Alle donne, nude le braccia e le gambe, è vietato entrare in chiesa. (9) I sacerdoti Salii celebravano i riti, cinti le tempia di ramoscelli di pioppo. (10) La tua compagna, rossa le guance e piena di vergogna, confessò la colpa e fu perdonata dal preside. (11) Il malato, ardente il corpo per la violenta febbre, si lamentava. (12) Un bambinetto, nudo i piedi nel fango della via, col vestito lacero e inzuppato d'acqua, chiedeva l'obolo ai passanti.

Complemento di affetto o etico

FUNZIONE: esprimere una particolare sfumatura affettiva

Si dice **complemento affetto** o **complemento etico** la particella pronominale di prima o di seconda persona (*mi, ti, ci, vi*) che non ha un significato vero e proprio perché non designa un individuo ma un i n t e r e s s a m e n t o m o r a l e, una p a r t e c i p a z i o n e da parte di un individuo rispetto a un'azione o a un modo di essere. Esempi: *Che cosa mi fai lì, tutto solo?* ⏐ *Ecco che improvvisamente ti arriva il postino con un telegramma….* ⏐ *Che cosa mi combini, oggi!* ⏐ *Ci vogliamo dare una regolata?*

IN LATINO il complemento di **affetto** o **etico** va nel caso *dativo semplice*.

Esempi: *Che cosa mi fai costì in giardino, figlio mio?* → *Quid mihi agis istic in horto, fili mi?* ⏐ *Che ci combina Celso?* → *Quid nobis agit Celsus?*

Fate l'analisi logica delle seguenti proposizioni.

(1) Non sbagliarmi di nuovo tutti i verbi! (2) In quale triste circostanza mi sei capitato! (3) Ed eccoti una delle sue solite sfuriate. (4) Oggi mi sei inquieto: che ti è successo? (5) Ti si è ammalato di nuovo il gatto? (6) Mi sono perduto il film di ieri sera. (7) Vi siete molto migliorate dalla scorsa estate. (8) Che ci fa quel vaso di fiori finti su un tavolo così artistico? (9) Con un salto acrobatico il gattino mi andò sull'albero e sfuggì all'inseguimento. (10) In un affare così serio Marcello ti vien fuori con una delle sue scempiate. (11) Ma fammi il piacere! (12) A che mi state a lambiccarvi il cervello? (13) Non riesce a essere serio: nel bel mezzo del discorso ecco che ti viene fuori con una delle sue battute. (14) Sai chi ti vedo, al cinema, in seconda fila, proprio dietro Luca? (15) Tu osi parlarmi dell'audacia di quell'uomo disonesto? (16) Che cosa ci stava facendo l'altra sera quell'uomo avvolto il corpo in un pastrano di colore scuro presso la porta? (17) Il poeta, autore di bellissime satire, ti entra nella chiesa e vi vede una moltitudine di soldati alemanni.

Complementi predicativi

➡ Si dice **complemento predicativo** un elemento della proposizione che serve a c o m p l e t a r e il predicato con tale necessità da fare parte integrante di esso. Grammaticalmente è di solito rappresentato da un sostantivo o da un aggettivo che c o n c o r d a c o n i l s o g g e t t o o con il c o m p l e m e n t o o g g e t t o della proposizione. Parleremo quindi, rispettivamente, di *complemento predicativo del soggetto* e di *complemento predicativo dell'oggetto*.

FUNZIONE: completare il significato del predicato, che è costituito da verbi particolari detti *copulativi*

1. Il **complemento predicativo del soggetto** si realizza con una particolare classe di verbi detti «copulativi», la cui funzione è «legare» il complemento predicativo con il s o g g e t t o d e l l a proposizione. I verbi copulativi si comportano in pratica come il verbo *essere*, la *copula* vera e propria, che si unisce a un nome o a un aggettivo per formare il predicato nominale (in latino *copula* significa appunto «unione»). Il complemento predicativo del soggetto si unisce al predicato mediante le **preposizioni** *per, a, in* (espresse o sottintese) o mediante le **locuzioni prepositive** *in qualità di, con le mansioni di, in conto di, in veste di* eccetera.
I verbi copulativi che realizzano un complemento predicativo del soggetto sono: **(a)** a l c u n i v e r b i i n t r a n s i t i v i come *apparire, costituire, crescere, divenire, diventare, morire, nascere, restare, rimanere, risultare, riuscire, sembrare, parere, stare, vivere* eccetera. | **(b)** i v e r b i e s t i m a t i v i n e l l a f o r m a p a s s i v a: *essere stimato, essere giudicato, essere ritenuto, essere reputato* eccetera. | **(c)** i v e r b i e l e t t i v i n e l l a f o r m a p a s s i v a: *essere eletto, essere nominato, essere creato, essere proclamato, essere scelto* eccetera. | **(d)** i v e r b i a p p e l l a t i v i n e l l a f o r m a p a s s i v a: *essere appellato, essere chiamato, essere denominato, esser detto, essere soprannominato.* | **(e)** i v e r b i d i e f f e t t o (e f f e t t i v i) n e l l a f o r m a p a s s i v a: *esser fatto, esse-*

re ridotto, essere reso eccetera. | **(f) alcuni verbi transitivi nella forma passiva**: *essere abbandonato, essere riconosciuto, essere lasciato, essere trovato, essere mandato* eccetera.

Esempi: *Gustavo sembrava pazzo.* | *L'acqua era diventata bollente.* | *Riuscì vincitore fra cento concorrenti.* | *Sono rimasto contento.* | *Renzo viveva felice con Lucia.* | *Creso morì ricchissimo.* | *Cicerone stette alcuni mesi in Sicilia come questore.* | *Venne il lupo in veste di agnello.* | *Il cane fu giudicato pericoloso.* | *Sarò ritenuto credulone.* | *Fu scambiato per un delinquente.* | *La località era nominata «La Crosa».* | *Quale ultimo re di Roma fu proclamato uno dei Tarquini.* | *La stanza da bagno è stata fatta ampia.* | *Con una dieta folle si ridusse come uno scheletro.* | *Fu reso innocuo dalle guardie.* | *Lena fu inviata come ambasciatrice per le sue doti diplomatiche.* | *Il portamonete fu rinvenuto intatto ma vuoto.* | *Venne lasciato soddisfatto, calmo e finalmente sorridente.*

2. Anche il **complemento predicativo dell'oggetto** si realizza con verbi copulativi **transitivi** che legano il complemento predicativo con il **complemento oggetto** già presente nella frase. Il complemento predicativo dell'oggetto si unisce al predicato mediante le **preposizioni** *per, a, in* (espresse o sottintese) o mediante le **locuzioni prepositive** *in qualità di, con le mansioni di, in conto di, in veste di* eccetera.

I verbi copulativi che realizzano un complemento predicativo dell'oggetto sono tutti **transitivi e di forma attiva**, come si può vedere dagli esempi.

Esempi: *Ti eleggo mio rappresentante.* | *Cesare si mostrò clemente verso Pompeo.* | *Il premio lo ha reso felice.* | *Tutti lo scambiarono per un delinquente.* | *Riducete prima la pastiglia in polvere.* | *I Romani inviarono Cicerone in Sicilia con le funzioni di questore.* | *Lo presentò sulla scena in veste di Arlecchino.* | *Ti tengo in conto di confidente.*

IN LATINO il complemento **predicativo** si pone in due diverse maniere.

(a) Il complemento si pone nel caso *nominativo semplice*, se si riferisce al soggetto.
Esempi: *La donna sembrava pazza.* → *Mulier videbatur amens.* | *L'acqua era divenuta bollente.* → *Acqua facta erat fervida.* | *Gesù Cristo nacque povero* → *Iesus Christus natus est pauper.* | *Mario viveva felice con la mamma.* → *Marius vivebat beatus cum matre.* | *Il detenuto fu giudicato pericoloso.* → *Captivus putatus est periculosus.* | *Egli era stato preso per un brigante.* → *Ille iudicatus erat latro.* | *Cincinnato fu eletto dittatore dai Romani.* → *Cincinnatus creatus est dictator a Romanis.* | *(Quale) ultimo re di Roma fu proclamato uno dei Tarquini.* → *Ultimus rex Romanorum factus est unus ex Tarquiniis.* | *Aristide fu chiamato il Giusto.* → *Aristides appellatus est Iustus.* | *La stalla sarà fatta ampia.* → *Stabulum fiet magnum.* | *Luigi sarà mandato in qualità di ambasciatore in Ispagna.* → *Aloisius mittetur legatus in Hispaniam.*

(b) Il complemento si pone nel caso *accusativo semplice* se si riferisce al *complemento oggetto*.
Esempi: *Ti eleggo mio segretario.* → *Te eligo meum scribam.* | *Cesare si mostrò clemente verso Pompeo.* → *Caesar se praebuit clementem in Pompeium.* | *Il premio lo ha reso felice.* → *Praemium eum reddit beatum.* | *Tutti lo presero per una guardia.* → *Omnes eum putaverunt custodem.* | *Il Governo mandò Luigi come ambasciatore in Ispagna.* → *Respublica misit Aloisium legatum in Hispaniam.* | *I Romani inviarono Cicerone in Sicilia con le funzioni di questore.* → *Romani miserunt Ciceronem in Siciliam quaestorem.* | *Io ti tengo in conto di amico.* → *Te habeo amicum.*

52 *Fate l'analisi logica delle seguenti proposizioni.*

(1) Attalo lasciò erede delle sue sostanze il popolo romano. (2) Filippo, re dei Macedoni, scelse il filosofo Aristotele a maestro del figlio Alessandro. (3) I Romani proclamarono Camillo, il vincitore dei Galli, secondo fondatore di Roma. (4) Bruto si mostrò strenuo difensore della comune libertà. (5) Cadmo chiamò Cadmea la città da lui costruita. (6) I Romani ridussero la Grecia in provincia romana. (7) Tu avrai in lui il più fedele amico. (8) Il giovane fu assunto dall'impresario con le mansioni di magazziniere. (9) Riducete questi numeri misti in frazioni improprie. (10) Alcibiade ebbe per maestro Socrate e fu da questi ritenuto un ottimo discepolo. (11) Quale presidente dell'assemblea elessero il tuo amico. (12) Egli fu preso per un contrabbandiere e arrestato dalle guardie confinarie. (13) Da Nicomede, re della Bitinia, il popolo romano fu nominato erede del regno e dei beni suoi. (14) Molti cittadini romani furono dichiarati da Ottaviano e Antonio nemici della patria e condannati a morte. (15) I Romani videro in Fabio Massimo il migliore e più assennato condottiero. (16) Catone ebbe per collega nel consolato e nella censura Valerio Flacco. (17) Temistocle rese gli Ateniesi assai esperti nell'arte della navigazione. (18) Non devi stimarmi in base a pregiudizi, ma in base a fatti. (19) Questo lo stimo un pregiudizio, quello invece è un tuo parere meditato. (20) Mantieniti allenato con un costante esercizio fisico. (21) L'unione ci renderà forti, la discordia deboli. (22) Omero ci rappresenta Nestore come un vecchio saggio e prudente, Achille come un giovane coraggioso. (23) L'Egitto è detto il dono del Nilo: questo fiume rende fertilissimo il suolo di quella regione coi suoi straripamenti. (24) La bellissima notizia lo rese per qualche giorno come trasognato. (25) La tua proposta mi trova impreparata; la accolgo però con gioia. (26) Pitagora fu chiamato il padre della matematica. (27) I poeti erano ritenuti sacri dagli antichi e chiamati interpreti degli dei. (28) Socrate fu dall'oracolo di Apollo giudicato il più sapiente degli uomini. (29) Temistocle in un banchetto ricusò la lira e fu dai convitati tenuto per ignorante. (30) Molti nobili Ateniesi da giovani ebbero a maestro Socrate, illustre filosofo.

53 *Fate l'analisi logica delle seguenti proposizioni.*

(1) Vi tenevamo in conto di fedelissimi amici, ma nel bisogno vi siete mostrati indifferenti. (2) Dopo l'occupazione di Roma da parte dei Galli, fu eletto dittatore Furio Camillo. (3) Dopo la cacciata dei re, nella città di Roma furono eletti due consoli come magistrati supremi. (4) Mantenetevi calmi e mostratevi comunque sicuri davanti ai bambini. (5) Il lago appariva liscio e piano senza alcuna increspatura. (6) Sta' buono e, per piacere, mostrati educato almeno in questa circostanza. (7) Lo manderanno in veste di osservatore alla conferenza di pace. (8) Ti so prudente e previdente: per questa ragione vivo tranquillo. (9) Con una dieta dissennata si era ridotta un cencio. (10) Tutte le età, o Virgilio, ti hanno riconosciuto per grande maestro della letteratura e della civiltà, e da tutti gli uomini sei stato giudicato come il più delicato artefice della parola. (11) Orlando diventò pallido e a capo chino le confessò il suo amore. (12) Sono partito ultimo e sono arrivato primo grazie all'agilità delle mie gambe ed ai frequenti esercizi. (13) Ormai vive da pensionato ma mantiene vivissimi interessi in molti campi. (14) Solo la costanza vi renderà edotti nella lingua latina senza grandi sforzi. (15) Vedeva in me un sostegno e una guida, ma io non mi sentivo tale. (16) Rimasi molto tempo stordito dal colpo, nudo il capo e con la giacca strappata. (17) In quell'anno da parte del popolo furono eletti consoli Marco Tullio e Caio Antonio. (18) Gli Ateniesi intimarono guerra ai Siracusani ed elessero generale Alcibiade: a costui furono dati come colleghi Nicia e Lamaco. (19) Dopo vent'anni di assenza Ulisse non era ancora tornato in patria e molti lo credevano morto nella guerra di Troia. (20) Gli Ateniesi giudicarono Socrate colpevole di corruzione della gioventù e lo condannarono a morte. (21) Meno bella di questa sembrò l'opera lirica rappresentata domenica scorsa al teatro dei Filodrammatici. (22) Molti ponti costruiti dai Romani sono rimasti intatti a testimonianza della loro abilità tecnica. (23) In fin dei conti Mario si è dimostrato più freddo e calcolatore di Armando; quest'ultimo si manifesta più partecipe ed è attento agli affetti. (24) Per affermazione di Solone, che fu considerato uno dei sette sapienti della Grecia, nessuno può dirsi felice prima della morte. (25) Appio Claudio detto il Cieco costruì una via da Roma a Brindisi e i Romani per questo motivo la chiamarono Appia. (26) Dante andò ramingo per molte regioni d'Italia e dopo molte umiliazioni morì esule nel 1321 a cinquantasei anni. (27) Il lago di Garda, che dai Latini era detto Benaco, è il più grande dei laghi italiani e misura in lunghezza 29 miglia. (28) Garibaldi nel 1834 emigrò in America, combatté a favore della Repubblica uruguayana e per questo fu chiamato «eroe dei due mondi». (29) Il ragazzo, dopo la malattia, mi si mostra svogliato e senza appetito: una buona cura ricostituente lo scuoterà ed egli diventerà più vivace e attivo. (30) Pindaro fu ricercato ed invitato dalle corti dei principali tiranni del suo tempo; si mantenne puro dai vizi delle corti e conservò la propria dignità.

54 *Fate l'analisi logica delle seguenti proposizioni.*

(1) Nel Foro romano vediamo oggi tre colonne del tempio di Castore e Polluce. (2) I Romani precipitarono Spurio Cassio dalla rupe Tarpea, perché a nessun cittadino nascesse il desiderio del regno. (3) Cesare fu forse troppo benigno con alcuni suoi nemici, che per nulla grati congiurarono poi contro di

lui. (4) Cesare sul principio della guerra civile andò al tempo di Saturno e minacciò i custodi, se non gli avessero consegnato il denaro in esso custodito. (5) Ogni anno vivo tre mesi in campagna, mentre passo gli altri mesi in città. (6) Con la legge Porcia fu stabilito che nessuno potesse impunemente battere con le verghe o uccidere un cittadino romano senza una grave pena. (7) A Sparta i giovani rispettavano grandemente i maggiori di età e in nessun luogo fu più onorata la vecchiaia che in quella città. (8) Le legioni, che si erano ribellate nella Pannonia, mandarono all'imperatore il figlio stesso del loro generale come ambasciatore, perché esponesse i loro desideri a Tiberio. (9) Da Catone il Censore molti cavalieri e senatori furono acerbamente ripresi per il loro lusso indegno degli antichi costumi romani. (10) I Romani combatterono presso il Trasimeno col più grande accanimento, ma furono oppressi dal numero dei nemici a cagione del luogo sfavorevole. (11) Mida, re della Frigia, ebbe orecchie d'asino, perché aveva negato ad Apollo in un giudizio la palma della vittoria. (12) Nei pericoli più gravi il Senato mandava piamente in dono gran quantità di oggetti d'oro e d'argento ai templi degli dei, che furono poi spogliati di quei doni durante le guerre civili. (13) Le Vestali mantenevano acceso in continuazione il fuoco sacro di Vesta nel piccolo tempio della dea, che ai tempi nostri è stato riedificato. (14) Caio Muzio fu soprannominato Scevola perché divenne mancino dopoché ebbe bruciato la mano destra davanti a Porsenna.

Approfondire l'analisi della proposizione

Prima di passare all'analisi del periodo, cioè dell'unità sintattica superiore alla proposizione, appare necessario presentare qualche approfondimento dei concetti di *soggetto* e di *complemento diretto*, unitamente ad alcune notazioni sui complementi di *specificazione*, di *luogo*, di *tempo* e di *paragone*.

Il soggetto

Il soggetto di una proposizione può essere grammaticalmente costituito non solo da un nome o da un pronome o da un aggettivo, come avviene solitament, e come abbiamo già mostrato, ma anche da **qualunque parte del discorso** (variabile o invariabile), cioè da un **articolo** o da un **verbo** o da una **preposizione** o da un **avverbio** o da una **congiunzione** o da un'**interiezione**, o addirittura da **un'intera proposizione**. In tal caso quelle parti del discorso e quelle intere proposizioni si considerano **parti sostantivate** ed equivalgono ciascuna ad un nome.

Qualunque parte del discorso può avere il ruolo di soggetto della proposizione.

Esempi: <u>La</u> è un articolo determinativo. | <u>Degli</u> è una preposizione articolata. | È bello <u>studiare</u>. | «<u>Erravo</u>» è un verbo imperfetto. | <u>Per</u> è una preposizione semplice. | <u>Poi</u> è un avverbio. | È necessario un <u>perché</u>. | <u>Oh</u> è un'interiezione. | Era chiaro <u>che noi avevamo ragione</u>. | Si sa come le guerre siano <u>il più gran male dell'umanità</u>.

IN LATINO queste forme di **soggetto** si costruiscono nei seguenti modi.

(a) Se si tratta di un *articolo* o di una *preposizione articolata*, si trascrive tale e quale, non essendovi in latino né gli articoli né le preposizioni articolate. Esempi: «<u>La</u>» è un articolo determinativo. → «<u>La</u>» est articulus definitus. | «<u>Degli</u>» è una preposizione articolata. → «<u>Degli</u>» est praepositio articulata.

(b) Se si tratta di una *voce verbale*, si pone di regola nello stesso modo, tempo, persona e numero in cui si presenta in italiano. Esempi: È bello <u>studiare</u>. → Est pulchrum <u>studere</u>. | «<u>Erravo</u>» è un tempo imperfetto. → «<u>Errabam</u>» est tempus imperfectum. | «<u>Sta' bene</u>» era un saluto romano. → «<u>Vale</u>» erat salutatio romana.

(c) Se si tratta di una *parte invariabile del discorso*, si trascrive dal vocabolario latino senza alcuna flessione. Esempi: «<u>Poi</u>» è un avverbio. → «<u>Postea</u>» est adverbium. | È necessario un <u>perché</u>. → Est necessarium <u>quia</u>. | «<u>In</u>» è una preposizione semplice. → «<u>In</u>» est praepositio simplex. | <u>Oh</u> è un'interiezione. → <u>Heu</u> est interiectio.

Fate l'analisi logica delle seguenti proposizioni.

(1) È dolce riposare nel sole. (2) Il troppo stroppia. (3) Rubare è un reato punito dalla legge. (4) Pochi comprendono l'utilità del risparmio. (5) Bisogna studiare di più, ragazzi! (6) In quella parola mancava una «t». (7) Non sempre ci è noto il perché delle cose. (8) «Domani» è un avverbio di tempo. (9) Domani vi verrà in mente il «dunque» necessario in questo periodo complesso. (10) «Avendo studiato» è gerundio composto del verbo studiare. (11) «Qui» si scrive senza accento. (12) 3 e 5 sono numeri dispari.

Complemento diretto o oggetto

Qualunque parte del discorso può svolgere il ruolo di complemento oggetto.

Come il soggetto, anche il complemento oggetto può essere costituito non solo da un nome o da un pronome o da un aggettivo, ma da **qualunque parte del discorso** (variabile o invariabile), o addirittura da **un'intera proposizione**. In tal caso quelle parti del discorso e quelle intere proposizioni si considerano **parti sostantivate** ed equivalgono ciascuna ad un nome.

Esempi: *Aggiungete l'articolo <u>la.</u>* | *Io aggiungerei <u>della</u>.* | *Aveva imparato finalmente (a) <u>studiare</u>.* | *Avevi scritto <u>«erano»</u> e avevi sbagliato.* | *Conobbi il <u>perché di tanto scalpore</u>.* | *Udivamo molti <u>evviva</u>.* | *Il curato emise un <u>oh!</u> di meraviglia.* | *Dicono che <u>Omero fu cieco</u>.* | *Sappiamo come <u>l'oro sia assai prezioso</u>.*

IN LATINO queste forme particolari di complemento **oggetto** si costruiscono allo stesso modo delle corrispondenti forme particolari del soggetto.

(a) Se si tratta di un *preposizione articolata*, si trascrive tale e quale, non essendovi in latino né gli articoli né le preposizioni articolate. Esempi: *Aggiungete l'articolo «<u>la</u>».* → *Addite articulum «<u>la</u>».* | *Io aggiungerei «<u>della</u>».* → *Ego adderem «<u>della</u>».*

(b) Se si tratta di una *voce verbale*, si pone di regola nello stesso modo, tempo, persona e numero in cui si presenta in italiano. Esempi: *Finalmente amava <u>studiare</u>.* → *Amabat tandem <u>studere</u>.* | *Avevi scritto «<u>erano</u>» e avevi sbagliato.* → *Scripseras «<u>erant</u>» et erraveras.*

(c) Se si tratta di una *parte invariabile del discorso*, si trascrive dal vocabolario latino senza alcuna flessione. Esempi: *Udivamo molti <u>evviva</u>.* → *Audiebamus multa «<u>bene</u>!».* | *Il curato emise un «<u>oh</u>!» di meraviglia.* → *Curio emisit «<u>heu</u>» admirationis.*

56 Fate l'analisi logica delle seguenti proposizioni.

(1) Mettere un «la» davanti al nome «casa». (2) Desidererei conoscere la causa di tanto frastuono. (3) Aggiungi un «perché» davanti alla proposizione

causale. (4) Avete messo la «h» davanti alla vocale? (5) Sapete saltare? (6) Premettete un «per» e avrete un complemento di causa. (7) Studiate bene le vocali «i», «o», «u». (8) Vorremmo conoscere l'astronomia, bellissima scienza. (9) Oggi avete imparato la congiunzione «affinché» delle proposizioni finali. (10) Non scrivete «qua» con l'accento. (11) Scrivo 3 e riporto 5.

Altre specie del complemento di specificazione

Il complemento di specificazione così come lo abbiamo già studiato (per ogni dubbio, rivedete p. 34), non è l'unica forma di specificazione possibile. Quando, come abbiamo già visto, il complemento specifica, restringendola, una certa specie o condizione già espressa, la sua funzione viene detta **specificazione propria**. A questa si aggiungono altri possibili tipi di specificazione.

(a) Specificazione **soggettiva**, se specifica l'idea di un nome che può essere trasformato in soggetto, perché il nome dal quale dipende il complemento di specificazione può essere trasformato in predicato. Esempi: *La fuga dei nemici fu precipitosa.* → *I nemici fuggirono precipitosamente.* [fuga → fuggirono] ׀ *L'arrivo del padre sarà improvviso.* → *Il padre arriverà improvvisamente.* [arrivo → arriverà] ׀ *Armonioso è il canto degli usignoli.* → *Gli usignoli cantano armoniosamente* [canto → cantano].

(b) Specificazione **oggettiva**, se specifica l'idea di un nome che può essere trasformato in complemento oggetto, perché il predicato può essere trasformato in senso transitivo. Esempi: *I malvagi sono immemori dei benefici.* → *I malvagi dimenticano i benefici.* ׀ *Alcuni sono insofferenti del caldo.* ׀ *Alcuni non tollerano il caldo.*

(c) Specificazione **possessiva**, se specifica il possessore di una persona o di un animale o di una cosa. Esempi: *La casa di Maria è bella.* → *Maria possiede (ha) una bella casa.* ׀ *Questa grammatica è di tuo fratello.* → *Tuo fratello possiede (ha) questa grammatica.* ׀ *Hanno rubato l'automobile dei nostri amici.* → *I nostri amici possedevano (avevano) un'automobile.*

(d) Specificazione **partitiva**, se specifica una quantità o un numero o il tutto di cui si considera una parte. Esempi: *Una parte degli scolari era assente.* ׀ *Conosco molti di questi forestieri.* ׀ *Otto dei passeggeri trovarono la morte.* ׀ *Chi di voi racconterà il fatto?*

(e) Specificazione **locativa,** se specifica il luogo dove è accaduto il fatto indicato dal nome che la precede. Esempi: *Le battaglie del Ticino, della Trebbia e del Trasimeno furono tre sconfitte consecutive dei Romani.* ׀ *La vittoria del fiume Metauro fu importante per i Romani.* ׀ *Abbiamo studiato il Congresso di Vienna.*

Oltre a quella «propria», esistono altri tipi di specificazione. Ciascun tipo comporta la possibilità di trasformare la frase in maniera particolare.

IN LATINO queste altre forme di complemento di **specificazione** si costruiscono come la specificazione propria, ponendole cioè nel caso *genitivo semplice*, ad eccezione della *specificazione «locativa»*, che si pone nel caso accusativo preceduto dalla preposizione *ad* o *apud* (= presso), oppure si riduce, se possibile, ad un semplice attributo. Esempi: *Soave è il canto degli usignoli.* → *Suavis est cantus lusciniarum.* | *I malvagi sono immemori dei benefici.* → *Improbi sunt immemores beneficiorum.* | *Hanno ucciso le galline dei nostri amici.* → *Necaverunt gallinas nostrorum amicorum.* | *Le battaglie del Ticino, della Trebbia e del Trasimeno furono tre sconfitte dei Romani.* → *Pugnae apud Ticinum, Trebiam, Trasimenum fuerunt tres clades Romanorum.* | *La vittoria del fiume Metauro fu importante.* → *Victoria ad flumen Metaurum fuit magna.* | *Sto studiando la battaglia di Canne.* → *Studeo pugnam Cannensem.*

57 *Fate l'analisi logica delle seguenti proposizioni.*

(1) Questa matita è del tuo amico Giuliano. (2) La colonia di Cuma, in Campania, è la più antica colonia greca in Italia. (3) Teresa era incurante della sua salute. (4) L'amore del bello può dare molta gioia. (5) Di tutte le stagioni preferisco l'inverno. (6) Poche delle tue compagne hanno studiato la poesia del Giusti. (7) La vittoria di Zama suggellò la gloria di Scipione l'Africano. (8) Il timore dei nemici era manifesto: essi non osavano uscire dalle trincee. (9) Aggiungerei del bianco in quel punto preciso. (10) La battaglia di Farsalo segnò il tramonto della gloria di Pompeo, acerrimo rivale di Cesare. (11) Di quante fra queste proposizioni sai trovare il soggetto e il predicato? (12) Dei quattro gattini uno lo diedi ad Antonio, uno a Carla e due li tenni per me.

I complementi di luogo in latino: qualche particolarità

(a) Stato in luogo

Se lo «stato in luogo» è costituito da *nomi propri di città o di piccole isole*, in latino si pone di regola nel caso *ablativo semplice*. Esempi: *Abitai ad Atene, a Corioli, a Napoli, a Capri.* → *Habitavi Athenis, Coriolis, Neapolis, Capreis.*

Se, però, tali nomi propri di città o di piccole isole hanno in latino regolarmente la *declinazione singolare e appartengono alla prima o alla seconda declinazione*, essi si pongono nel caso *genitivo*, detto *genitivo locativo*. Esempi: *Abitai in Roma, a Milano, a Rodi.* → *Habitavi Romae, Mediolani, Rhodi.*

I tre nomi comuni *domus* (= casa, patria), *rus* (= campagna) e *humus* (= terra, terreno), quando sono usati da soli – cioè senza complementi ad essi relativi – si traducono con l'antico *caso locativo* che terminava con la vocale «i». Esempi: *Oggi rimango in casa.* → *Hodie maneo domi.* | *In patria si vive bene.* → *Domi bene vivitur.* | *Ho una villa in campagna.* → *Habeo villam ruri.* | *I libri giacevano a terra.* → *Libri iacebant humi.*

STATO IN LUOGO: nomi propri di città o di piccole isole = ablativo semplice oppure genitivo locativo. *Domus, rus, humus* = accusativo semplice.

(b) Moto a luogo

Se il «moto a luogo» è costituito da *nomi propri di città o di piccole isole*, in latino esso si pone nel caso accusativo semplice. Esempi: *Giunsi ad Atene, a Corioli, a Napoli, a Capri, a Roma, a Milano, a Rodi.* → *Perveni Athenas, Coriolos, Neapolim, Capreas, Romam, Mediolanum, Thodum.*

Domus (= casa, patria), *rus* (= campagna) e *humus* (= terra, terreno), se usati senza complementi si pongono anch'essi in *accusativo semplice*. Esempi: *Giunsi a casa.* → *Perveni domum.* | *Ritornai in patria.* → *Reverti domum.* | *Andrò in campagna.* → *Ibo rus.* | *Caddi a terra.* → *Cecidi humum.*

MOTO A LUOGO: nomi propri di città o di piccole isole e *domus, rus, humus* = accusativo semplice.

(c) Moto da luogo

Se il «moto da luogo» è costituito da *nomi propri di città o di piccole isole*, in latino esso si pone nel caso *ablativo semplice*. Esempi: *Ritornai da Atene, da Corioli, da Napoli, da Capri, da Roma, da Milano, da Rodi.* → *Reddi Athenis, Coriolis, Neapoli, Capreis, Roma, Mediolano, Rhodo.*

Domus (= casa, patria), *rus* (= campagna) e *humus* (= terra, terreno), quando sono usati senza complementi si pongono anch'essi nel caso *ablativo semplice*. Esempi: *Uscii di casa.* → *Exii domo.* | *Fu espulso dalla patria.* → *Expulsus est domo.* | *Ritornerò presto dalla campagna.* → *Cito redibo rure.* | *Si alzò da terra.* → *Surrexit humo.*

MOTO DA LUOGO: nomi propri di città o di piccole isole e *domus, rus, humus* = ablativo semplice.

(d) Moto per luogo

Se il «moto per luogo» è costituito da *nomi propri di città o di piccole isole*, in latino esso si pone nel caso *ablativo semplice*. Esempi: *Passerò da (per) Atene, da (per) Corioli, da (per) Napoli, da (per) Capri, da (per) Roma, da (per) Milano, da (per) Rodi.* → *Transibo Athenis, Coriolis, Neapoli, Capreis, Roma, Mediolano, Rhodo.*

Tutti i nomi indicanti un «passaggio» (*porta, via, ponte, guado, mare, passaggio,* e simili) si pongono anch'essi di regola nel caso *ablativo semplice*. Esempi: *I soldati entrarono in Roma attraverso la porta Pia.* → *Milites ingressi sunt Romam porta Pia.* | *Porsenna già stava entrando in città per il ponte Sublicio.* → *Porsenna iam ingrediebatur in urbem ponte Sublicio.*

MOTO PER LUOGO: nomi propri di città o di piccole isole e nomi indicanti un passaggio = ablativo semplice.

58 *Fate l'analisi logica delle seguenti proposizioni.*

(1) Il mio soggiorno ad Atene fu lietissimo. (2) I Galli entrarono in Roma e la incendiarono. (3) Pompeo fu sconfitto a Farsalo e fuggì in Egitto presso il re Tolomeo. (4) Con gioia ho appreso la notizia del tuo trasferimento da Ancona a Genova. (5) Preferisco stare in casa, oggi. (6) Le navi inglesi approdarono a Malta. (7) La città di Genova ha un importante porto nel mar Tirreno. (8) Alla questura giunse notizia del suo arrivo a Milano: fu pedinato per tre giorni e fu arrestato a Pavia. (9) La città di Siracusa si trova in Sicilia ed ha un bel porto sul mare Ionio. (10) Ieri ho condotto la mia famiglia in campagna e là si

fermerà un mese. (11) L'esercito italiano, comandato dal generale Cadorna, entrò in Roma per la porta Pia nell'anno 1870. (12) A Milano si andò in automobile, a Napoli in treno. (13) I Romani affrontarono i Galli al fiume Allia, ma furono duramente sconfitti. (14) Vieni da Roma o da Firenze? (15) Dalla Sardegna partì, carico di turisti, un piroscafo per Civitavecchia. (16) L'esodo della popolazione da Cassino commosse l'animo di tutti gli astanti. (17) L'ultima guerra mondiale si svolse per terra, per mare e per cielo. (18) Da Aosta ci recammo in treno a Milano e proseguimmo in automobile per Verona. (19) Il popolo plaudente assistette alla partenza dei legionari romani per la Gallia. (20) Non raccogliere nulla da terra. (21) Il console romano partì alla volta della Tracia con quattro legioni. (22) Il console uscì dalla porta Flaminia e per la via Flaminia si diresse verso l'Etruria. (23) Annibale con un forte esercito dalla Spagna venne in Italia attraverso le Alpi, vinse gli eserciti romani al Ticino, alla Trebbia e al Trasimeno, e si accampò presso Canne, villaggio delle Puglie. (24) Virgilio, celebre poeta latino, nacque in un villaggio presso Mantova, visse a Roma e in Campania, morì nelle Puglie e fu sepolto a Napoli.

Altre specie del complemento di tempo

Oltre ai complementi di tempo **determinato** e **continuato**, i due grandi tipi di cui abbiamo già parlato, vi sono altre specie del complemento di tempo.

(a) Complemento di tempo **delimitato**, se indica il *tempo entro il quale* si riesce a compiere un'azione. È unito indirettamente al predicato da cui dipende mediante le preposizioni *in*, *entro*, o mediante le locuzioni prepositive **nello spazio di**, **nel giro di** e simili. Esempi: <u>In una settimana</u> farò molto cammino. ׀ <u>Entro questo mese</u> si avrà una decisione. ׀ È morto <u>nello spazio di pochi minuti</u>. ׀ Lo venni a sapere <u>nel giro di poche ore</u>.

(b) Complemento di tempo **intercorso**, se indica *il tempo che intercorre* (prima o dopo) fra una determinata azione e il momento in cui o di cui si scrive o si parla. È unito indirettamente al predicato da cui dipende mediante le preposizioni *dopo* o *prima* (anteposte o proposte), *fra* o mediante la voce verbale *fa* (sempre posposta), o mediante le locuzioni prepositive *or sono* (anteposta o posposta), *or è*, *di qui a*, *di lì a* e simili. Esempi: <u>Fra due mesi</u> sarà ripristinata l'ora normale. ׀ <u>Qualche anno fa</u> era ancora una bambina. ׀ <u>Dopo quattro anni</u> sarai dottore in legge. ׀ Ci trovammo <u>quattro anni dopo</u>. ׀ <u>Prima di una settimana</u> non sarà pronto il lavoro. ׀ <u>Un mese prima</u> vi dovete preparare. ׀ <u>Di qui a quindici giorni</u> vi interrogherò di nuovo. ׀ <u>Di lì a pochi giorni</u> l'ammalato morì. ׀ <u>Cinque minuti or sono</u> è uscito il dottore. ׀ <u>Or sono due anni</u> morì la nonna. ׀ <u>Or è una settimana</u> gli parlai.

(c) Complemento di tempo **intercalato**, se indica il tempo che s'intercala ad ogni ripetersi di un'azione. È unito al predicato da cui dipende mediante l'aggettivo *ogni* o *tutti* (*tutte*), o mediante la preposizione articolata *a*. Esempi: <u>Ogni mese</u> il professore rivede tutti i quaderni. | <u>Ogni 25 anni</u> ricorre l'Anno Santo. | <u>Tutti gli anni</u> celebriamo la festa degli alberi. | La professoressa riceve <u>tutte le settimane.</u>

(d) Complemento di tempo **frapposto**, se indica *il tempo che si è frapposto* dal momento dal quale si inizia il computo di un'azione già compiuta o non ancora compiuta fino al momento in cui o di cui si scrive o si parla. È unito indirettamente al predicato da cui dipende mediante la preposizione *da*. Esempi: *Il battello era partito <u>da due ore</u>.* | <u>Da sei mesi</u> *non vedo mio fratello.* | *Antonio non si vede <u>da quindici giorni</u>.*

(e) Complemento di tempo **fissato**, se indica il tempo *per il quale* viene fissato il compimento di una determinata azione. È unito indirettamente al predicato da cui dipende mediante le preposizioni *per*, *a*. Esempi: *L'opera sarà terminata <u>per la fine</u> del mese.* | <u>Per lunedì</u> *venturo farò una tema su Omero.* | *Dovrò finire il lavoro <u>per il giorno 20</u> del prossimo mese.* | *Rimandiamo questo <u>a domani.</u>*

IN LATINO le specie secondarie del complemento di **tempo** si costruiscono nei seguenti modi.

(a) **Tempo delimitato.** Si pone nel caso *ablativo semplice* o nel caso *accusativo* preceduto dalla preposizione *intra*. Esempi: <u>In una settimana</u> *farò molto cammino.* → <u>Una hebdomade</u> *faciam magnum iter.* | <u>Entro questo mese</u> *si avrà una decisione.* | <u>Intra hunc mensem</u> *capietur consilium.* | *È morto <u>in pochi minuti</u>* → *Mortus est <u>paucis momentis</u>.*

(b) **Tempo intercorso.** Si pone nel caso *accusativo* preceduto dalla preposizione *ante* (= prima, fa, or è, or sono) o *post* (= dopo, fra, di qui a, di lì a...), ovvero nel caso *ablativo* seguito dalle stesse preposizioni *ante* o *post*. Esempi: <u>Prima di una settimana</u> *non sarà pronto il lavoro.* → <u>Ante unam hebdomadam</u> *non confectum erit opus.* | <u>Qualche anno fa</u> *era ancora una bambina.* → <u>Aliquot annis ante</u> *erat puellula.* | <u>Or sono due anni</u> *morì il padre.* → <u>Ante duos annos</u> *obiit pater.* | *Ci ritrovammo <u>quattro anni dopo</u>.* → *Convenimus <u>quattuor annis post</u>.* | <u>Fra due mesi</u> *verrò da te.* → <u>Post duos menses</u> *veniam ad te.* | <u>Di lì a pochi giorni</u> *l'ammalato perì.* → <u>Paucis diebus post</u> *vir aegrotus periit.*

(c) **Tempo intercalato.** Si pone nel caso *ablativo plurale* preceduto dall'aggettivo numerale *singulis* (= a, ogni, tutti, tutte) quando in italiano non è espresso il numerale; quando invece c'è il numerale, allora si pone nel caso ablativo singolare unitamente all'ablativo del pronome *quisque* (= ogni) debitamente concordato col sostantivo e posto fra il numerale – che passa all'ordinale aumentato di un'unità – e il sostantivo stesso. Esempi: <u>Tutti gli anni</u> *celebriamo questa festa.* → <u>Singulis annis</u> *agimus hunc* *diem festum.* | Prenderai la medicina <u>ogni due ore</u>. → *Sumes medicinam <u>tertia quaque hora</u>.*

(d) Tempo frapposto. Si pone nel caso *accusativo* preceduto dalla preposizione *ante* o *abhinc* quando il computo è di un'azione già compiuta; quando invece il computo è di un'azione non ancora compiuta, allora si pone nel caso *accusativo* preceduto dall'avverbio *iam*; se non c'è il numerale, l'accusativo sarà plurale, se invece c'è il numerale, allora l'accusativo sarà singolare e il numerale stesso passerà all'ordinale aumentato di un'unità. Esempi: *La nave era partita <u>da due ore</u>.* → *Navis solverat <u>ante (abhinc) duas horas</u>.* | <u>Da sei mesi</u> non vedo mio fratello. → *<u>Iam septimum mensem</u> non video meum fratrem.*

(e) Tempo fissato. Si pone nel caso *accusativo* preceduto dalla preposizione *in*. Esempi: *L'opera sarà terminata <u>per la fine del mese</u>.* → *Opus confectum erit <u>in finem mensis</u>.* | *Cesare fissò il convegno con gli ambasciatori <u>per il giorno seguente</u>.* → *Caesar statuit colloquium cum legatis <u>in diem posterum</u>.*

59 *Fate l'analisi logica delle seguenti proposizioni.*

(1) Di sera dopo cena esco in giardino e passeggio una mezz'oretta. (2) La guerra di Troia durò dieci anni e Ulisse giunse ad Itaca dopo altri dieci anni. (3) Ascoltate questa sera la radio; si trasmetterà una conversazione sugli ultimi avvenimenti nell'Italia meridionale. (4) Nella battaglia di Farsalo Pompeo in poche ore fu sconfitto dai legionari di Cesare. (5) Tutto è stato preparato con grande cura prima dell'arrivo del console. (6) Il treno filava a centosettanta chilometri all'ora. (7) Sei mesi dopo una bella palazzina sorgeva nel parco, frutto di molte fatiche e sudori. (8) Or è un anno la nostra casa andava distrutta da un incendio. (9) Un secolo fa la donna non aveva le libertà di oggi. (10) D'estate la previdente formica raccoglie del cibo per l'inverno. (11) Restate con noi alcuni giorni; partirete per Napoli dopo le prossime feste. (12) In dieci anni, grazie all'attività dei nostri operai, si riattiverà tutta la rete ferroviaria. (13) I corridori percorrono in bicicletta trentacinque chilometri all'ora. (14) Cinquant'anni or sono tu non eri ancora nato. (15) Nel giro di pochi giorni ho terminato tutto quel lavoro. (16) Il capitale depositato in banca frutterà una bella cifra al bimestre. (17) L'anno scorso incontrai Clara: non la vedevo da tre anni. (18) Ogni semestre si fa il bilancio dell'azienda. (19) Mi si è guastato l'apparecchio della radio: da ieri sera non riesco più a sentire le trasmissioni. (20) Ritornerò da voi fra tre giorni. (21) Il raffreddore impiega tre giorni per la guarigione. (22) Teresa si è sposata un mese fa in Sicilia. (23) Viaggiavano da cinque ore e alle nove non erano ancora giunti. (24) Da lì a pochi istanti giunse il commissario: il furto era stato commesso poche ore prima. (25) Ogni anno è bene sottoporsi a un controllo medico. (26) Da molti giorni avevo notizie di te e dei tuoi per mezzo di Antonio, nostro carissimo amico. (27) Per noi l'esame di lingua latina fu fissato per il giorno seguente. (28) I valichi attraverso le Alpi furono interrotti per dieci giorni a causa della molta neve. (29) Da venti giorni mi mancano tue notizie: codesto tuo lungo silenzio

mi preoccupa. (30) Per una grave mancanza Ernesto con due compagni fu espulso da scuola per tre giorni. (31) Nello spazio di una settimana abbiamo subito due furti: uno mercoledì, l'altro venerdì. (32) Ogni giorno mi scrivo una pagina di diario. (33) Le avanguardie erano giunte da molto tempo: due ore dopo arrivò il grosso dell'esercito dall'Emilia. (34) Sul tardo pomeriggio arrivarono anche gli zii: non li vedevamo da parecchi mesi. (35) Ogni tre mesi ci vengono consegnate le pagelle con le singole votazioni sulle varie materie. (36) Tutti i giorni vi ripeto la stessa cosa e voi con la solita noncuranza ricadete nello stesso errore.

Ancora sul complemento di paragone

Il complemento di paragone, detto comunemente «secondo termine di paragone», oltre che da una persona o un animale o una cosa, come abbiamo visto, può essere rappresentato anche da un *modo o una qualità paragonata* cioè confrontata con un altro *modo o qualità* di cui si parla o si scrive e che costituisce il primo termine di paragone. Si possono, cioè, praticamente trovare paragonati o confrontati due **voci verbali** o due **avverbi** o due **aggettivi**.

> Oltre che tra due sostantivi, un paragone può essere stabilito tra due voci verbali, due avverbi, due aggettivi.

Anche in questo caso, il paragone o comparazione può essere di *maggioranza* o di *minoranza* o di *uguaglianza*.

Esempi: *Ai bambini piace più <u>giocare</u> (primo termine) <u>che (che non) studiare</u> (secondo termine).* | *Essi desideravano meno <u>essere amati</u> (primo termine) <u>che (che non) (essere) temuti</u> (secondo termine).* | *Lo zio agiva più <u>prudentemente</u> (primo termine) <u>che (che non) astutamente</u> (secondo termine).* | *Pietro è più <u>studioso</u> (primo termine) <u>che intelligente</u> (secondo termine).* | *Maria è meno <u>pronta</u> (primo termine) che <u>volenterosa</u> (secondo termine).* | *Mia zia è <u>tanto</u> (non meno) <u>buona</u> (primo termine) <u>quanto</u> (<u>che</u>) <u>severa</u> (secondo termine) con noi.*

IN LATINO il complemento di **paragone** (o **secondo termine di paragone**) in questi casi speciali si costruisce nei seguenti modi.

(a) Secondo termine costituito da una *voce verbale*: si pone nello stesso modo, tempo, persona e numero del primo termine (che è esso pure una voce verbale) preceduto dall'avverbio *quam*. Esempi: *Ai bambini piace più giocare (primo termine) <u>che studiare</u> (secondo termine).* → *Pueris placet magis ludere <u>quam studere</u>.* | *Essi desideravano meno essere amati (primo termine) <u>che non (essere) temuti</u> (secondo termine).* → *Ii cupiebant minus amari <u>quam timeri</u>.*

(b) Secondo termine costituito da un *avverbio* o da un *aggettivo*: si pone nello stesso caso del primo termine (che è esso pure un avverbio o un aggettivo) preceduto dall'avverbio *quam*, ma lo si esprime in forma comparativa come il primo termine. Esempi: *Lo zio agiva più prudentemente (primo termine) che non astutamente (secondo termine).* → *Patruus agebat prudentius quam callidius.* → *Pietro è più studioso (primo termine) che intelligente (secondo termine).* → *Petrus est studiosior quam intelligentior.* | *Maria è meno pronta (primo termine) che volenterosa (secondo termine).* → *Maria est minus prompta quam (minus) libens.* | *Mia zia è tanto buona (primo termine) quanto avara (secondo termine) con noi.* → *Mea avuncula est tam bona quam avara nobiscum.*

60 *Fate l'analisi logica delle seguenti proposizioni.*

(1) Carlo è meno studioso che intelligente. (2) Preferite certo giocare che studiare. (3) La lettura di certi giornaletti è più dannosa che utile. (4) Per un soldato è più decoroso morire sul campo di battaglia che tornarsene in patria col disonore della sconfitta. (5) In tutte le lingue il pronome relativo «che» è non meno frequente della congiunzione finale «che». (6) Antonio, tuo amico carissimo, è più bello che educato. (7) Leonardo agisce meno avvedutamente che audacemente. (8) Dal capitano la decisione fu presa più sollecitamente che saggiamente. (9) Spesso le difficoltà sono tanto fastidiose quanto necessarie alla comprensione. (10) Il ragazzo compì un atto temerario, più dannoso che utile. (11) L'arrivo degli amici in campagna fu tanto gradito quanto improvviso. (12) L'anno scorso avevo meno libri che quest'anno. (13) Il babbo ha più fastidi che capelli in capo. (14) Ho trovato nel cassetto meno buste che biglietti da visita. (15) C'erano non meno sedie che invitati a quel banchetto. (16) Nel mare Egeo vi sono più isole che nel mar Tirreno. (17) Domenica scorsa c'erano nella sala meno spettatori della domenica precedente a causa del cattivo tempo. (18) Nessun maggior dolore vi è che ricordarsi del tempo felice nella miseria.

61 *Per riepilogare i complementi presentati, analizzate quelli che nelle seguenti frasi si presentano senza preposizione.*

(1) La sera torna spesso a casa tardi e la mattina fatica a svegliarsi. (2) In quel negozio, il latte costa cento lire meno che in questo. (3) La piscina è profonda un metro e venti. (4) Avvicinatevi, ragazzi, parlerò sottovoce. (5) Questo maglione non vale mille lire. (6) Ho studiato francese due anni. (7) L'ho venduta la settimana scorsa. (8) Giovanni, non fartelo ripetere! (9) Quest'anno il mio fratello minore è alto un metro e settanta e pesa sessanta chili. (10) Dio mio! Sono arrivato tardi! (11) Hanno costruito un ponte sospeso lungo venti metri. (12) Ho dato loro un panino ciascuno. (13) La biblioteca dista un chilometro.

62 *Analizzate i complementi che nelle seguenti frasi si presentano introdotti dalla preposizione* con.

(1) Parla con scioltezza e con proprietà di linguaggio. (2) Vado a sciare con mio zio e con mio cugino. (3) L'infezione è stata curata con gli antibiotici. (4)

Ero andato con altre intenzioni. (5) Con quel sorriso nessuno gli nega un favore. (6) Ho osservato a lungo quel quadro con un paesaggio innevato. (7) Andrò col treno; con la nebbia è pericoloso guidare. (9) Con tutto quello che ha fatto, non è tuttavia riuscito a finire il suo compito in tempo. (10) Con un telegramma, Francesco fu avvertito del successo della commedia. (11) Con questo chiasso non sento nulla! (12) Lo guarderò con attenzione. (13) Con quel cappello sembri una strega.

63 *Come avete avuto modo di vedere e come abbiamo già ripetuto, ogni preposizione può introdurre complementi diversi. L'esercizio che precede ne è un esempio, per quanto riguarda la preposizione* con. *Scrivete ora cinque frasi con complementi diversi introdotti dalla preposizione* di *e cinque con complementi diversi introdotti dalla preposizione* da. *(Può essere utile fare riferimento alle tabelle delle pagine seguenti.)*

64 *Scrivete cinque frasi con complementi diversi introdotti dalla preposizione* per *e cinque frasi con complementi diversi introdotti dalla preposizione* a.

65 *Scrivete cinque frasi con complementi diversi introdotti dalla preposizione* su *e cinque frasi con complementi diversi introdotti dalla preposizione* tra.

Elenco alfabetico dei complementi indiretti trattati, con le rispettive preposizioni e alcune locuzioni prepositive.

ABBONDANZA E PRIVAZIONE	*di*
AFFETTO O ETICO	*particella pron.*
AGENTE E DI CAUSA EFFICIENTE	*da, da parte di*
ALLONTANAMENTO	*da, di*
ARGOMENTO	*di, su, intorno a, sopra, circa, intorno a, riguardo a*
CAUSA	*per, di, a, da, su, a causa di, per causa di, a cagione di, per motivo di, grazie a*
COLPA	*da, di, per, di articolata* + delitto, reato, accusa, colpa, misfatto
COMPAGNIA O UNIONE	*con, insieme a, insieme con, in compagnia di*
CONVENIENZA	*a, da, di*
DENOMINAZIONE	*di*
DISTANZA	*per, a, da, alla distanza di, per uno spazio di, con un intervallo di*
ESCLAMAZIONE	interiezioni; aggettivi esclamativi
ESCLUSIONE	*senza, fuorché, eccetto che, salvo che, fuori di, fuori che, tranne*
ESTENSIONE	*di, per, in lunghezza, in larghezza, in altezza, in profondità,* aggettivi (lungo, largo, alto, profondo)
ETÀ	*di, a, all'età di, su*
FINE O SCOPO	*per, in, da, a, di, a fine di, a scopo di*
LIMITAZIONE	*a, da, di, in, secondo, in fatto di, quanto a, in quanto, rispetto*
LUOGO:	*vedi* stato in luogo, moto a, da, per luogo

MATERIA	*di, in*
MEZZO O STRUMENTO	*con, per, di, a, in, su, mediante, per mezzo di, per opera di*
MISURA	*di, per*
MODO O MANIERA	*con, di, in, a, per, di, da, sotto, a mo' di, a guisa di, secondo il costume di*
MOTO A LUOGO	*in, a, su, verso, sopra, dentro, per, fra, sotto, presso*
MOTO DA LUOGO	*da, di*
MOTO PER LUOGO	*per, da, attraverso*
ORIGINE O PROVENIENZA	*da, di*
PARAGONE	*con, quanto, di, che*
PENA	*con, da, di, a, in;* sostantivo (*multa, pena*) + preposizione
PREDICATIVO DEL SOGGETTO	*per, a, in, in qualità di, con le mansioni di, in conto di, in veste di*
PREDICATIVO DELL'OGGETTO	*per, a, in, in qualità di, con le mansioni di, in conto di, in veste di*
PREZZO	*a, di, per, al prezzo di*
QUALITÀ	*di, da, con, a*
RELAZIONE	–
SPECIFICAZIONE	*di*
STATO IN LUOGO	*in, a, su, sopra, dentro, per, fra, sotto, presso*
STIMA	*di, per, in,* aggettivo-avverbio(*molto, poco*)
TEMPO CONTINUATO	*per, durante*
TEMPO DETERMINATO	*durante, a, su, di, con, in*
TERMINE	*a*
VANTAGGIO O SVANTAGGIO	*per, verso, contro, in favore di, in difesa di*
VOCAZIONE	*oh, ehi (interiezioni)*

Elenco alfabetico delle preposizioni e delle locuzioni prepositive in rapporto ai complementi che introducono.

a	CAUSA, CONVENIENZA, DISTANZA, ETÀ, FINE O SCOPO, LIMITAZIONE, MEZZO O STRUMENTO, MODO O MANIERA, MOTO A LUOGO, PENA, PREZZO, QUALITÀ, STATO IN LUOGO, TEMPO DETERMINATO, TERMINE, PREDICATIVO DEL SOGGETTO, PREDICATIVO DELL'OGGETTO
a cagione di	CAUSA
a causa di	CAUSA
a fine di	FINE O SCOPO
a guisa di	MODO O MANIERA
a mo' di	MODO O MANIERA
a scopo di	FINE O SCOPO
accusa	COLPA
aggettivi di dimensioni: lungo, largo, profondo ecc.	ESTENSIONE
aggettivo-avverbio (molto, poco ecc.)	STIMA
al prezzo di	PREZZO
all'età di	ETÀ
alla distanza di	DISTANZA
alto	ESTENSIONE
attraverso	MOTO PER LUOGO
che	PARAGONE
circa	ARGOMENTO
colpa	COLPA
con	COMPAGNIA O UNIONE, MEZZO O STRUMENTO, MODO O MANIERA, PARAGONE, PENA, QUALITÀ, TEMPO DETERMINATO
con le mansioni di	PREDICATIVO DEL SOGGETTO, PREDICATIVO DELL'OGGETTO
con un intervallo di	DISTANZA

contro	VANTAGGIO O SVANTAGGIO
da	AGENTE E CAUSA EFFICIENTE, ALLONTANAMENTO, CAUSA, COLPA, CONVENIENZA, DISTANZA, FINE O SCOPO, LIMITAZIONE, MODO O MANIERA, MOTO DA LUOGO, MOTO PER LUOGO, ORIGINE O PROVENIENZA, PENA, QUALITÀ
da parte di	AGENTE E CAUSA EFFICIENTE
dentro	MOTO A LUOGO, STATO IN LUOGO
di	ABBONDANZA E PRIVAZIONE, ALLONTANAMENTO, ARGOMENTO, CAUSA, COLPA, CONVENIENZA, DENOMINAZIONE, ESTENSIONE, ETÀ, FINE O SCOPO, LIMITAZIONE, MATERIA, MEZZO O STRUMENTO, MISURA, MODO O MANIERA, MOTO DA LUOGO, ORIGINE O PROVENIENZA, PARAGONE, PENA, PREZZO, QUALITÀ, SPECIFICAZIONE, STIMA, TEMPO DETERMINATO
di articolata + delitto	COLPA
durante	TEMPO CONTINUATO, TEMPO DETERMINATO
eccetto che	ESCLUSIONE
ehi (interiezioni)	VOCAZIONE
fra	MOTO A LUOGO, STATO IN LUOGO
fuorché	ESCLUSIONE
fuori che	ESCLUSIONE
fuori di	ESCLUSIONE
grazie a	CAUSA
in	FINE O SCOPO, LIMITAZIONE, MATERIA, MEZZO O STRUMENTO, MODO O MANIERA, MOTO A LUOGO, PENA, STATO IN LUOGO, STIMA, TEMPO DETERMINATO, PREDICATIVO DEL SOGGETTO O DELL'OGGETTO
in altezza	ESTENSIONE
in compagnia di	COMPAGNIA O UNIONE
in conto di	PREDICATIVO DEL SOGGETTO O DELL'OGGETTO
in difesa di	VANTAGGIO O SVANTAGGIO

in fatto di	LIMITAZIONE
in favore di	VANTAGGIO O SVANTAGGIO
in larghezza	ESTENSIONE
in lunghezza	ESTENSIONE
in profondità	ESTENSIONE
in qualità di	PREDICATIVO DEL SOGGETTO, PREDICATIVO DELL'OGGETTO
in quanto	LIMITAZIONE
in veste di	PREDICATIVO DEL SOGGETTO, PREDICATIVO DELL'OGGETTO
insieme a	COMPAGNIA O UNIONE
insieme con	COMPAGNIA O UNIONE
interiezioni; aggettivi esclamat.	ESCLAMAZIONE
intorno a	ARGOMENTO
largo	ESTENSIONE
mediante	MEZZO O STRUMENTO
misfatto	COLPA
multa, pena + *preposizione*	PENA
oh	VOCAZIONE
per	CAUSA, COLPA, DISTANZA, ESTENSIONE, FINE O SCOPO, MEZZO O STRUMENTO, MISURA, MODO O MANIERA, MOTO A LUOGO, MOTO PER LUOGO, PREZZO, STATO IN LUOGO, STIMA, TEMPO CONTINUATO, VANTAGGIO O SVANTAGGIO, PREDICATIVO DEL SOGGETTO, PREDICATIVO DELL'OGGETTO
per causa di	CAUSA
per mezzo di	MEZZO O STRUMENTO
per motivo di	CAUSA
per opera di	MEZZO O STRUMENTO
per uno spazio di	DISTANZA
presso	MOTO A LUOGO, STATO IN LUOGO
profondo	ESTENSIONE
quanto	PARAGONE
quanto a	LIMITAZIONE

reato di	COLPA
riguardo a	ARGOMENTO
rispetto	LIMITAZIONE
salvo che	ESCLUSIONE
secondo	LIMITAZIONE
secondo il costume di	MODO O MANIERA
senza	ESCLUSIONE
sopra	ARGOMENTO, MOTO A LUOGO, STATO IN LUOGO
sotto	MODO O MANIERA, MOTO A LUOGO, STATO IN LUOGO
su	ARGOMENTO, CAUSA, ETÀ, MEZZO O STRUMENTO, MOTO A LUOGO, STATO IN LUOGO, TEMPO DETERMINATO
tranne	ESCLUSIONE
verso	MOTO A LUOGO, VANTAGGIO O SVANTAGGIO

Il periodo

Esamineremo in queste pagine alcuni elementi essenziali della **sintassi del periodo**, cioè dei legami che si stabiliscono tra le proposizioni di una frase complessa detta «periodo». Ricordiamo che, per procedere con sicurezza, occorre avere chiari i concetti di *proposizione* e di *frase* (semplice e complessa); rimandiamo dunque alle pagine 11-13 per fissare bene questi concetti, che qui riprendiamo solo brevemente.

➡️ Si chiama **periodo** (dal greco *períodos*, «circuito») una frase formata da almeno due proposizioni e dotata di senso compiuto.

Due proposizioni ben connesse tra di loro formano un PERIODO.

Elementi costitutivi del periodo sono dunque le **proposizioni**, le quali sono tante quanti sono i predicati, sia espressi che sottintesi, di modo finito o di modo indefinito purché risolvibili in un modo finito. (Vedi p. 14.) Esempi: *La luna illuminò la faccia pallida e si vide la barba d'argento del padre Cristoforo.* | *La vecchia scese dal letto in un salto e corse all'uscio.* | *Il signore entrò e, data (= dopoché ebbe data) un'occhiata per la camera vide Lucia rannicchiata nel suo cantuccio e quieta.* | *Il signore andò là, entrò in un cortiletto dove c'eran molti preti, che tutti lo guardarono con un'attenzione meravigliata e sospettosa.* | *Prescrisse al bibliotecario che mantenesse commercio con gli uomini più dotti d'Europa per avere (= affinché avesse) da loro notizie dello stato delle scienze e avviso dei libri migliori che venissero fuori in ogni genere e farne (= affinché ne facesse) acquisto.*

Gli infiniti sostantivati e i participi in funzione di nomi o di aggettivi, naturalmente, non devono essere considerati predicati e dunque non danno luogo a una proposizione (vedi pp. 22-23). Esempi: *Socrate amava conversare (= la conversazione) coi giovani.* | *Ci vedremo al tramontare del sole.* | *Sento il mormorare (→ mormorio) del ruscello e il cinguettar (cinguettio) degli uccelli.* | *Vi era una corda tesa da un capo all'altro del cortile.* | *La locomotiva a vapore, ansante, procedeva lenta per la salita.* | *Farete un riassunto scritto di tutta la poesia.*

Occorre distinguere i predicati veri e propri dagli usi sostantivati del verbo.

Inoltre, è da ricordare che si considerano come predicati unici: **(a)** i verbi fraseologici; **(b)** verbi e locuzioni verbali come *stare per, essere in procinto di, essere sul punto di, stare lì lì per…;* **(c)** i verbi *andare, stare, venire* uniti a un gerundio; **(d)** il raggruppamento di un verbo servile col suo infinito. Esempi: *Alla fine Guglielmo si lasciò persuadere dalla mamma.* | *Annibale stava per intraprendere la guerra ed era lì lì per muovere all'assalto della città.* | *Don Abbondio andava recitando il suo breviario.* | *Essi dovranno pagare il fio delle loro colpe.* | *Vorrei leggere quel libro.*

Proposizioni implicite ed esplicite

Per identificare le proposizioni da cui è composto un periodo occorrerà badare anche al modo verbale assunto dal predicato. In base al modo verbale, infatti, le proposizioni si distinguono in **esplicite** ed **implicite**.

Proposizioni ESPLICITE: la persona grammaticale è facilmente riconoscibile.

▶ Si chiamano **esplicite** le proposizioni che hanno il verbo al modo finito e che quindi informano sulla persona verbale implicata nell'azione. Le proposizioni esplicite sono sempre introdotte da congiunzioni. Esempi: *Se fai così, ti ridurrai male.* ı *Quando uscii di casa inciampai nel terzo gradino.* ı *Poiché avevo terminato i compiti, telefonai a Lara.* ı *Affinché tu indovini, ti do questo indizio.* ı *Gli feci segno perché si fermasse.*

Proposizioni IMPLICITE: per individuare la persona grammaticale bisogna trasformare la frase.

▶ Si chiamano **implicite** le proposizioni che hanno il verbo al modo indefinito e che quindi non informano sulla persona verbale implicata nell'azione, ma la lasciano supporre. Le proposizioni implicite possono essere introdotte da preposizioni oppure collegarsi direttamente ad altre proposizioni. Esempi: *Facendo così, ti ridurrai male.* ı *Uscendo di casa inciampai nel terzo gradino.* ı *Finiti i compiti, telefonai a Lara.* ı *Ti do questo indizio per indovinare.* ı *Gli feci segno di fermarsi.*

Come si vede confrontando gli esempi, è sempre possibile trasformare una proposizione implicita nel suo corrispettivo esplicito.

VERIFICARE

66 Nei seguenti periodi segnate tutte le proposizioni: segnate con un √ il luogo ove siano predicati sottintesi; sottolineate con un tratto semplice le proposizioni esplicite e con un tratto doppio le proposizioni implicite. Alla fine di ogni periodo segnalate nello spazio lasciato in bianco fra le parentesi quadre il numero delle proposizioni costituenti il periodo stesso.
(1) (Esempio: Don Abbondio <u>disse</u> ch'<u>era</u> un giovane un po' vivo. [*2 proposizioni*]). (2) Il compagno s'era messo a sedere in faccia a Renzo. [___] (3) Migliaia di uomini andarono a letto col sentimento indeterminato che qualche cosa bisognava fare, che qualcosa si farebbe. [___] (4) Non mancava altro che un'occasione, una spinta per ridurre le parole a fatti; e non tardò molto. [___] (5) Qui comparve nella stanza la padrona, la quale al rumore s'era affacciata anch'essa alla finestra e, avendo veduto chi entrava in casa, aveva sceso le scale di corsa, dopo essersi raccomandata alla meglio; e quasi nello stesso tempo entrò il sarto da un altro uscio. [___] (6) La madre e la figlia si guardarono in viso. [___] (7) In quel momento il cardinale stava discorrendo con Don Abbondio sugli affari della parrocchia, sicché questi non ebbe campo di dare anche lui, come avrebbe desiderato, le sue istruzioni alle donne. [___] (8) Ad ogni passo botteghe chiuse; le fabbriche in gran parte deserte; le strade un indicibile spettacolo, un corso incessante di miserie. [___] (9) Fi-

nalmente se n'andavano; erano andati; si sentiva da lontano morire il suono dei tamburi o delle trombe; succedevano alcune ore d'una quiete spaventata, e poi un nuovo maledetto batter di cassa annunciava un'altra squadra. [___] (10) Chi non ha visto Don Abbondio il giorno che si sparsero tutte in una volta le notizie della calata dell'esercito, del suo avvicinarsi e dei suoi portamenti, non sa bene cosa sia impiccio e spavento. [___] (11) Dominato da questi pensieri, passò davanti a casa sua, ch'era nel mezzo del villaggio, e, attraversatolo, s'avviò a quella di Lucia, ch'era in fondo, anzi un po' fuori. [___] (12) La piccola Bettina si cacciò nel crocchio, s'accostò a Lucia, le fece intendere accortamente che aveva qualcosa da comunicarle, e le disse la sua parolina all'orecchio. [___] (13) La vista della preda fece dimenticare ai vincitori i disegni di vendette sanguinose. [___] (14) Si slanciano ai cassoni; il pane è messo a ruba. [___] (15) Qualcuno corre al banco, butta giù la serratura, agguanta le ciotole, piglia a manate, intasca ed esce carico di quattrini, per tornar poi a rubar pane, se ne rimarrà.

67 *Nei seguenti periodi sottolinea una volta le proposizioni implicite e due volte quelle esplicite.*

(1) S'incontravano nell'opposto viaggio questi e quei pellegrini, spettacolo di ribrezzo gli uni agli altri, e saggio doloroso, augurio sinistro del termine a cui gli uni e gli altri erano incamminati. (2) Con la messe finalmente cessò la carestia: la mortalità, epidemica e contagiosa, scemando di giorno in giorno, si prolungò però fin nell'autunno. (3) Qui, tra i poveri spaventati troviamo persone di nostra conoscenza. (4) Ora finisco questo lavoro e poi faremo anche noi come fanno gli altri. (5) Agnese, nell'abbracciare la buona donna, diede in un dirotto pianto, che le fu di gran sollievo, e rispondeva con singhiozzi alle domande che quella e il marito le facevan di Lucia. (6) Don Abbondio faceva fretta; il sarto s'impegnò di trovare un barroccio che li conducesse appiè della salita, n'andò subito in cerca e poco dopo tornò a dire che arrivava. (7) Il giorno fissato per la partenza l'Innominato preparò una carrozza, nella quale era già stato messo un corredo di biancheria per Agnese. (8) Avranno almeno confessato che il povero vecchio aveva ragione? (9) Io lo vidi mentre lo strascicavan così e non ne seppi più altro: credo bene che non abbia potuto sopra vivere più di qualche momento. (10) La gelosia diveniva facilmente certezza, la certezza furore. (11) Con una tal persuasione che ci fossero untori, se ne doveva scoprire quasi infallibilmente: tutti gli occhi stavano all'erta; ogni atto poteva far gelosia. (12) Sarà quel che vorrà la Provvidenza: il cielo ce la mandi buona. (13) Ricordatevi che qui dobbiam far sempre viso ridente e approvare tutto quello che si vede. (14) Quel viaggio non fu lieto. (15) Si levò di tasca tutte le sue ricchezze, le fece scorrere su una mano, tirò la somma.

Proposizioni indipendenti e dipendenti

Osserveremo ora il LEGAME che si stabilisce tra le proposizioni di un periodo.

Se le proposizioni non hanno bisogno di stabilire un legame con altre proposizioni, si chiamano INDIPENDENTI; al contrario, quando devono collegarsi ad altre proposizioni si chiamano DIPENDENTI.

Nella sintassi del periodo le proposizioni sono classificate secondo il tipo di legame che stabiliscono tra loro. Secondo il loro grado di autonomia o di interdipendenza, possiamo distinguerle in due grandi gruppi.

(a) Le **proposizioni indipendenti** sono autonome da un punto di vista sintattico: dotate di senso compiuto, non hanno bisogno di altre proposizioni per potersi reggere e sono le più importanti del periodo (vengono chiamate anche **reggenti**). Hanno sempre forma esplicita.

(b) Le **proposizioni dipendenti** non hanno autonomia sintattica ma, per così dire, si «agganciano» ad altre proposizioni (sia indipendenti che dipendenti), delle quali completano il significato. Possono avere forma esplicita o implicita.

Esaminiamo ad esempio questo periodo: *Sto molto calda in questo maglione che mi ha confezionato mia sorella, ma non ci sto molto comoda, perché è piccolo*. La proposizione *Sto molto calda in questo maglione* può essere isolata e reggersi da sé: è la proposizione principale o indipendente o reggente del periodo. La proposizione *che mi ha confezionato mia sorella*, invece, non si regge da sé, ma ha bisogno di agganciarsi a un'altra, così come la proposizione *ma non ci sto molto comoda* e la proposizione *perché è piccolo*: queste sono chiamate proposizioni secondarie o dipendenti.

Ogni periodo, quindi, è costituito da **una o più proposizioni principali** o **indipendenti** e **una o più proposizioni secondarie** o **dipendenti** collegate alla principale o, eventualmente, fra loro.

Le proposizioni principali (indipendenti)

Come abbiamo appena visto, in un periodo si chiama **proposizione principale** o **indipendente** la proposizione o le proposizioni autonome da un punto di vista sintattico: non hanno bisogno di altre proposizioni per potersi reggere e sono dotate di senso compiuto. Esempi: *Quando troverai l'indirizzo, <u>le scriverai subito</u>.* | *Benché fosse già tardi e dovessero ormai tornare,* *si avviarono alla festa.* | *Tutti volevano vedere Marco* per fargli i complimenti e per stringergli la mano. | *La casa era in fondo al paese;* come abbiamo detto, *il Griso prese la strada* che metteva fuori e *tutti lo seguirono in buon ordine.* | *Agli altri, ciò fece impressione:* che frugavano la casa, *ognuno cercò la strada più corta per arrivare all'uscio e fuggire.* | *Il principe era stato in una sospensione penosa: a quella notizia respirò, e andò da Gertrude* dimenticando la sua gravità, la ricolmò di lodi e di promesse: *così fatto è questo guazzabuglio del cuore umano.*

Come si vede dagli esempi citati, le proposizioni principali possono trovarsi non solo al principio del periodo, ma anche nel mezzo o anche alla fine di esso. Inoltre, una proposizione principale (ma anche una proposizione secondaria di qualunque specie) può essere divisa in due parti per contenere al suo interno una o più proposizioni secondarie.

68 *Separate con un segno verticale | tutte le proposizioni di cui è formato ciascun periodo; sottolineate poi in particolare le proposizioni principali.*
(1) (Esempio: Mi rivolse la parola | chiedendomi | perché non ero allegro come il solito.) (2) Avendo saputo che aveva disubbidito alla mamma, lo punì severamente. (3) Così detto, si mise a mangiare avidamente. (4) Ella, saziata che fu, s'alzò, andò verso il cantuccio, e, chinandosi sopra Lucia, l'invitò di nuovo a mangiare, per andar poi a letto. (5) Sedutasi di nuovo a terra, sentì nell'animo una certa tranquillità, una più larga fiducia. (6) Il bravo posò fuori la carabina in un cantuccio vicino all'uscio e picchiò, facendo insieme sentir la sua voce. (7) La presenza di Federico era infatti di quelle che annunziano una superiorità e la fanno amare. (8) Il portamento era naturalmente composto e quasi maestoso, non incurvato né impigrito punto dagli anni; l'occhio era grave e vivace, la fronte serena e pensierosa; con le canizie tra i segni dell'astinenza, della meditazione, della fatica una specie di floridezza verginale: tutte le forme del volto indicavano che in altre età c'era stata quella che più propriamente si chiama bellezza; l'abitudine dei pensieri solenni e benevoli, la pace interna d'una lunga vita, l'amore degli uomini vi avevano sostituita una, direi quasi, bellezza senile, che spiccava ancor più in quella magnifica semplicità della porpora (9) Cosa può fare Dio per voi? (10) Chi siete voi, pover'uomo, che vi pensiate d'avere saputo da voi immaginare e fare cose più grandi nel male, che Dio non possa volere e operare nel bene?

Tipi di proposizioni principali

Le proposizioni principali possono essere classificate, così come già abbiamo segnalato alle pp. 16-19, in base al **significato** che rappresentano. Approfondiamo ora quella prima classificazione stabilendo che le proposizioni p r i n c i p a l i possono essere *enunciative* (dette anche *dichiarative* o *informative*), *interrogative dirette*, *esclamative*, *potenziali*, *dubitative*, *concessive*, *desiderative*, *esortative (imperative)*.

PROPOSIZIONI PRINCIPALI

enunciative   dubitative
interrog. dirette concessive
esclamative   desiderative
potenziali   esortative

Dire qualcosa, affermandola o negandola: le ENUNCIATIVE.

➡ Si dicono **proposizioni enunciative** (o **dichiarative**, o **informative**) le proposizioni che a s s e r i s c o n o, cioè esprimono un'affermazione o una negazione; «dicono un pensiero», sia in forma negativa che affermativa. Esempi: <u>Il vento aveva sradicato degli alberi</u> proprio la notte prima che arrivassimo al lago | Come ti aveva detto Luca, <u>il piroscafo partirà stasera</u>. | <u>Il bando sarà pubblicato domani</u> e <u>farai in tempo a presentare domanda</u>. | <u>Non c'era niente da fare</u>.

Il modo verbale del predicato è l'indicativo.

Chiedere qualcosa: le INTERROGATIVE

(a) Chiedere per avere una risposta: interrogative proprie;
(b) chiedere per il gusto di porre domande: interrogative retoriche.

➡ Si dicono **proposizioni interrogative dirette** le proposizioni che esprimono un d u b b i o oppure un'i n c e r t e z z a sotto forma di q u e s i t o.

Se ne distinguono due tipi: **(a)** i n t e r r o g a t i v e p r o p r i e, che consistono in una domanda vera e propria; **(b)** I N T E R R O G A T I V E R E T O R I C H E, o di cortesia, che consistono in una domanda il cui scopo non è però quello di interrogare, bensì quello di affermare un giudizio con particolare forza. Sono esempi di interrogative proprie: <u>Sei andato al cinema</u>, dopo che ci siamo incontrati? | <u>Hai studiato la lezione</u> come ti avevo raccomandato? | Ho sentito ridere e parlare: <u>chi c'è di là</u> e <u>che cosa sta dicendo</u>?. Sono esempi di interrogative retoriche: <u>Non credi</u> che sarebbe stato meglio andare? | Anche se tu me lo avessi detto, <u>chi lo avrebbe mai creduto</u>? <u>Ma chi te l'ha fatto fare</u>, di saltare il pranzo?

Le proposizioni interrogative proprie possono avere il predicato al modo indicativo (la domanda ha valore di realtà) o al modo condizionale (ha valore ipotetico, di supposizione).

Le interrogative retoriche hanno il predicato al modo indicativo, perché in realtà enunciano qualcosa, più che interrogare veramente.

Le interrogative proprie, a loro volta, si possono suddividere in (1) interrogative **parziali**: si fa la domanda per avere notizie su un solo elemento della frase: *Chi è stato a rompere il vetro e a scappare senza avvertire?* | *Quale pizza hai scelto, visto che l'elenco è così lungo?*; (2) interrogative **totali**: si fa una domanda per ottenere in risposta un «sì» oppure un «no»: *Hai rotto tu il vetro, scappando poi senza avvertire?* | *Sei poi riuscito a scegliere una pizza, visto che l'elenco era così lungo?*; (3) interrogative **disgiuntive** o **alternative**: nella domanda stessa si pone la scelta fra due possibilità di risposta: *Sei stato tu o è stato Marcello a rompere il vetro e a scappare senza avvertire?* | *Hai scelto la margherita o la capricciosa, l'ultima volta che siamo andati in pizzeria?*. Talvolta, la disgiunzione può avvenire tra più proposizioni principali interrogative che si susseguono: *Dobbiamo andare a scuola domani o è obbligatorio partecipare alla gita scolastica o possiamo noi scegliere ciò che più ci aggrada?*. Inoltre, una interrogativa diretta disgiuntiva può essere formata di soli due membri, il secondo dei quali contiene un'idea esattamente opposta a quella contenuta nel primo membro. In questo caso, e solo in questo, il secondo membro può essere espresso dalla sola locuzione «o no?». Esempi: *Sei andato a Roma o no?* | *Dobbiamo andare a scuola domani o no?*

⇒ Si dicono proposizioni **esclamative** le proposizioni principali che esprimono un pensiero impiegando un particolare tono di enfasi o di vivacità. Esempi: *Vedrai che bel panorama si gode da quell'altura che ci fronteggia!* | *Fosse la volta buona, di riuscire a vincere qualcosa!* | *Quanta malinconia c'era in quel sorriso*, e *quanta dolcezza tuttavia!* | *Quando andai a trovarlo, di quante gentilezze mi colmò!* | *Che bello sarebbe*, se potessimo riunirci tutti di nuovo come il mese scorso! | *Ah, dover finire così, proprio sul più bello: che ingiustizia!*

Esprimersi con vivacità: le ESCLAMATIVE.

Le proposizioni esclamative possono avere il predicato nei modi indicativo, congiuntivo, condizionale: solo nel caso che l'esclamazione sia enfatica, allora il verbo sarà al modo infinito.

⇒ Si dicono **potenziali** quelle proposizioni principali con cui esprimiamo una possibilità, una eventualità, qualcosa che è possibile anche se non effettivo. Esempi: *Voi vi meraviglierete forse della mia domanda*, eppure è una curiosità sincera. | *Molti avranno sparlato di me* benché io non abbia fatto nulla di male. | Dopo quello che avete sentito, *direte forse che egli era pazzo*. | Lo so: *tu avrai creduto* di far bene. | *Forse crederete* che ciò non sia vero; perciò ho portato prove tangibili. | *Avrebbero forse pensato* che io mentissi. | Malgrado piovesse, *Bartali avrebbe potuto vincere*. | *Avresti potuto credere* che la mia amicizia per te si era indebolita.

Formulare una possibilità: le POTENZIALI.

Le proposizioni potenziali hanno il predicato al modo indicativo (tempo futuro) oppure al modo condizionale, rinforzati talvolta dall'avverbio *forse*.

Formulare un dubbio: le DUBITATIVE

🟧 Si dicono **dubitative** quelle proposizioni principali con cui esprimiamo un'incertezza o un dubbio, spesso rivolgendo una finta domanda a noi stessi o facendo una finta esclamazione. Esempi: <u>Come dovrei comportarmi</u>, se succedesse questo? | <u>Quale altro libro potevo regalare</u>, trattandosi di un ragazzo? | <u>Che ce la facciano, ad arrivare in tempo?</u> | <u>Che fare</u>, adesso che il guaio è combinato? | <u>Forse potrei trovare un rimedio</u> che allontani almeno la paura dell'esame. | L'ho infornata un'ora fa: <u>che sia pronta</u>, la torta?

Le proposizioni dubitative hanno il predicato all'indicativo (presente, imperfetto, futuro) oppure al modo infinito (tempo presente) e sono introdotte sempre da avverbi, pronomi, aggettivi interrogativi o esclamativi.

Ammettere come vero qualcosa sulla quale abbiamo dei dubbi: le CONCESSIVE.

🟧 Si dicono **concessive** quelle proposizioni principali con cui esprimiamo una concessione, cioè diamo per vera un'affermazione anche se non la riteniamo tale. Esempi: <u>Sarà anche elegante questa nuova moda</u>, ma non mi si addice per niente. | <u>Saranno stati giusti i magistrati</u>, però il reo se l'è cavata con poco danno. | <u>Avrete ragione</u>, ma io la penso così. | <u>Siano pure buone queste noci</u>, ma a te fanno male e quindi ne devi mangiare poche. | <u>Abbia pur speso molti quattrini</u>, tuttavia deve ringraziare per esserla cavata così.

Le proposizioni concessive hanno il predicato al modo indicativo (tempo futuro) o al modo congiuntivo (tempo presente o passato), rinforzato talvolta dall'avverbio «pure».

Esprimere un desiderio o un augurio: le DESIDERATIVE.

🟧 Si dicono **desiderative** (oppure **ottative**) quelle proposizioni principali con cui esprimiamo un desiderio, un augurio, un rimpianto. Esempi: <u>Potessero almeno giungere in tempo!</u> | <u>Se avessi studiato, figlio mio, quando avevi tempo!</u> | <u>Che Dio mi faccia questa grazia</u> che è tanto necessaria per la mia famiglia! | <u>Oh se il babbo arrivasse prima che il dottore se ne vada!</u> | <u>Volesse il cielo</u> che vincessi alla lotteria!

Le proposizioni desiderative hanno sempre il verbo al modo congiuntivo, e talvolta sono introdotte dalle congiunzioni «se», «che» o dalle locuzioni esclamative «oh se», «voglia» o «volesse il cielo che» e simili.

Stimolare qualcuno a fare qualcosa: le IMPERATIVE.

🟧 Si dicono **imperative** o anche semplicemente **esortative** quelle proposizioni principali con cui esprimiamo un comando o una semplice esortazione, un invito, una preghiera, sia in forma affermativa che negativa. Esempi: <u>Non toccare la merce esposta</u>. | <u>Fa' subito il compito</u> che è stato affidato ancora ieri. | <u>Non disturbare</u>, quando i professori spiegano. <u>Taci</u>, il nemico ti ascolta. | <u>Non dire altro!</u>

Le proposizioni imperative hanno sempre il verbo al modo imperativo.

Le proposizioni principali (indipendenti)

IN LATINO le **proposizioni principali** si costruiscono nei seguenti modi.

(1) **Enunciative**: il loro predicato si pone nello stesso modo, tempo, persona e numero in cui si presenta in italiano.

(2) **Interrogative dirette**: il loro predicato si pone nello stesso modo, tempo, persona e numero in cui si presenta in italiano.
(a) Interrogative **proprie**: sono introdotte dallo stesso pronome o aggettivo o avverbio o congiunzione interrogativa che eventualmente le introduce in italiano, ovvero dalla parola più importante seguita dalla particella enclitica *-ne*;
(b) Interrogative **retoriche**: sono introdotte dalla particella *nonne* quando il loro pensiero corrisponde ad una realtà affermativa, dalla particella *num* quando il loro pensiero corrisponde ad una realtà negativa.
(c) Interrogative in forma **disgiuntiva**: il primo membro s'introduce di solito con la particella *utrum* e gli altri membri con la particella *an* (= o) o con la locuzione *annon* (= o no).

(3) **Esclamative**: il loro predicato si pone nello stesso modo, tempo, persona e numero in cui si presenta in italiano; se però sono «enfatiche» si mutano in «interrogative retoriche» di tempo futuro corrispondenti a realtà negative e quindi introdotte dalla particella *num*.

(4) **Potenziali**: il loro predicato si pone nel modo congiuntivo.
(a) Congiuntivo presente o perfetto quando il loro pensiero corrisponde ad azione possibile nel momento in cui si parla o si scrive.
(b) Congiuntivo imperfetto quando il loro pensiero corrisponde ad azione possibile nel passato.

(5) **Dubitative**: il loro predicato si pone nel modo congiuntivo.
(a) Congiuntivo presente quando il loro pensiero di dubbio riguarda il momento in cui si parla o si scrive o momenti posteriori, futuri.
(b) Congiuntivo imperfetto quando il loro pensiero di dubbio è ammesso come certo in momenti anteriori, già passati.

(6) **Concessive:** il loro predicato si pone nel modo congiuntivo, spesso rinforzato dall'avverbio *sane*.
(a) Congiuntivo presente quando il loro pensiero è ammesso come certo in momenti anteriori, già passati.
(b) Congiuntivo perfetto quando il loro pensiero è ammesso come certo nel momento in cui si parla o si scrive.

(7) **Desiderative**: il loro predicato si pone nel modo congiuntivo, preceduto per lo più dall'avverbio *utinam* (negativo *utinam ne*)
(a) Congiuntivo presente quando il loro pensiero di desiderio, di augurio può avverarsi nel momento in cui si parla o si scrive.
(b) Congiuntivo perfetto quando tale pensiero può essersi avverato in momenti anteriori, già passati.

(c) Congiuntivo imperfetto quando tale pensiero non può avverarsi nel momento in cui si parla o si scrive.
(d) Congiuntivo piuccheperfetto quando tale pensiero non può essersi avverato in momenti anteriori, già passati.

(8) Imperative o **esortative**:

(a) se affermative, il predicato si pone nel modo imperativo per le seconde persone singolari e plurali; nel modo congiuntivo tempo presente per le altre persone;
(b) se negative, il predicato si pone nel modo congiuntivo tempo perfetto per le seconde persone singolari e plurali; al tempo presente per tutte le altre, sempre preceduto dalla congiunzione *ne*.

69 Stabilite il tipo, rispetto allo scopo comunicativo, delle seguenti proposizioni semplici. Usate una sigla (e=enunciativa; i = interrogativa; es = esclamativa; p = potenziale; d = dubitativa; c = concessiva; de = desiderativa; est= esortativa).

(1) Oh, non avessi mai dato ascolto alle tue parole! (2) Difficilmente potresti trovare un uomo più austero di Catone il Censore. (3) A chi rivolgermi ora? (4) Non lasciamoci abbattere dalle sventure. (5) Sia stato pure il suo intervento veramente utile. (6) Volesse il cielo che non fosse mai scoppiata una guerra così detestabile! (7) In ogni impresa si usi diligenza. (8) Qualcuno potrebbe rimproverare la tua condotta. (9) Non dare ascolto alle parole degli adulatori. (10) Perché non sei venuto qui da me? (11) Non è forse preferibile la morte alla schiavitù? (12) Il valore dei nostri soldati fu di ammirazione agli stessi nemici. (13) Come possiamo restare impassibili allo spettacolo di tante crudeltà ? (14) Tutti piangevano per l'ingiusta condanna. (15) Vi è forse un sentimento dell'animo più ignobile dell'ingratitudine? (16) Per quali motivi sei rimasto a Napoli? (17) Imitiamo la prudenza delle formiche. (18) Dio voglia che tu sfugga (a) questo pericolo. (19) Tu l'avresti creduta una lunga fila di carri. (20) Avete fatto tutto il compito? (21) Provvedano i governanti alle sventure della Patria. (22) Non fate chiasso! (23) Che dire della grande diversità delle opinioni degli uomini? (24) Entrino pure. (25) Zitti! (26) Ti è piaciuto quel film? (27) Forse che la morte deve considerarsi sempre un male?

70 Sottolineate in ogni periodo tutte le proposizioni principali, indicandone il tipo con una sigla (e=enunciativa; i = interrogativa; es = esclamativa; p = potenziale; d = dubitativa; c = concessiva; de = desiderativa; est= esortativa).

A) Passato quel primo sfogo d'abbracciamenti e di singhiozzi Agnese volle sapere i casi di Lucia e questa si mise affannosamente a raccontarglieli. Ma, come il lettore sa, era una storia che nessuno conosceva tutta e per Lucia stessa c'erano delle parti oscure, inesplicabili affatto. E principalmente (c'era) quella fatale combinazione d'essersi la terribile carrozza trovata lì sulla strada, per l'appunto quando Lucia vi passava per un caso straordinario; su ciò la madre e la figlia facevan cento congetture, senza mai dar nel segno, anzi

ANALIZZARE E TRADURRE/7 Per fare l'analisi e la traduzione latina di una proposizione semplice basterà trascriverla (colonna 1) individuando il ruolo sintattico (principale/subordinata, colonna 2). Quindi si indicherà il tipo, secondo la scopo comunicativo (colonna 3) e si procederà quindi alla costruzione latina (colonna 4) e poi alla corrispondente traduzione (colonna 5).

1 PROPOSIZIONE	2 RUOLO SINTATTICO	3 TIPO COMUNICAT.	4 ANALISI LATINA	5 TRADUZIONE
I cittadini in guerra attendono poco agli studi e alle arti.	principale	enunciativa	indicativo presente	Cives in bello vacant parum litteris et artibus.
Non dimenticare i benefici ricevuti.	principale	imperativa	congiuntivo perfetto + *ne*	Ne obliti sitis beneficia accepta.
Qualcuno potrebbe fare obiezioni.	principale	potenziale	congiuntivo presente o perfetto	Aliquis contra dicat (dixerit).
Oh, non l'aveste mai fatto!	principale	desiderativa	congiuntivo piucchepf.+*utinam ne*	Utinam ne id unquam fecissetis!.
Come potrà vivere così?	principale	dubitativa	congiuntivo presente + *quomodo*	Quomodo ita vivam?
Non l'ha detto forse lui?	principale	interr. dir. retor.	indicativo perfetto + *nonne*	Nonne hoc ille dixit?
Dove andrete domani?	principale	interr. dir. propria	indicativo futuro primo +*quo*	Quo ibitis cras?
Volesse il cielo che mio padre guarisse!	principale	desiderativa	congiuntivo presente + *utinam*	Utinam pater meus convalescat!
Forse che l'uomo può opporsi alla volontà di Dio?	principale	interr. dir. retor.	indicativo presente + *num*	Num homo potest obstare voluntati Dei?
Sono andati oggi al mare?	principale	interr. dir. propria	indicativo perfetto + *ne* (encl.)	Ieruntne hodie ad mare?
Amiamo la patria, o giovani.	principale	esortativa	congiuntivo presente	Amemus patriam, iuvenes.
Quanto fu il mio dolore!	principale	esclamativa	indicativo perfetto	Quantus fuit meus dolor!
Noi, rinunciare alla lotta?!	principale	esclam. (int. ret.)	indicativo futuro primo +*num*	Num ab armis recedemus?
Faccia pure i suoi comodi.	principale	concessiva	congiuntivo presente	Obsequatur (sane) animo.

senza neppure andarci vicino. In quanto all'autore principale della trama, tanto l'una che l'altra pensavano che fosse don Rodrigo. «Verrà la sua ora anche per quell'anima nera» esclamava Agnese. «Dio lo pagherà secondo il merito e allora proverà anche lui... «No, mamma», interruppe Lucia, «non augurargli di patire, non augurarlo a nessuno! Se sapeste cosa sia patire! Se aveste provato! Che Dio piuttosto gli tocchi il cuore, come ha fatto a quest'altro povero signore, ch'era peggio di lui ed ora è un santo».

B) Tutti gli eroi, che avevan preso parte alla guerra troiana, erano tornati in patria: solo Ulisse, ch'era perseguitato dall'ira di Nettuno, restava lontano nell'isola di Ogigia. Egli avrebbe potuto godervi dei maggiori piaceri e trascorrere una vita beata, ma preferì la sua piccola Itaca alle ricchezze e ai piaceri, la sua Penelope a una dea. Ma quanti pericoli e travagli non dovette sopportare! Quale altro eroe potrebbe con lui paragonarsi per la forza d'animo che mostrò fra le più gravi difficoltà? Quando fu in alto mare, Nettuno sconvolse le onde e scaraventò contro di lui la furia dei venti, ma egli vigorosamente resiste a tutto ed infine dopo 19 giorni a nuoto arrivò in salvo nel paese dei Feaci.

C) Sarebbe desiderabile che ognuno parlasse soltanto di quelle cose ch'egli conosce, ma assai spesso avviene il contrario. Potrei citare molti esempi per dimostrare ciò, ma uno solo sarà sufficiente. Annibale, cacciato da Cartagine, essendo andato esule ad Efeso presso Antioco, fu pregato dai suoi ospiti di udire il filosofo Formione, ch'era allora molto stimato. Annibale non ricusò. Ma chi mai lo crederebbe? Formione, il quale non aveva mai veduto un nemico, mai un alloggiamento, per alcune ore parlò davanti ad Annibale intorno all'ufficio del generale e ad ogni cosa militare. Gli altri tutti, che lo avevano udito, essendosi molto dilettati, domandarono ad Annibale che cosa egli giudicasse di quel filosofo. «Voglia il cielo che ci siano pochi vecchi così deliranti!» rispose Annibale, al quale il filosofo fu, per la sua impudenza, oggetto di riso e di disprezzo. Come poteva infatti giudicarlo diversamente? Forse che l'impudenza non è un pessimo vizio, che rende l'uomo antipatico in ogni modo?

Le proposizioni secondarie (dipendenti)

Quando una proposizioni *deve* collegarsi a un'altra proposizione si chiama DIPENDENTE.

Come abbiamo già visto a p. 104, in un periodo si chiama **proposizione secondaria** o **dipendente** la proposizione o le proposizioni non autonome da un punto di vista sintattico: abbisognano di altre proposizioni per potersi reggere sintatticamente. Esempi: *D'improvviso, quando ormai nessuno più si aspettava che parlasse, Ruggero se ne uscì con una battuta che sconvolse la conversazione, che scorreva da un po' su temi che tutti potevano affrontare*. Le proposizioni sottolineate sono proposizioni che dipendono dalla principale o tra loro: sono *proposizioni dipendenti*. Anche delle proposizioni secondarie, come vedremo più avanti, possiamo creare una tipologia, come quella che abbiamo esposto per le principali.

Proposizioni incidentali

Esiste un modo tutto particolare di inserire una proposizione in un periodo stabilendo un legame che non è né di coordinazione, né di subordinazione. Esistono, in altre parole, proposizioni indipendenti chiamate *incidentali* che non sono indispensabili per comprendere il senso del periodo in cui sono inserite.

➡️ Si chiamano **incidentali** o **parentetiche** quelle proposizioni principali che non hanno alcun legame sintattico con le altre parti del periodo. Sono chiamate anche **incisi** e sono spesso racchiuse tra parentesi o trattini.

Ciò che qualifica le proposizioni incidentali non è il valore comunicativo (che può essere diverso: temporale, causale, finale eccetera) quanto proprio il loro modo di inserirsi nel periodo, senza legami «di necessità», né sintattici né di significato, con le altre parti del periodo.

71 *Nei periodi che seguono, sottolineate con un tratto semplice le congiunzioni coordinative e con un tratto doppio quelle subordinative. Sottolineate con un tratto ondulato le proposizioni incidentali. Fate un circoletto sui segni di interpunzione che servono alla coordinazione per asindeto.*
(1) Ho visto che più di uno se la rideva dopo essere stato un'ora a quattr'occhi col dottor Azzeccagarbugli (per carità, non chiamatelo così!). (2) Un giorno (sentite questa) lo scapestrato aveva invitato alcuni suoi amici dello stesso pelo, gozzovigliò con essi, raccontò la storia del noce, ridendo dei frati. (3) Il convento era situato (la fabbrica ne sussiste tuttavia) al di fuori e in faccia all'entrata della terra con di mezzo la strada che da Lecco conduce a Bergamo. (4) Tutt'e due camminavan rasente al muro, ma Ludovico (notate bene) lo strisciava col lato destro: ciò secondo una consuetudine gli dava il diritto (dove mai si va a ficcare il diritto!) di non instaccarsi dal detto muro per dar passo a chicchessia. (5) Quando fu tornato in sé, si trovò in un letto dell'infermeria nelle mani del frate chirurgo (i cappuccini ne avevano ordinariamente uno in ogni convento), che accomodava flanelle e fasce sulle ferite. (6) Un certo conte Attilio, che stava seduto in faccia (era un cugino del padrone di casa), vide una testa rasa e una tonaca, accorgendosi dell'intenzione modesta del buon frate. (7) L'uomo onesto in faccia al malvagio piace generalmente (non dico a tutti) immaginarselo con la fronte alta, con lo sguardo sicuro, col petto rilevato, con lo scilinguagnolo ben sciolto. (8) I due bravacci giocavano alla mora e gridavano tutt'e due insieme (lì lo richiede il gioco) mescendosi or l'uno or l'altro da bere. (9) Tra il primo pensiero d'una impresa terribile e l'esecuzione di essa (ha detto un barbaro non privo d'ingegno) l'intervallo è un sogno, pieno di fantasmi e di paure. (10) Così disse, chiamò una conversa (due di queste erano per una distinzione singolare assegnate al suo servizio privato) e le ordinò che avvertisse di ciò la badessa.

I legami tra le proposizioni: coordinazione e subordinazione

Abbiamo stabilito che un periodo è, per definizione, una frase composta da almeno due proposizioni e dotato di senso compiuto. Abbiamo poi stabilito che le proposizioni possono essere *dipendenti* o *indipendenti* secondo la forza del legame che si stabilisce tra loro. Abbiamo anche elencato otto diversi *tipi di frasi indipendenti*, secondo lo scopo della comunicazione. In altri termini, abbiamo esaminato i mattoni dai quali è costituito quell'edificio di proposizioni chiamato periodo.

Adesso prescinderemo, per un po', da queste classificazioni. Esaminiamo il legame che tiene insieme quei mattoni, le proposizioni, siano esse dipendenti o indipendenti.

Coordinare con i segni di interpunzione

Il modo più elementare, ma non il più frequente, per collegare tra loro le proposizioni e formare un periodo è quello di giustapporle l'una all'altra separandole unicamente con un **segno di interpunzione**: due punti, punto e virgola, virgola. (Questo tipo di collegamento è detto *asindeto* ed è più frequente nello scritto che nel parlato.) Osserva in questo esempio l'uso dei segni di interpunzione per collegare le proposizioni. *Don Abbondio si levò anche lui il cappello, si chinò, si raccomandò al cielo; sentendo il concerto solenne dei suoi confratelli […], provò un'invidia, una mesta tenerezza, un accoramento tale, che durò fatica a tener le lacrime.* | *Colico fu la prima terra del ducato che invasero quei demoni; si gettarono poi sopra Bellano: di lì entrarono e si sparsero nella Valsassina, da dove sboccarono nel territorio di Lecco.* | *In certi momenti pareva proprio quello dell'altra volta: (sott. pareva) proprio quella mutria, quelle ragioni: son sicuro, che, se la durava ancora un po', mi tornava in campo con qualche parola in latino; vedo che vuol essere un'altra lungagnata: è meglio fare addirittura come dice lui, andare a maritarsi dove andiamo a stare.*

Coordinare e subordinare con le congiunzioni

Il modo più comune di collegare tra loro due proposizioni è quello di usare una **congiunzione** o una **locuzione congiuntiva**, che si pone fra esse come la malta fra i mattoni.

Secondo la loro funzione, le congiunzioni possono essere **coordinative** o **subordinative**.

(a) Le congiunzioni **coordinative** collegano due proposizioni mettendole sullo stesso piano sintattico. Possono collegare due proposizioni indipendenti oppure due dipendenti, ma non collegano una proposizione indipendente con una dipendente. Si suddividono in copulative (*e, anche, pure, inoltre, né*); disgiuntive (*o, oppure, cioè*); asseverative, avversative (*ma, però, invece, tuttavia, anzi*); esplicative, conclusive (*dunque, però, quindi*); (*né... né..., e... e...*). Esempi: <u>Pioveva a dirotto,</u> ma <u>io mi sentivo felice e contenta</u>. | <u>Rideva in continuazione</u> e <u>questo irritò il professore</u>. | <u>Ragionava poco,</u> inoltre <u>non studiava per nulla.</u>

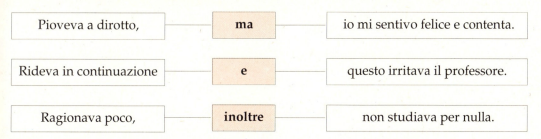

(b) Le congiunzioni **subordinative** collegano due proposizioni mettendole su un diverso piano sintattico. Collegano una proposizione indipendente con una dipendente. Si suddividono in *finali, causali, temporali, dichiarative, concessive, consecutive, modali, condizionali, esclusive, limitative, avversative, comparative, dubitative, interrogative*. Esempi: *Pioveva ancora a dirotto* <u>benché fosse ormai estate</u>. | *Rideva in continuazione* <u>nonostante questo irritasse il professore</u>. | *Studiava poco* <u>perché l'argomento non gli interessava e gli pareva arido e inutile</u>.

Va notato, tuttavia, che molte congiunzioni possono avere diverso valore secondo la funzione logica che volta per volta svolgono nel periodo. Così la congiunzione *che* può essere comparativa, finale, temporale, consecutiva o dichiarativa; *perché* può essere causale o finale; *poiché* può essere causale o temporale; *se* può essere condizionale, dubitativa o interrogativa; *come* può essere modale, comparativa o temporale.

Per attribuire loro l'esatto valore, bisognerà insomma interpretare la funzione delle congiunzioni nel contesto del periodo, come stiamo appunto per imparare a fare.

Tipi di proposizioni coordinate

La coordinazione tra due o più proposizioni, ripetiamo, avviene quando esse si uniscono e ciascuna mantiene la sua autonomia. La coordinazione è possibile solo quando due proposizioni si trovano sullo stesso piano sintattico: entrambe indipendenti oppure entrambe dipendenti.

La coordinazione avviene per mezzo di un semplice segno di interpunzione oppure per mezzo delle congiunzioni coordinative, che abbiamo già elencato. In base al tipo di congiunzione che le collega, si possono distinguere diversi tipi di proposizioni coordinate.

Coordinare per affinità: le COPULATIVE.

➡ Si chiamano coordinate **copulative** le proposizioni introdotte da una congiunzione coordinata copulativa come *e, anche, pure, inoltre, né, neppure, e non, nemmeno, neanche*. Queste congiunzioni, anche in forma negativa, coordinano due proposizioni per l'affinità dei contenuti. Esempi: *Questo pomeriggio non sono uscito di casa e ho letto tutto il tempo, disteso sul divano* (due indipendenti coordinate tra loro da «e»). | *Ti ho già detto che questo pomeriggio non sono uscito di casa e che ho letto tutto il tempo, disteso sul divano* (in questo caso la «e» coordina due proposizioni dipendenti).

Coordinare per contrapposizione: le AVVERSATIVE.

➡ Si chiamano coordinate **avversative** le proposizioni introdotte da una congiunzione coordinativa avversativa, come *ma, però, eppure, tuttavia; anzi, piuttosto, al contrario, invece, del resto, senonché*. Coordinano due proposizioni attraverso la contrapposizione dei contenuti. Esempi: *Questo pomeriggio non sono uscito di casa eppure ne avevo proprio voglia* (due indipendenti coordinate tra loro da «eppure»). | *Ti ho spiegato che avevo voglia di uscire di casa eppure che non l'ho potuto fare.* (due dipendenti coordinate tra loro da «eppure»).

Coordinare stabilendo un'alternativa: le DISGIUNTIVE.

➡ Si chiamano coordinate **disgiuntive** le proposizioni introdotte da una congiunzione coordinativa disgiuntiva, come *o, oppure, ossia, ovvero, altrimenti*. Coordinano due proposizioni creando un'alternativa fra i contenuti. Esempi: *Questo pomeriggio uscirò oppure leggerò finalmente il giornale* (due indipendenti coordinate tra loro da «oppure»). | *Non so anco-*

ra se uscirò o se leggerò finalmente il giornale (due dipendenti coordinate tra loro da «*o*»).

▶ Si chiamano coordinate **esplicative** le proposizioni introdotte da una congiunzione coordinativa dichiarativa o dimostrativa, come *infatti, difatti, cioè*; spesso vengono usate anche locuzioni congiuntive come *vale a dire, voglio dire, cioè a dire, per esempio*. Coordinano due proposizioni la seconda delle quali s p i e g a oppure i l l u s t r a un particolare contenuto della prima. Esempi: *Gabriella non ha letto questo articolo cioè non sa ancora nulla del fatto del giorno* (due indipendenti coordinate tra loro da «*cioè*»). ǀ *Puoi senz'altro organizzare la festa a casa mia, a meno che io non debba poi lavorare troppo, vale a dire lavare i piatti eccetera.* (due dipendenti coordinate tra loro da «*vale a dire*»).

Coordinare dando una spiegazione: le ESPLICATIVE.

▶ Si chiamano coordinate **conclusive** le proposizioni introdotte da una congiunzione coordinativa conclusiva o illativa, come *dunque, quindi, onde; perciò, pertanto, ebbene, laonde*; spesso vengono usate anche locuzioni congiuntive come *per il che, per la qual cosa, per cui*. Coordinano due proposizioni la seconda delle quali contiene la c o n c l u s i o n e l o g i c a del particolare contenuto della prima. Esempi: *Gabriella non ha letto questo articolo dunque non sa ancora nulla del fatto del giorno* (due indipendenti coordinate tra loro da «*dunque*»). ǀ *Mi disse che Roberto ormai si trovava molto bene a Firenze, pertanto non si sarebbe più trasferito* (due dipendenti coordinate tra loro da «*pertanto*»).

Coordinare dando una conclusione logica: le CONCLUSIVE.

▶ Si chiamano coordinate **correlative** le proposizioni introdotte da congiunzioni o locuzioni correlative, come *e... e, né... né, o... o, come... così, sia... sia, ora... ora, quanto... tanto, quale... tale*. Coordinano due o più proposizioni stringendone in maniera particolare il legame. Esempi: *Come mi manca il tempo, così mi manca anche l'interesse per un'impresa tanto rischiosa* (due indipendenti coordinate tra loro da «*come... così*»). ǀ *Sapevo che quanto più fosse migliorata la mia applicazione allo studio, tanto più sarebbe migliorata la tranquillità familiare* (due dipendenti coordinate tra loro da «*quanto più... tanto più*»).

Coordinare con una congiunzione che ricorre: le CORRELATIVE.

VERIFICARE

72 *Nei seguenti periodi separate le proposizioni che conoscete sottolineando in particolare le coordinate copulative, distinguendo coordinate principali e secondarie.*
(1) I Romani vinsero per mare i Cartaginesi nella battaglia di Lilibeo, affondarono gran parte delle loro navi ed altre ne catturarono. (2) Perché agisci così e non sei più costante? (3) Molti mali ho visto negli altri ed io stesso li ho sperimentati nella lunga vita, né mi son mai lasciato sgomentare dalle contrarietà né dagli uomini né dalle cose. (4) Domani ti parlerò a lungo di noi, ti racconterò tutti i particolari della faccenda, inoltre ti darò ragguagli sui risultati ottenuti. (5) Egli si è incaponito in questa idea e non lo smuoverai certo facendo questi ragionamenti, nemmeno parlandogli con somma gentilezza e pruden-

za. (6) Abbiamo ascoltato attentamente le parole di quell'uomo (egli ha una profonda dottrina ed è abile oratore), le abbiamo meditate, ponderate con meticolosità e non le abbiamo trovate illogiche, neanche abbiamo potuto accusare lui di imprudenza, né tacciarlo di leggerezza. (7) I giovani Spartani (chi non lo sa?) sopportavano pazientemente il freddo e il caldo, la fame e la sete, dando prova di severa disciplina e fornendo un magnifico esempio a tutti i giovani Greci. (8) La Sicilia ebbe molti crudeli tiranni, dai quali fu lungamente travagliata e gravemente danneggiata, né si riebbe presto da quella iattura. (9) I Gracchi promuovevano il bene del popolo, per questo nobile scopo si alienarono le simpatie dei nobili e dei ricchi e Tiberio fu ucciso sotto il consolato di Scevola e di Pisone, né il fratello ebbe sorte più felice. (10) La sete smodata di ricchezze, la grande cupidigia dei piaceri, la corruzione dei costumi e privati e pubblici furono la causa della rovina dell'impero romano, ne questo poté risollevarsi con l'andar del tempo e rimase lungamente soggetto al dominio straniero, che lo immiserì e indebolì sempre più.

73 *Nei seguenti periodi separate le proposizioni che conoscete sottolineando in particolare le coordinate avversative, distinguendo coordinate principali e secondarie.*
(1) Tutti ascoltavano le sue parole e lo applaudivano, nessuno invece seguiva i suoi consigli. (2) Voi non studiate con diligenza né vi comportate a dovere durante le lezioni, eppure siete già stati ammoniti ed una volta anche puniti. (3) Durante la guerra si è inesorabili contro il nemico, ma, ottenuta la vittoria, è meglio essere benigni. (4) La giornata non era del tutto propizia e qualche nuvoletta lasciò cadere alcune gocce d'acqua, tuttavia la festa riuscì discretamente e ci divertimmo molto. (5) Mentre entrava in Monza, Gertrude si sentì stringere il cuore, ma la sua attenzione fu attirata da alcuni signori, che, fermata la carrozza, recitarono dei complimenti. (6) Le parole non furono molte, ma terribili: le fu intimato il castigo di essere rinchiusa in quella camera sotto la guardia della donna che aveva fatta la scoperta; però questo era solo un principio, un ripiego del momento; si prometteva infatti e si minacciava un altro castigo oscuro, più spaventoso. (7) La religione, come l'avevano insegnata alla nostra poveretta e come essa l'aveva ricevuta, non bandiva l'orgoglio, anzi lo santificava e lo proponeva come un mezzo per ottenere una felicità terrena. (8) Renzo avrebbe voluto fermarsi lì almeno tutto quel giorno, veder le donne allogate, render loro i primi servizi, ma capiva che ciò non poteva fare; del resto il padre aveva raccomandato a quelle di mandarlo subito per la sua strada. (9) Fatti strani non ce ne furono altri, sennonché il console vide due uomini gagliardi che venivano incontro a lui e avevano un fare poco rassicurante. (10) Ai birbanti ciò fece molta impressione, eppure era tutta gente provata, ma tremavano di fronte ad un pericolo che non s'era fatto vedere prima ed era giunto improvviso.

74 *Nei seguenti periodi separate le proposizioni che conoscete sottolineando in particolare le coordinate disgiuntive, distinguendo coordinate principali e secondarie.*
(1) Un certo numero di accattoni sfruttarono la città per andare liberi a vivere

o morire altrove. (2) La maggior parte di essi avevano abbracciato volentieri il nuovo tenore di vita o vi si eran potuti facilmente avvezzare ed eran tornati ai campi oppure avevano ripresi i mestieri della prima età. (3) Egli stabilì le ore e i modi della muta, come si fa nel lavoro dei campi o come già s'era costumato in quel castello medesimo. (4) Renzo (la notizia non era ben sicura) era scappato dalle mani della giustizia o era scomparso inaspettatamente oppure si era nascosto; la cosa di per sé grave non si sa dire ovvero si racconta in cento maniere. (5) Avrei dovuto non aderire al movimento (la situazione era grave davvero e pericolosa) oppure darmi alla montagna. (6) Si rimise subito sul sentiero, ripassò il bosco, varcò la sodaglia e andò verso la capanna pensando fra sé alla difficile sorte o macchinando uno stratagemma per togliersi da quell'impiccio. (7) Pochi sapevano o si curavano di loro e i guastatori smuravano tranquillamente e gli spettatori animavano con gli urli l'impresa. (8) Ora questa messe riuscì ancor più misera della precedente, perché la stagione era stata avversa (questo avvenne nel milanese e fu di grave danno davvero) ovvero perché i contadini avevano alquanto trascurato i lavori campestri. (9) Perché non avete chiuso il cancello che dà sul giardino o per lo meno perché non l'avete chiuso bene per evitare che i ladri penetrassero nella villa con troppa comodità? (10) Soprattutto confondeva le teste e disordinava le congetture quel pellegrino che i malandrini volevano ammazzare e che se n'era andato con loro o che essi avevan portato via.

75 *Nei seguenti periodi separate le proposizioni che conoscete sottolineando in particolare le coordinate esplicative e distinguendo coordinate principali e secondarie.*
(1) Nulla il senato deliberava o nessuna azione faceva di qualche importanza, che non fosse preceduta da solenni preghiere: infatti era insita nell'animo di tutti l'opinione che non vi potesse essere gloria di illustri imprese senza l'aiuto degli dei. (2) La cupidigia di ricchezze è sempre causa di rovina: di fatto Atene fu vinta (chi lo può mettere in dubbio?) più dall'oro che dalle armi dei Macedoni e Roma decadde quando il lusso orientale tramutò la semplicità della vita antica. (3) Molti procedono a caso, si mettono per una via né sanno perché per essa si sono messi e poi si devono pentire; infatti non riescono a nulla, imprecano contro il destino e accusano a torto l'avversa fortuna. (4) Già tutti credevano che Roma avrebbe in breve ceduto; di fatto ormai più nessuno resisteva. (5) La superbia era molto invisa agli dei anche presso gli antichi: infatti Tantalo, re della Frigia, fu per la sua superbia (così narrano le favole) punito con eterna fame ed eterna sete. (6) I soldati si credevano ormai sicuri entro le mura, quando un fatto improvviso li turbò: infatti da ogni parte accorrevano nemici armati, dalle case vengon fuori donne urlanti come furie, dai tetti piovono sassi e proiettili d'ogni genere. (7) Nessuno può metter in dubbio la fedeltà dei cani; infatti sappiamo che alcuni cani andarono incontro alla morte per salvare i loro padroni o per difenderli dalle ingiurie altrui. (8) Scrivimi presto perché sto troppo in pensiero per te; infatti da tre mesi non ricevo tue notizie. (9) Si può pensare che i Romani non tenessero in gran conto la pittura; nulla infatti di importante essi produssero in quest'arte né ci tramandarono tavole pregevoli se non di origine greca. (10) Non criticare così

leggermente il prossimo ché potresti sbagliare; infatti, quando saprai la verità, ben diverso sarà il tuo giudizio e sugli uomini e sulle cose e ti dovrai ricredere. (11) La signora è una monaca, ma non è una monaca come le altre, poiché è della costola d'Adamo, vale a dire appartiene a famiglia di antichissima civiltà, infatti la chiamano signora. (12) Cos'era quest'altra storia, cioè perché s'incamminavano tutti dalla stessa parte, per raggiungere, come si capiva, un luogo convenuto? (13) L'unica persona su cui poteva riposar con fiducia lo sguardo, era il lettighiere, il quale, essendo al servizio del cardinale, doveva essere certamente un uomo dabbene e insieme non aveva aria d'imbelle, ossia appariva coraggioso. (14) Egli raggrinzò la fronte, torse gli occhi di traverso, strinse le labbra, tese a tutta forza l'arco dell'intelletto, ossia cercò e frugò nei penetrali della sua mente, sentì un cozzo d'idee, ma il momento stringeva e il cardinale accennava già di aver interpretato il silenzio. (15) Letta la lettera e ricavato il sugo del senso dai fiori di don Ferrante, vale a dire conosciuto attraverso i fronzoli dello stile il nocciolo della questione, si orientò e stabilì che cosa doveva fare. (16) Sentite quattro parole di quella predica di Renzo, colui gli aveva fatto subito assegnamento sopra, parendogli quello un reo buon uomo, cioè sembrandogli un uomo colpevole sì, ma semplicione. (17) Nel vestire stesso c'era qua e là qualcosa di studiato o di negletto, che annunziava una monaca singolare, e la vita era attillata con una certa cura secolaresca, ciò è a dire aveva una foggia piuttosto mondana. (18) Mi dicano un po', signori miei, se hanno mai visto uno di questi col muso all'inferriata, voglio dire se hanno mai saputo che uno di questi sia stato messo in prigione. (19) Guardando innanzi, vide lontano un prete che avanzava in farsetto, cioè camminava tranquillamente senza tonaca per evitare il contagio con gli svolazzi. (20) Questa carità, ricoprendo i vostri peccati, ossia compensando le vostre manchevolezze, raddolcirà anche i vostri dolori.

76. *Nei seguenti periodi separate le proposizioni che conoscete sottolineando in particolare le coordinate conclusive, distinguendo coordinate principali e secondarie.*

(1) I due compagni vollero entrare per la stessa apertura che aveva lasciata quella cariatide, perciò dovettero fare la stessa evoluzione, cioè dovettero rasentare l'altro stipite. (2) Essendo stata fatta la ricognizione, essi non volevano destar sospetto né rischiare troppo la pelle, laonde non s'eran lasciati più vedere in quei pressi ma emigrarono in altre contrade. (3) Le autorità stabilirono che la sommossa fosse soffocata a qualunque costo, pertanto due capi del tumulto furono impiccati davanti al forno delle grucce e due in cima della strada dov'era la casa del vicario di provvisione. (4) I campi cominciavano a imbiondire; gli accattoni, venuti dal contado, se n'andarono ognuno dalla sua parte e il buon Federigo volle accomiatarli con un nuovo ritrovato di carità, perciò ad ogni contadino, che si presentasse all'arcivescovado, fece dare un giulio e una falce. (5) Perpetua prendeva pretesto da tutto per ricominciare le lamentele, per cui il pover'uomo non si lamentava più quando trovava mancante qualche cosa. (6) La gente che si trovava in chiesa (dico in chiesa!) fu addosso al vecchio, lo presero per i capelli e lo trascinarono davanti ai giudici: io lo vidi mentre lo trascinavano così ed era molto malconcio, quindi penso

che avrà avuto bisogno di cure. (7) Se dovranno andare, ci andranno anche senza te, perciò tu potrai andarci dopo con tuo comodo; se tornano col capo rotto, non sarà meglio essere stato a casa tua? (8) So che la casa dev'essere in questi paraggi, dunque, andando avanti di qua, troverete qualcuno che ve la insegni: ricordatevi di dirgli anche di noi.

77 *Nei seguenti periodi segnalate le proposizioni che conoscete sottolineando in particolare le coordinate correlative, distinguendo coordinate principali e secondarie.*
(1) Don Rodrigo doveva usare certi riguardi, tenere di conto parenti, coltivare l'amicizia di persone alte e avere una mano sulle bilance della giustizia o per farle traboccare dalla sua parte o per farle sparire o per darle anche sulla testa di qualcheduno. (2) Il senato, che era costituito da uomini tra i più degni per sicura esperienza politica e probità di vita, non solo fu il presidio maggiore della libertà repubblicana, ma costituiva anche l'organo amministrativo più importante dello stato. (3) Ognuno esponeva il suo punto di vista: alcuni si facevano promettere ricompense, altri promettevan visite, altri parlavano della madre e della gran figura che la figlia avrebbe fatto là. (4) Talvolta l'orgoglio amareggiato o irritato dalle maniere della carceriera, la quale spesso si vendicava, ora facendole paura di quel minacciato castigo, ora svergognandola del fallo, scemava la sua antica avversione. (5) Egli non solo non manifestava ad alcuno questa sua nuova inquietudine, ma la copriva anche profondamente e la mascherava con l'apparenza d'una più cupa ferocia, e con questo mezzo cercava anche o di nasconderla a se stesso o di soffocarla. (6) Oh, potessi vivere a lungo sia per vedere il risultato di tante mie fatiche, sia per poter compensare coloro che mi hanno aiutato e confortato nel bisogno! (7) Dei filosofi, che ritengono che l'anima dopo la morte si separi dal corpo, alcuni pensano che essa subito svanisca, altri che sopravviva per un po' di tempo, altri che si conservi in eterno. (8) In qualunque parte del mondo il sapiente si trovi, non cederà ai colpi dell'avversa fortuna e considererà la virtù come il maggiore di tutti i beni di cui l'uomo può essere ricolmo. (9) Né sono stato lodato né sono stato biasimato, perciò non so se ho agito veramente bene.

IN LATINO le proposizioni secondarie coordinate si costituiscono, quanto al modo e al tempo del predicato, come le loro proposizioni «reggenti» (principali o coordinate o subordinate) a cui sono collegate.

La **coordinazione per asindeto** in latino avviene come in italiano, grazie ai segni di interpunzione; anche le **proposizioni incidentali** sono segnalate in latino da parentesi, come in italiano.

Osserviamo i diversi di tipi di coordinazione con congiunzioni.

Le proposizioni coordinate **copulative** sono introdotte in latino dalle congiunzioni *et, atque, ac, -que* (*e*), *etiam, quoque* (= anche, altresì), *nec, neque, neve, neu* (= né, e non), *ne.... quidem* (= nemmeno, neppure, neanche) o dagli avverbi *praeterea, insuper* (= inoltre, pure).

Le proposizioni coordinate **avversative** sono introdotte in latino dalle congiunzioni *sed, at, verum* (= ma, però, sennonché), *autem, vero* (= poi, invece), *contra* (= al contrario), *ceterum* (= del resto), *tamen* (= pure, tuttavia), *atqui* (= eppure), *immo, immo vero* (= anzi).

Le proposizioni coordinate **disgiuntive** sono introdotte in latino dalle congiunzioni *aut, vel, -ve* (= o, oppure, ovvero).

Le proposizioni coordinate **esplicative** sono introdotte in latino dalle congiunzioni *nam, namque, etenim, enim* (= difatti, infatti); o dalle congiunzioni *idest, scilicet* (= cioè, ossia, vale a dire, cioè a dire).

Le proposizioni coordinate **conclusive** sono introdotte in latino dalle congiunzioni *ergo, igitur* (= dunque, adunque), *itaque* (= pertanto), *quare, quamobrem, quapropter, quocirca* (= perciò, per cui, per la qual cosa, laonde), *ideo, idcirco* (= per questo).

Le proposizioni coordinate **correlative** sono introdotte in latino dalle congiunzioni *et... et* (= e... e), *aut... aut, vel... vel* (= o... o), *nec... nec, neque... neque* (= né... né), *cum... tum, tum... tum* (= sia... sia, sia... che), *non solum... sed etiam, non modo... sed etiam* (= non solo... ma anche), o dagli avverbi *modo... modo, nunc... nunc* (= ora... ora), o dai pronomi e aggettivi *unus... alter, alter... alter* (= uno... altri), *alii... alii* (= alcuni... altri... altri, chi... chi), *aliud... aliud* (= altro... altro).

Subordinare

La subordinazione crea una differenza tra le proposizioni da cui è composto il periodo, stabilendo il ruolo di **principale**, o **reggente**, o **sovraordinata** (indipendente) e il ruolo di **secondaria** o **subordinata** (dipendente).

La subordinazione avviene per mezzo di **congiunzioni** o **locuzioni congiuntive subordinative** che, di regola, non si ripetono consecutivamente, se non quando si voglia dare rilievo all'idea espressa da ciascuna proposizione introdotta dalla medesima congiunzione. Esempi: *Per il fatto che il colpevole ha riconosciuto il suo errore, noi siamo stati indulgenti con lui.* | *Se mi presterai la bicicletta e mi darai le chiavi del lucchetto, la parcheggerò sotto casa.* | *Se mi presterai la bici e se mi darai il lucchetto e se ne avrò voglia, forse la parcheggerò sotto casa.* Inoltre, hanno funzione subordinativa anche **pronomi**, **avverbi** e **aggettivi relativi** oppure **interrogativi**. Esempi: *Ora chiamo tutti i compagni che ieri erano assenti.* | *La città dove nacqui è situata sul mare.* | *Gli chiesi donde venisse a quell'ora.* | *C'informeremo in quale giorno rappresenteranno il Faust.*

> Per creare un legame di subordinazione si usano congiunzioni, locuzioni congiuntive e anche pronomi, avverbi, aggettivi relativi e interrogativi.

Notiamo che le proposizioni subordinate possono anche unirsi alla principale senza alcuna congiunzione, perché possono avere forma **implicita**, come abbiamo già ricordato. Esempi di subordinate in forma implicita: *Sbagliando si impara.* | *Per farlo ho dovuto insistere a lungo.*

Il legame di subordinazione si può verificare **tra la proposizione principale e una o più secondarie**, oppure **tra due o più secondarie**, ma non si può mai dare, naturalmente, tra due proposizioni principali che per loro natura non possono dipendere da altre proposizioni. Esempi: *Ti sorrido perché sono felice* (una principale e una secondaria subordinata alla prima dalla congiunzione *perché*). | *Ve lo dico perché ricordiate che si deve fare così* (*perché ricordiate* = secondaria subordinata alla principale; *che si deve fare così* = secondaria subordinata alla secondaria). *La madre diceva che amava molto quella bambina, perché era così buona da non piangere nemmeno quando cadeva.* (*che amava molto quella bambina* = secondaria; *perché era così buona* = secondaria subordinata alla precedente; *da non piangere* = secondaria subordinata alla precedente; *nemmeno quando cadeva* = secondaria subordinata alla precedente).

> La subordinazione è possibile tra la principale e una o più secondarie, ma non tra due principali.

I gradi della subordinazione

Abbiamo visto che la subordinazione crea, in un periodo, una rete di interdipendenze che può essere anche abbastanza complessa. Per rendere esatta l'analisi di un periodo con molte proposizioni subordinate, dunque, bisognerà istituire una «graduatoria» delle dipendenze, stabilendo subordinate di primo, di secondo, di terzo grado e così via.

> In caso di molte subordinate collegate tra loro, è meglio stabilire una graduatoria.

Un periodo ha dunque una *gerarchia* di proposizioni, che potrebbe paragonarsi a quella di un albero genealogico. Infatti, come nella genealogia di una famiglia, il capostipite sta in testa e in sottordine vengono in primo piano i figli (fra loro coordinati se sono due o più); in secondo piano i nipoti (fra loro coordinati a gruppi per ogni figlio del capostipite); in terzo piano i pronipoti, e così di seguito.

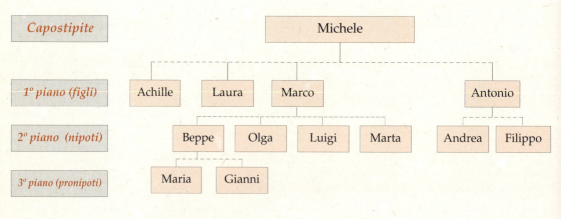

Allo stesso modo, quindi, in un periodo complesso ricercheremo la proposizione principale, da porre in testa a tutte le altre, e quindi in sottordine tutte le subordinate (con o senza proposizioni ad esse coordinate), secondo una precisa graduatoria.

(a) Subordinate di **primo** grado, se dipendono direttamente dalla principale o da una proposizione coordinata alla principale;

(b) subordinate di **secondo** grado, se dipendono da una subordinata di primo grado;

(c) subordinate di **terzo** grado, se dipendono da una subordinata di secondo grado;

(...) e così via.

Esempio: *Noi lo pregammo vivamente che ci seguisse e ci aiutasse nelle difficoltà che erano inevitabili e che avremmo incontrato quando fossimo usciti di là.*

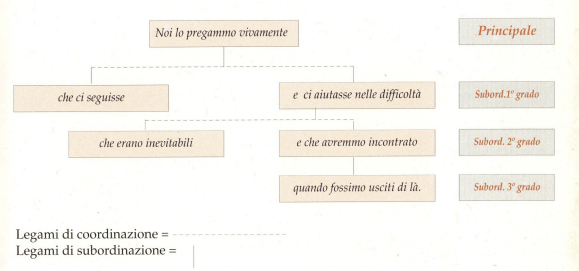

Legami di coordinazione = ------------------
Legami di subordinazione = |

Ancora su forma esplicita e forma implicita

Poiché è fonte di numerose incertezze nell'analisi del periodo, conviene riprendere la distinzione tra **forma esplicita** (verbo in uno dei modi finiti) e **forma implicita** (verbo in uno dei modi indefiniti) della proposizione. Incontrando una forma implicita, è importante provare a trasformarla subito nella corrispondente forma esplicita, per verificare che si tratti proprio di un predicato e non di un'altra parte del discorso.

Infatti ricordiamo che non costituiscono una proposizione gli infiniti sostantivati e i participi in funzione di nomi o di aggettivi, perché, non essendo risolvibili in nessuna forma verbale di modo finito, devono considerarsi soltanto elementi di proposizione.

In definitiva, **tutte le proposizioni implicite si possono** sempre, più o meno elegantemente, **convertire in esplicite** e viceversa; come esplicite, manifestano più chiaramente l'esatta funzione logica da esse esercitata nel periodo. Esempi: *La Francia, avendo aiutato (= poiché aveva aiutato) il Piemonte nella guerra del 1859, fu ricompensata con la cessione di Nizza e della Savoia.* | *Sbagliate di molto pensando (= se pensate) che egli sia sincero.* | *Il libro donatomi (= che mi fu donato) da mio padre è piacevole ed istruttivo.* | *Carlo Alberto, battuti (= dopo che ebbe battuti) gli Austriaci a Valeggio strinse d'assedio*

> Nell'analisi, ricordare di trasformare sempre le proposizioni implicite in esplicite.

Peschiera. | *È a tutti noto essere (= che è) l'acqua un composto di idrogeno e di ossigeno.* | *Talvolta, per fare (= affinché facciamo) del bene, urtiamo la suscettibilità di qualcuno.* | *Fa un caldo da scoppiare (= che si scoppia).* | *Per aver marinato (= poiché marinò) la scuola, Mario fu punito.* | *Pur di vincere (= purché vinciamo) sopporteremo ogni sacrificio.* | *Mi scrisse una lettera prima di partire (= prima che partisse) per il fronte.* | *Nell'andare (= mentre andavo) a casa incontrai lo zio Antonio.* | *Il nuovo impiegato senza darsi (= sebbene non si dia) importanza sa sbrigare ogni pratica.*

78 Trascrivete i seguenti periodi separando tutte le proposizioni che li compongono e segnalando con un'indicazione fra parentesi dopo ciascuna di esse se sia principale o coordinata (e di che specie ed eventualmente di che grado) o subordinata (e di che grado e se implicita o esplicita).

1) La fama dei tiranni ordinari rimaneva per lo più ristretta in quel piccolo tratto di paese dov'erano i più ricchi e i più forti (ogni distretto aveva i suoi) e si rassomigliavan tanto che non c'era ragione che la gente s'occupasse di quelli che non aveva a ridosso. (2) Accadde qualche volta che un debole, oppresso da un prepotente, si rivolse a lui, e lui, prendendo le parti del debole, forzò il prepotente a finirla, a riparare il mal fatto, a chiedere scusa o, se stava duro, gli mosse tal guerra da allontanarlo dai luoghi che aveva tiranneggiati o gli fece pagare un più pronto e terribile fio. (3) Metteva egli molta cura a nascondere una tale amicizia o almeno a non lasciar scorgere quanto stretta fosse e di che natura. (4) Fatti i suoi complimenti al conte zio e presentatigli quelli del cugino, Attilio con un contegno serio, che sapeva prendere a tempo, disse: «Credo di fare il mio dovere, senza mancare alla confidenza di Rodrigo, avvertendo il signore zio di un affare che, se lei non ci mette una mano, può diventare serio e portare delle conseguenze». (5) Ciò detto, scese con lei in cucina, diede un'occhiata in giro per vedere se c'era novità di rilievo, staccò da un cavicchio il cappello e la cappa, prese un randello, ricapitolò con un'occhiata alla moglie le istruzioni che le aveva date, e uscì. (6) L'oste, vedendo che il gioco andava in lungo, s'era accostato a Renzo e pregando quegli altri che non lo disturbassero, l'andava scuotendo per un braccio per indurlo ad andarsene a letto. (7) Camminando con la testa per aria, si trovò a ridosso a un crocchio, e, fermatosi, sentì che discorrevano di disegni per il giorno dopo. (8) Ferrer, appena seduto, s'era chinato per avvertire il vicario che stesse ben rincantucciato nel fondo e non si facesse vedere, ma l'avvertimento era superfluo.

79 Trascrivete i seguenti periodi rendendo esplicite tutte le proposizioni implicite.

(1) Renzo aveva parlato tanto di cuore che fin dall'esordio i radunati, sospeso ogni altro discorso, si erano rivoltati a lui per ascoltare le sue parole. (2) Terminate le funzioni, Don Abbondio, che era corso a vedere se Perpetua aveva

Prima di proseguire, conviene soffermarsi sui passi necessari per compiere esattamente l'analisi del periodo. Diamo un elenco ragionato e dettagliato delle operazioni da eseguire, nel loro ordine.

(1) Individuare, sottolineandoli, tutti i predicati presenti nel periodo.

(2) Separare le singole proposizioni con un tratto verticale: |.

(3) Ricopiarle su un foglio, in colonna l'una sotto l'altra.

(4) Nell'elenco in colonna delle proposizioni, individuare la proposizione principale e specificarne subito, a fianco, il tipo: enunciativa, interrogativa diretta, esclamativa, potenziale, dubitativa, concessiva, desiderativa, esortativa.

(5) Individuare le eventuali proposizioni coordinate alla principale e definirle secondo il tipo di coordinazione: copulative, avversative, disgiuntive, esplicative, conclusive, correlative.

(6) Cominciare l'esame delle proposizioni subordinate trasformando le subordinate implicite nella loro forma esplicita.

(7) Individuare tutte le subordinate e stabilire il grado di subordinazione (ed eventualmente il tipo di subordinata, come stiamo per chiarire: finali, causali, temporali, relative, dichiarative, soggettive, oggettive, concessive, consecutive, modali, condizionali, esclusive, limitative, avversative, comparative, strumentali, dubitative, interrogative indirette, incidentali).

(8) Individuare le eventuali proposizioni coordinate alle subordinate e definirle secondo il tipo di coordinazione: copulative, avversative, disgiuntive, esplicative, conclusive, correlative.

Esempio: Tra pochi giorni <u>avrà inizio</u> il corso di nuoto | al quale <u>avrei voluto iscrivermi</u> | per <u>parteciparvi,</u> | ma mi <u>sono dimenticato</u> | di <u>pagare</u> la quota di prenotazione.

Tra pochi giorni <u>avrà inizio</u> il corso di nuoto	=	principale enunciativa.
al quale <u>avrei voluto iscrivermi</u>	=	secondaria esplicita subordinata di primo grado alla principale, relativa.
per <u>parteciparvi,</u>	=	secondaria implicita (= affinché io partecipassi) subordinata di primo grado alla relativa, finale.
ma mi <u>sono dimenticato di pagare</u> la quota di prenotazione.	=	avversativa, coordinata alla principale.

ben disposto ogni cosa per il desinare, fu chiamato dal cardinale. (3) Al veder tant'oro, Renzo non sapeva cosa pensare e con l'animo agitato da una meraviglia e da una sospensione, che non davan luogo a contentezza, corse dal segretario per farsi interpretare la lettera e aver la chiave d'un così strano mistero. (4) Se donna Prassede fosse stata spinta a trattarla in quella maniera da qualche odio inveterato contro di lei, forse quelle lacrime l'avrebbero toccata, ma, parlando a fin di bene, tirava avanti senza lasciarsi smuovere. (5) Per riparare alla meglio i due medici della Sanità proposero di proibire sotto severissime pene di comprare roba per i soldati. (6) Dopo aver sospirato e lasciato scappare qualche interiezione, Don Abbondio continuò a brontolare più di seguito. (7) Si concluse di star lì un poco a prender fiato ed, essendo l'ora del desinare, il sarto li invitò a sedere a tavola. (8) Chi può essere felice temendo la morte? (9) Attilio Regolo, pur essendo trattenuto dai parenti e dagli amici, preferì ritornare al campo nemico per mantener fede alla parola data. (10) I giornali annunzianti la strepitosa vittoria della nostra squadra andarono a ruba. (11) Ti consiglio di non esporti a inutili pericoli. (12) Li pregò di accompagnarlo a casa, non reggendogli più bene le gambe dalla stanchezza.

Tipi di proposizioni subordinate

Le proposizioni subordinate possono essere classificate in base alla funzione comunicativa che svolgono e al tipo di congiunzione da cui sono introdotte. Possono essere di diverse specie, e precisamente: *finali, causali, temporali, relative, dichiarative, concessive, consecutive, modali, condizionali, esclusive, limitative, avversative, comparative, strumentali, dubitative, interrogative indirette, incidentali.*

PROPOSIZIONI SUBORDINATE

*finali   dichiarative   condizionali   comparative
causali   concessive   esclusive   strumentali
temporali consecutive   limitative   dubitative
relative   modali   avversative   interrogative
                    incidentali*

Proposizioni subordinate finali

➡ Si chiamano **subordinate finali** le proposizioni secondarie che indicano il f i n e, lo s c o p o, l'i n t e n z i o n e del pensiero espresso nella loro reggente.

Indicare uno scopo: le FINALI.

(a) Forma **esplicita**: si rendono mediante le congiunzioni subordinative *affinché, acciocché, perché, che, onde,* ecc., oppure mediante il *pronome relativo* e col predicato al modo congiuntivo. Esempi: *Ti scrivo affinché tu provveda subito in merito.* ı *Correte subito che perdete il treno.* ı *Gli mandò il copione, perché lo correggesse.* ı *Cesare ordinò che fosse tagliato il ponte.* ı *Glielo comunicammo subito, onde egli potesse regolarsi.* ı *Furono mandati degli esploratori i quali indagassero sui movimenti dei nemici.*

(b) Forma **implicita**: si rendono mediante le preposizioni *di, a, per,* oppure mediante le locuzioni *al fine di, allo scopo di, con l'intenzione di* e simili, e col predicato al modo infinito. Esempi: *Ti prego di non insistere.* ı *Fummo indotti a presentare subito la domanda.* ı *Il babbo si è recato a Montecatini per fare la cura delle acque.* ı *Furono tutti licenziati al fine di essere riassunti con* *nuovo contratto.* ı *Il Commissario è stato inviato allo scopo di esaminare tutto l'andamento dell'Istituto.* ı *Mi recai lassù con l'intenzione di fermarmi.*

IN LATINO le proposizioni subordinate finali si costruiscono in questi modi verbali.

(a) Congiuntivo retto dalle congiunzioni *ut*, *quo* (= affinché, acciocché, perché, che, onde), *ne* (= affinché non, acciocché non, perché non, che non, onde non), *neve*, *neu* (= e affinché non, ecc.), oppure dal pronome *qui*, *quae*, *quod* (= il quale, che).

(b) Gerundio o **gerundivo** (in caso genitivo) preceduto dalla preposizione *ad*.

(c) Gerundio o **gerundivo** (in caso genitivo) seguito da *causa* o *gratia*.

(d) Participio futuro attivo concordato col termine della reggente al quale si riferisce.

(e) Participio presente, pure concordato col termine della reggente al quale si riferisce, in dipendenza di un verbo di moto.

(f) Supino attivo pure in dipendenza di un verbo di moto.

80 *Fate l'analisi logica dei seguenti periodi.*

(1) I Gracchi proposero delle leggi, affinché l'agro pubblico venisse diviso fra i plebei. (2) Cesare fece eleggere tribuno Clodio, perché procacciasse la rovina di Cicerone. (3) Perpetua insisteva con Don Abbondio che non parlasse e non accennasse l'accaduto. (4) Pregate Iddio che vi aiuti acciocché riusciate bene all'esame. (5) Per leggere il giornale il babbo deve inforcare gli occhiali. (6) Come avrei dovuto comportarmi per non tradire l'amico? (7) Potevamo forse noi invitarlo a parlare della nuova scoperta ed a spiegarci la disgregazione degli atomi in un convegno di diverso carattere? (8) Perché il ferro indurisca, si tempri e divenga acciaio, vi si aggiunge del carbonio. (9) Cavour persuase Napoleone ad allearsi col Piemonte per muovere contro gli Austriaci. (10) Federico li assegnò e li raccomandò ad un ospizio di poveri con l'intenzione di aiutarli e di fare opera di carità. (11) Allo scopo di mettere insieme quella bella abbondanza, a quante porte dovetti bussare e quante umiliazioni dovetti subire! (12) L'ora era propizia e avevamo ormai tutto pronto, ma come fare ad eludere la vigilanza di quegli sgherri? (13) Gli stranieri vengono in Italia ad ammirare le nostre belle città ed a contemplare i nostri artistici monumenti, eppure molti italiani non escono dal loro paese natìo per conoscere tante bellezze. (14) Invieremo due compagni dal Preside, i quali sostengano presso di lui la nostra causa, al fine di non essere puniti ingiustamente a scuola né di essere rimproverati a torto dai genitori. (15) La legge provvederà a che i colpevoli siano puniti e trionfi l'innocenza.

ANALIZZARE E TRADURRE/8

ANALIZZARE E TRADURRE/8 Lo schema che segue riassume i passi di una corretta analisi del periodo proponendo una traduzione latina di alcuni periodi (ponete attenzione al modo di rendere le proposizioni finali). Colonna 1: proposizione; colonna 2: ruolo sintattico; colonna 3: tipo; colonna 4: grado di subordinazione; colonna 5: tipo comunicativo; colonna 6: analisi latina; colonna 7: traduzione.

1	2	3	4	5	6	7
Studia, figlio mio,	princ.	≈	≈	imperativa	imperat. pres.	*Stude, fili mi,*
affinché ti erudisca	sec.	subord. esplic.	1º	finale	cong. pres. + *ut*	*ut te erudias*
e non rimanga ignorante.	sec.	copulat. coord. alla sub. espl.	1º	finale	cong. pres. + *neve*	*neve maneas indoctus.*
Ci pregò	princ.	≈	≈	enunciativa	ind. perf.	*Nos oravit*
e ci scongiurò	sec.	copul. coord. alla principale	≈	enunciativa	ind. perf. + *que*	*obsecravitque*
di non partire (= perché non partissimo)	sec.	subord. implic.	1º	finale	cong. imp. + *ne*	*ne proficisceremur.*
Che potrei fare,	princ.	≈	≈	dubitativa	cong. pres. + *quid*	*Quid faciam,*
che (potrei) tentare	sec.	coord. (asind.) alla princ.	≈	dubitativa	cong. pres. + *quid*	*quid experiar,*
per salvarmi (= affinché io mi salvi)?	sec.	subord. implic.	1º	finale	gerundivo genit. + *causa*	*mei servandi causa?*
Quante parole spese	princ.	≈	≈	esclamativa	ind. perf. + *quot*	*Quot verba fecit*
per convincerlo (= affinché lo convincesse)	sec.	subord. implic.	1º	finale	gerundivo accusat. + *ad*	*ad eum inducendum*
a non muoversi (= affinché non si muovesse)	sec.	subord. implic.	2º	finale	cong. imp. + *ne*	*ne se moveret,*
ma quanto fiato sprecò!	sec.	avvers. coord. alla principale	≈	esclamativa	ind. perf. + *sed*	*sed quantum operae perdidit!*
Si chiamò il dottore	princ.	≈	≈	enunciativa	ind. perf.	*Arcessitus est medicus*
allo scopo di salvarlo (affinché...)	sec.	subord. implic.	1º	finale	cong. imp. + *qui*	*qui eum servaret*
e di strapparlo (= e lo ...) alla morte	sec.	copul. coord. alla subord.	1º	finale	cong. imp. + *et*	*et a morte eriperet.*
Vennero gli ambasciatori	princ.	≈	≈	enunciativa	ind. perfetto	*Venerunt legati*
a chiedere (= perché ...) la pace.	sec.	subord. implic.	1º	finale	participio pres.	*petentes pacem.*
Annibale mosse verso Napoli	princ.	≈	≈	enunciativa	ind. perf.	*Hannibal petiit Neapolim*
con l'intenzione di assediarla	sec.	subord. implic.	1º	finale	participio futuro att.	*eam oppugnaturus*
e di espugnarla (= e la espugnasse).	sec.	copul. coord. alla sub.	1º	finale	participio futuro attivo + *atque*	*atque expugnaturus.*

Proposizioni subordinate causali

Dire il perché, la ragione: le CAUSALI

Si chiamano **subordinate causali** le proposizioni secondarie che chiariscono la c a u s a, l a r a g i o n e, il m o t i v o del pensiero espresso nella loro reggente.

(a) Forma **esplicita**: si rendono mediante le congiunzioni subordinative *perché, poiché, giacché, ché, che, siccome*, eccetera o mediante le locuzioni *dal momento che, in quanto che, atteso che, dato che, visto che* e simili, e col predicato solitamente al modo indicativo, raramente al modo congiuntivo. Esempi: *Ieri non venni a scuola, perché ero ammalato.* ı *Poiché mancava la luce, accendemmo una candela.* ı *Giacché lo sai, non te lo ripeto.* ı *Preparatevi bene, ché domani v'interrogherò tutti.* ı *I contadini, siccome l'annata si presentava scarsa, erano molto tristi.* ı *Non sono venuto, in quanto che ero rappresentato da mio fratello.* ı *Il buon pievano, atteso che l'ordine era quello, non ne volle sapere.* ı *Dato che il cammino era lungo, ho scelto queste scarpe.* ı *Il babbo, visto che Ginetta tardava, stava già in pensiero.*

(b) Forma **implicita**: si rendono mediante le preposizioni *di* e *per* e col predicato al modo infinito, oppure senza nesso vero e proprio e col predicato al gerundio o al participio passato. Esempi: *Mia sorella, per aver detto la verità, si alienò l'amicizia di Nella.* ı *Non otterrete nulla, avendo chiesto troppo.* ı *Alessandro, considerate tutte queste cose, preferì andarsene di là.* ı *Ti ringrazio di avermi avvisato in tempo.* ı *Godiamo di sapervi tutti in buona salute.*

IN LATINO le proposizioni subordinate causali si costruiscono con questi modi verbali.

(a) **Congiuntivo** retto dalla congiunzione *cum* o dal pronome *qui, quae, quod* rinforzato da *quippe* o da *utpote* (= come quello che, come colui che).

(b) **Indicativo** retto dalle congiunzioni *quod, quia, quoniam*, se la causa è reale o addotta come reale da chi parla o scrive.

(c) **Congiuntivo** retto dalla congiunzione *quod*, se la causa è irreale o addotta come pensiero del soggetto o dell'agente della reggente.

(d) Costrutto speciale dell'**ablativo assoluto**, quando ciò sia possibile.

Fate l'analisi logica dei seguenti periodi.

(1) Poiché Don Abbondio non voleva sposare Lucia, Agnese propose il matrimonio clandestino. (2) Perché non affrontare il pericolo dal momento che non potete schivarlo? (3) Vi consiglio di non fidarvi dell'apparenza, perché spesso

ANALIZZARE E TRADURRE/9 Lo schema che segue riassume i passi di una corretta analisi del periodo proponendo una traduzione latina di alcuni periodi (ponete attenzione al modo di rendere le proposizioni causali).

1	2	3	4	5	6	7
Ringraziamo Iddio,	princ.	≈	≈	esortat.	cong. pres.	Gratias agamus Deo
e non lamentiamoci	sec.	coord. copula-	≈	esortat.	cong. pres. +*neu*	neu conqueramur
poiché siamo salvi	sec.	tiva alla princ.	1º	causale	indic. pres.+*quia*	quia salvi sumus
e abbiamo la salute:	sec.	sub. impl.	1º	causale	ind. pres. + *atque*	atque valemus:
ciò è tutto.	princ.	copulativa coord. alla sub.	≈	enunciat.	indic. pres.	hoc plurimi est.
Come potrò convincerlo	princ.	≈	≈	dubitat.	cong. pres. +*quomodo*	Quomodo ei suadeam
a non essere (= affinché non sia) crudele	sec.	sub. impl.	1º	finale	cong. pres.+*ne*	ne crudelis sit,
dato che ella molto ha fatto	sec.	sub. espl.	2º	causale	indic. perfetto+ *quod*	quod ea nunc operam
per difenderlo (= affinché lo difendesse)	sec.	sub. impl.	3º	finale	gerundivo genitivo +*gratia*	eius defendendi gratia?
Oh, se almeno fossi perdonato	princ.	≈	≈	desiderat.	cong. pres. + *utinam*	Utinam mihi parcatur
avendo detto (= poiché ho detto) la verità	sec.	sub. impl.	1º	causale	cong. perfetto + *cum*	cum verum dixerim!
Socrate fu condannato	princ.	≈	≈	enunciat.	indic. perfetto	Socrates damnatus est
perché corrompeva la gioventù.	sec.	sub. cspl.	1º	causale	cong. imperfetto + *quod*	quod iuvenes corrumpere
Amate la scuola, o giovani,	princ.	≈	≈	imperat.	imper. pres.	Amate scholam, iuvenes,
come quella che vi istruisce	sec.	sub. espl.	1º	causale	cong. pres. + *quippe*	quippe quae vos erudiat
ed educa il vostro animo.	sec.	copulativa coord. alla sub.	1º	causale	cong. pres.+*et*	et vestrum animum educet.
Avendo udito (poiché udì) ciò,	sec.	sub. impl.	1º	causale	abl. assoluto	Quibus rebus auditis,
egli si dolse	princ.	≈	≈	enunciat.	indic. perfetto	ille doluit,
di non essere stato (= perché non era stato) presente	sec.	sub. impl.	1º	causale	indic. piuccheperf. + *quod*	quod adfuerat
e raccomandò loro	sec.	copulativa coord. alla princ.	≈	enunciat.	indic. perfetto +*et*	et eos hortatus est
di essere (= perché fossero) più diligenti	sec.	sub. impl.	1º	finale	cong. imperfetto + *quo*	quo diligentiores essent.

inganna. (4) Don Rodrigo non poteva darsi pace che un frate si fosse presentato a lui con tanta prosopopea. (5) Dovrò rinunciare a quel libro dato che non ho il denaro sufficiente per comperarlo. (6) Remo, per aver violato l'ordine di Romolo e saltato le mura della città, fu da lui ucciso. (7) Il senato romano dopo la battaglia di Canne invitò a Roma il console Varrone per ringraziarlo di non aver disperato della salvezza della patria. (8) Sono veramente grato a mio padre di avermi assistito in certi guai recenti e di avermi aiutato a superare tante difficoltà. (9) Mantegazza esalta il lavoro come quello che dà gioia agli uomini e procura loro benessere. (10) Essendo giunti gli aiuti necessari, il nemico presto tenterà di nuovo l'assalto per impadronirsi della città e di là muovere verso il mare. (11) Possiamo forse lamentarci dal momento che tutti gli affari vanno così bene e atteso che nessuna ditta ha ancora potuto ottenere il permesso? (12) Quanto dovreste amare e rispettare i vostri insegnanti, come quelli che vi istruiscono e vi educano! (13) Dominato da una tal fantasia, si studiava di non apparire mercante (così almeno egli diceva), ma, tradito dal suo stesso atteggiamento, fu riconosciuto e beffato. (14) Avresti potuto pregarlo di non venire, essendo Cesare a letto con la febbre, al fine di non buscarsi anche lui l'influenza, poiché questa è piuttosto maligna; infatti il medico ha consigliato di evitare il più possibile i contatti con l'ammalato.

Proposizioni subordinate temporali

Stabilire circostanze di tempo: le TEMPORALI

▶ Si chiamano **subordinate temporali** le proposizioni secondarie che stabiliscono il t e m p o in relazione a una circostanza espressa nella loro reggente.

(a) Forma **esplicita**: si rendono mediante le congiunzioni subordinative *quando, allorquando, mentre, finché, appena, dopoché, allorché* eccetera o mediante le locuzioni *mentre che, tosto che, prima che, innanzi che, dopo che, ogni volta che, appena che, fino a che* e simili. Il predicato è al modo indicativo se esprime un fatto reale, al modo congiuntivo se esprime un fatto supposto o previsto. Esempi: *Stavo studiando, quando arrivarono i miei amici.* I *Mentre il treno si allontanava, le lacrime le rigavano il volto.* I *Finché c'è vita, c'è speranza.* I *Ti scriverò subito, appena arriverò a Napoli.* I *Dopoché ebbe letta la lettera, si accasciò sulla poltrona.* I *Verranno, allorché voi avrete risposto.* I *Si sarebbe mosso, appena avesse ricevuto ordini.* I *Non ti devi muovere di qui, prima che io t'abbia dato il permesso.* I *Tosto che si giunse al traguardo, fu un accorrere di ammiratori.* I *Ella si turbava, ogni volta che parlavano di suo figlio.* I *Non andrete a giuocare, fino a che non abbiate finito il lavoro.*

(b) Forma **implicita**: si rendono mediante le preposizioni *a* (semplice o articolata), *in* e *su* (articolate), *dopo*, eccetera o mediante le locuzioni *prima di, dopo di, avanti di* e simili. Il predicato è al modo infinito, oppure manca un nesso vero e proprio e il predicato è al gerundio o al participio passato. Esempi: *A vederlo così, non lo dici un uomo irascibile.* I *Tutti, all'apparire del ragazzo, tacquero.* I *Nel rivedere la cartella, m'accorsi del furto.* I *Sul calar del sole, tutte le galline corrono al pollaio.* I *Riflettete bene prima di parlare.*

Dopo aver ascoltato la solenne ramanzina, ritornò in classe mogio mogio. | *Andando in bicicletta urtai contro un paracarro.* | *Fatti pochi passi, incontrerai un passaggio a livello.*

IN LATINO le proposizioni subordinate temporali si costruiscono con i seguenti modi verbali.

(a) **Indicativo** retto dalle congiunzioni o locuzioni *cum*, *ubi* (= quando), *ut*, *ubi primum*, *simul ac*, *simul atque*, *statim ut* (= appena, appena che, non appena), *dum* (= mentre), *donec quoad* (= finché, fino a che, fin tanto che), *antequam*, *priusquam* (= prima che, prima di), *postquam*, *postea quam* (= dopoché, dopo che, dopo di), *quotiescumque* (= ogni qual volta, ogni volta che, tutte le volte che).

(b) **Congiuntivo** retto dalle congiunzioni *cum* (quando esprimono, insieme alla circostanza di tempo, anche intenzione o scopo), *antequam*, *priusquam*, *postquam* (quando esprimono una circostanza di tempo ipotetica).

(c) Costrutto speciale dell'**ablativo assoluto**, quando ciò sia possibile.

82 *Fate l'analisi logica dei seguenti periodi.*

(1) Quando gli ambasciatori ritornarono a Roma, Sagunto era già stata espugnata da Annibale. (2) Mentre il medico visitava il piccolo malato, la madre osservava il volto di lui per indovinare le sue impressioni. (3) Che dirà, quando ritornerà il medico e le riferirà la diagnosi? (4) Prima che quelli fossero all'ordine e potessero provvedere, il rumore era giunto alle orecchie di altre persone. (5) Ella, al fermarsi della carrozza, si scosse e pregò ancora una volta che la lasciassero libera e non le facessero alcun male. (6) Essi si avviarono verso il lago con l'intenzione di fuggire da quella terra, videro sulla sponda il battello pronto, e, data e barattata la parola, c'entrarono. (7) Non tutte le volte che tuona, piove. (8) Riflettete bene prima di agire, ma, dopo che avete ben riflettuto, agite senza esitazione. (9) I Romani non si sentivano sicuri finché fosse vivo Annibale, perciò non gli dettero tregua e si adoperarono con tutti i mezzi per sconfiggerlo. (10) Essendo stata scoperta la congiura, Catilina, prima che fosse catturato, fuggì da Roma allo scopo di organizzare una reazione. (11) Oh se, dopo aver subito sì tremendo castigo, si fosse ravveduto e avesse cercato di non amareggiare più oltre la vita dei suoi genitori! (12) Devi coltivare la tua mente per ottenere dei vantaggi; forseché la terra, prima di dare i suoi frutti, non deve essere coltivata? (13) Alessandro Magno da giovinetto (così narra la storia), ogni volta che gli giungeva notizia di una vittoria di suo padre, non solo non ne gioiva, ma provava invidia per non poterlo imitare, dato che era ancora troppo giovane. (14) La cuoca, presa la farina dalla dispensa, la intrise con il lievito sciolto, la impastò con l'acqua, la lavorò a lungo e mise poi l'impasto in un luogo tepido perché lievitasse.

Proposizioni subordinate relative

Fissare una relazione con un elemento della reggente: le RELATIVE

➡ Si chiamano **subordinate relative** le proposizioni secondarie che stabiliscono una s t r e t t a   e   d i r e t t a relazione con un contenuto della loro reggente.

Le proposizioni relative hanno solo forma **esplicita** e si collegano sintatticamente alla reggente mediante una forma del pronome relativo (*il quale, la quale, che, cui*) o mediante un pronome misto (*chi, chiunque, quanti, checché, quanto*), o mediante un aggettivo indeterminato misto (*qualunque, qualsiasi, qualsivoglia*), oppure mediante un avverbio relativo di luogo sia semplice che misto (*ove, dove, onde, donde, ovunque, dovunque*). Ricordiamo, al riguardo, che i pronomi, gli aggettivi e gli avverbi misti contengono in sé due parole, una di valore indeterminativo e l'altra di valore relativo (p. es.: *chi = colui il quale*); di queste parole, come risulta dagli esempi, la prima appartiene alla proposizione reggente, la seconda alla proposizione subordinata relativa.

Le proposizioni relative hanno di regola il predicato al modo indicativo. Lo esigono tuttavia al modo c o n g i u n t i v o in quattro casi, e cioè:

(a) quando la loro reggente è una proposizione negativa;

(b) quando la loro reggente è una proposizione interrogativa;

(c) quando la loro reggente contiene un superlativo relativo o gli aggettivi *unico, solo*;

(d) quando esse esprimono una circostanza di fine o scopo e quindi fanno praticamente le veci di una proposizione subordinata finale.

Esempi: *Stimerò molto quelle ragazze le quali si dimostreranno responsabili.* | *Can che abbaia non morde.* | *Il passo in cui si parla dei due fraticelli è veramente artistico.* | *Daremo il premio a chi (a colui che) dimostrerà tanto coraggio.* | *Quel cane si avventava contro chiunque (= ognuno che) osava avvicinarsi.* | *Conosco il nome di quanti (= di tutti coloro i quali) erano presenti.* | *Io non approverò checché (= tutto ciò che) tu farai.* | *Glielo giurò su quanto (= quello che) aveva di più caro.* | *Qualunque cosa (= ogni cosa che) egli facesse, era sempre mal fatta.* | *Ho visto il paese dove tu sei nato.* | *Ritornò là (= nel luogo) donde (= dal quale) era venuto.* | *Dovunque (= in ogni luogo nel quale) tu andrai, ti seguirò.* | *Egli non era persona a cui si potesse credere facilmente.* | *Chi dei tuoi compagni di ieri era persona a cui si potesse credere facilmente?* | *Mario è l'unico amico con cui tu possa veramente confidarti.* | *Furono mandati dei messi che (= i quali, ma con valore di «affinché») trattassero la pace.*

Tipi di proposizioni subordinate 137

IN LATINO le proposizioni subordinate relative si costruiscono nei seguenti modi verbali.

(a) Indicativo, quando hanno valore attributivo, appositivo, temporale o condizionale reale, retto dai pronomi o aggettivi *qui, quae, quod* (= il quale, la quale, che, cui), *is qui* (chi = colui che), *is quicumque* (chiunque = ognuno che; qualunque = ogni... che), *quisquis* (= chiunque: soggetto misto), *quidquid* (checché = ogni cosa che: soggetto o oggetto misto), *quivis, quaevis, quidvis; quodvis, quilibet, quaelibet, quislibet; quolibet* (= qualsiasi, qualsivoglia), *omnes qui* (quanti = tutti quelli che), *omnia quae* (quanto = tutto ciò che), oppure retto dagli avverbi *ubi* (= ove, dove: stato in luogo), *quo* (= ove, dove: moto a luogo), *unde* (= onde, donde), *qua* (= per dove), *ubicumque* (= dovunque: stato in luogo), *quocumque* (= dovunque: moto a luogo), *undecumque* (= da qualunque parte: moto da luogo), *quacumque* (= dovunque: moto per luogo).

(b) Congiuntivo quando hanno valore finale, causale, concessivo, consecutivo o indeterminato, retto dai pronomi, aggettivi, avverbi suaccennati (eccetto *quicumque, quisquis, quidquid, ubi*, moto da luogo), *quacumque* (dovunque: moto per luogo).

83 *Fate l'analisi logica dei seguenti periodi.*

1) Questi sono i libri che più mi piacciono, perché trattano di avventure. (2) L'Innominato ricordava le parole, che il cardinale gli aveva rivolto, ed ora ripeteva quelle preghiere, di cui aveva conservato un vago ricordo. (3) Quando andrete a Ravenna a visitare nella famosa pineta il luogo ove morì Anita Garibaldi? (4) Ovunque si diriga un turista che viene in Italia, il suo occhio troverà tracce della grandezza che rese famosa Roma. (5) Checché egli dica o consigli, noi lo faremo, dal momento che è nota a tutti la sua prudenza. (6) Non c'è sabato (così dice il proverbio) che non abbia un raggio di sole. (7) Lucia, che non aveva mai visto un monastero, quando fu nel parlatorio, guardo in giro e vide la poltrona dove era seduta la signora a cui doveva fare il suo inchino. (8) La commissione agì con la prudenza che la delicata gara esigeva ed assegnò i premi a chi veramente se li era meritati. (9) Responsabile dei tuoi mali sei tu, che non hai dato mai retta a chiunque ti consigliava (erano davvero saggi quei consigli) di non fare amicizia con chi si dimostra adulatore ed è pronto a tradire gli amici. (10) Il luogo, donde ti scrivo, è una bella veranda dell'albergo ove siamo venuti per trascorrere le ferie e insieme per fare qualche bagno di sole. (11) Per l'infuriare del temporale, che si era improvvisamente scatenato, non potei uscire per recarmi alla casetta dove mi attendeva la nonna e dove volentieri quella sera mi sarei recato perché ella era sola e forse aveva paura. (12) Mandammo Luigi, come quello che era il più spigliato di tutti, perché parlasse con chiunque fosse il capo della banda e lo inducesse ad inviare dei parlamentari che trattassero con noi sulle condizioni di pace, ma il nostro compagno, che pure si era impegnato moltissimo, non riuscì a nulla.

ANALIZZARE E TRADURRE/10 Gli schemi che seguono riassumono i passi di una corretta analisi del periodo proponendo una traduzione latina di alcuni periodi (ponete attenzione al modo di rendere le proposizioni relative).

1	2	3	4	5	6	7
Era già l'ora,	princ.	≈	≈	enunciativa	ind. imperfetto	*Iam hora erat*
che volge il desio ai naviganti	sec.	sub. espl.	1º	relativa	ind. pres. + *quae*	*quae nautis desiderium movet*
e intenerisce il core.	sec.	copul. coord. alla sub.	1º	relativa	ind. pres.+*et*	*et cor mollit.*
Perché dovrei rimproverare chi (=colui...)	princ.	≈	≈	dubitativa	cong. pres. + *cur*	*Cur reprehendam illum*
chi (=... che) mi ha beneficato?	sec.	sub. espl.	1º	relativa	ind. perfetto+ *qui*	*qui me beneficio affecit?*
Oh, se potessi sorprendere chiunque (= ognuno...)	princ.	≈	≈	desiderat.	cong. pres. + *utinam*	*Utinam deprehendam*
chiunque (= ... che) mi inganna!	sec.	sub. espl.	1º	relativa	ind. pres.+*quicumque*	*quicumque me decipit!*
Parlai con quanti (= quelli...)	princ.	≈	≈	enunciativa	ind. perfetto	*Locutus sum cum omnibus*
quanti (... i quali) avevano assistito	sec.	sub. espl.	1º	relativa	ind. piuccheperfetto + *qui*	*qui rei adfuerant*
Potremo forse approvare checché (=tutto ciò...)	princ.	≈	≈	interrogativa retorica	ind. pres.+*num*	*Num probare possumus*
checché (... che) quel pazzo dirà	sec.	sub. espl.	1º	relativa	ind. futuro + *quidquid*	*quidquid ille amens dicet*
e farà?	sec.	copul. coord. alla sub. espl.	1º	relativa	ind. futuro +*et*	*et faciet?*
Avete visitato la casa	princ.	≈	≈	int. propria	in. pf. +*ne* (encl.)	*Vidistisne domum*
dove nacque Mazzini?	sec.	sub. espl.	1º	relativa	ind. perfetto+*ubi*	*ubi Mazzini natus est?*
Ho visto il luogo	princ.	≈	≈	enunciativa	ind. perfetto	*Vidi locum*
dove riparò il generale	sec.	sub. espl.	2º	relativa	ind. perfetto+ *quo*	*quo dux confugit*
mentre fuggiva	sec.	sub. espl.	2º	temporale	ind. imp. + *quo*	*cum fugiebat,*
perché era inseguito dal nemico.	sec.	sub.espl.	3º	causale	ind. imp. + *quia*	*quia eum hostis insequebatur*
Vi seguiremo	princ.	≈	≈	enunciativa	ind. futuro	*Vos sequemur*
dovunque andrete.	sec.	sub. espl.	1º	relativa	ind. futuro + *quocumque*	*quocumque ibitis.*

1	2	3	4	5	6	7
È una bestia tranquilla	princ.	≈	≈	enunciativa	ind. pres.	Belua tranquilla est
e starà	sec.	copul. coord. alla princ.	≈	enunciativa	indicat. futuro +*et*	et manebit
dovunque la metterete.	sec.	sub. espl.	1º	relativa	ind. fut. + *ubicumque*	ubicumque eam ponetis.
Carlo non è un ragazzo	princ.	≈	≈	enunciativa	ind. pres.	Carolus non est puer
(lo dicono tutti)	sec.	incid. coord. alla princ.	≈	enunciativa	ind. pres.	(id omnes affirmant)
di cui ci si possa fidare,	sec.	sub. espl.	1º	relativa	cong. pres.+ *qui*	cui fidere possimus
avendo egli (= poiché ha) l'animo malizioso	sec.	sub. impl.	2º	causale	cong. pres. + *cum*	cum malum animum habeat.
Si mandino degli ambasciatori	princ.	≈	≈	imperativa	cong. pres.	Mittantur legati
che (= affinché) discutano di ciò.	sec.	copul. coord. alla sub. espl.	1º	relativa finale	cong. pres. + *qui*	qui de hac re disceptent.
Sei fortunato tu,	princ.	≈	≈	enunciativa	ind. pres.	Fortunatus es tu,
che (= perché) non conosci la miseria	sec.	sub. espl.	1º	relativa causale	cong. pres. + *qui*	qui inopiam ignores
e non soffri il freddo.	sec.	sub. espl.	1º	rel. causale	cong. pres. + *nec*	nec frigore crucieris.
Viveva da miserabile egli	princ.	≈	≈	enunciativa	ind. imperfetto	Pauperrimus vivebat ille,
che (=sebbene) poteva vivere da signore	sec.	sub. espl.	1º	relativa consec.	cong. imperfetto + *qui*	qui commode posset vivere
dato che era molto ricco.	sec.	sub.espl.	2º	causale	cong. imperfetto +*cum*	cum ditissimus esset.
Non ci sono parole	princ.	≈	≈	enunciativa	ind. pres.	Nulla sunt verba
che (= tali che) possano consolare una madre	sec.	sub. espl.	1º	relativa consecutiva	cong. pres. + *quae*	quae consolari possint matrem,
la quale abbia perduto l'unico figlio	sec.	sub. espl.	2º	relativa indeterminata	cong. perfetto + *quae*	quae unicum filium amiserit.

Proposizioni subordinate dichiarative: soggettive e oggettive

Fungere da soggetto o da oggetto del periodo: le DICHIARATIVE

➡ Si chiamano **subordinate dichiarative** le proposizioni secondarie che contengono in sé tutta la d i c h i a r a z i o n e annunziata dal pensiero espresso dalla reggente. In altre parole, si tratta di proposizioni che funzionano tutte intere quasi come «soggetto» o come «complemento oggetto» del periodo. Pertanto si possono dividere in due gruppi: *soggettive* e *oggettive*.

Quando il predicato è in forma impersonale: le proposizioni DICHIARATIVE SOGGETTIVE

➡ Si chiamano **dichiarative soggettive** le proposizioni subordinate che costituiscono «in blocco» il soggetto della proposizione reggente; il p r e d i c a t o della reggente dovrà essere o n o m i n a l e (copula + parte nominale del predicato) o verbale ma i m p e r s o n a l e (attivo o passivo). Le soggettive si dividono a loro volta in esplicite e implicite.

(a) Forma **esplicita**: si realizza mediante le congiunzioni dichiarative subordinative *che, come* (= che). Il predicato è al modo indicativo se esprime un fatto reale, al modo congiuntivo se esprime un fatto supposto o soltanto un pensiero, un'opinione. Esempi: *Accadde che tutti rimasero asfissiati.* | *A tutti è noto che Omero fu cieco.* | *Si narra che i Romani rimasero atterriti dalla vista degli elefanti.* | *Occorre che tu faccia presto.* | *È male che non vogliano impegnarsi.* | *Si crede che la morte sia un male.* | *Pareva che tutti lo approvassero.* | *È risaputo da tutti come ogni guerra abbia sempre una causa remota.*

(b) Forma **implicita**: si realizza mediante la preposizione *di* e col predicato al modo infinito, oppure senza nesso vero e proprio e col predicato pure al modo infinito. Esempi: *Ci sembrava di essere in un mare in tempesta.* | *Mi era parso di aver sentito la tua voce.* | *È noto essere le guerre comunque rovinose.* | *Venne riferito aver il dottore scosso il capo subito dopo la visita in segno di sfiducia.*

Attenzione a non confondere le proposizioni dichiarative soggettive con gli infiniti sostantivati o con le proposizioni interrogative indirette.

È facile confondere le proposizioni soggettive implicite con gli infiniti sostantivati. Al riguardo, ricordiamo che una proposizione soggettiva abbisogna sempre di un soggetto, espresso o sottinteso, mentre un infinito sostantivato può funzionare esso stesso da soggetto come qualunque altra parte del discorso. Un infinito sostantivato n o n c o s t i t u i s c e p r o p o s i z i o n e s o g g e t t i v a i m p l i c i t a, infatti non si può risolvere in una equivalente proposizione esplicita. Esempi: *A me piace molto leggere* (soggetto) *libri di avventure.* | *Oh, com'è bello avere* (soggetto) *la coscienza tranquilla!* | *L'aver parlato* (soggetto) *troppo gli nocque.*

Le proposizioni soggettive esplicite, invece, si possono a loro volta confondere con le proposizioni subordinate interrogative indirette, di cui tratteremo in seguito. Esempi: *Non si sa come sia andata a finire la cosa* (interr. indiretta). | *Che incarico egli abbia* (interr. indiretta) *è risaputo da tutti.* | *È evidente quanto voi siate in errore* (interr. indiretta). | *Mi fu chiesto chi era il reo* (interrog. indiretta).

> Si chiamano **oggettive** le proposizioni subordinate dichiarative che costituiscono «in blocco» il complemento oggetto della proposizione reggente; il p r e d i c a t o della reggente dovrà essere sempre v e r b a l e, di forma attiva e significato transitivo. Le soggettive si dividono a loro volta in esplicite e implicite.

Una proposizione che funge da complemento diretto: le DICHIARATIVE OGGETTIVE.

(a) Forma **esplicita**: si realizza mediante le congiunzioni dichiarative subordinative *che, come* (= che). Il predicato è al modo indicativo se esprime un fatto reale, al modo congiuntivo se esprime un fatto supposto o soltanto un pensiero, un'opinione. Esempi: *Tutti sanno che voi siete andati a Roma.* | *Vidi che la madre piangeva.* | *Speriamo che sia femmina.* | *Non credevamo che egli avesse tanto ardire.* | *Desidero che tu non ti metta in quell'impiccio.* | *Che la terra fosse ferma tutti gli antichi lo pensavano.* | *Tu sai bene come io abbia sempre voluto aiutarti.*

(b) Forma **implicita**: si realizza mediante la preposizione *di* e col predicato al modo infinito, oppure senza nesso vero e proprio e col predicato pure al modo infinito. Esempi: *Egli dichiarò di aver agito in buona fede.* | *Cesare aveva promesso di mandare degli aiuti.* | *Non negherai di aver trascurato il tuo dovere.* | *Il commissario rispose essere quella competenza non sua.*

Nota che quando una proposizione oggettiva implicita è collegata con la sua reggente mediante la preposizione *di*, vuole dire che il suo soggetto è uguale a quello della reggente: il che risulterà chiaro se la renderemo esplicita. Esempi: *Egli dichiarò di aver agito* (= *che egli aveva agito*) *in buona fede.* | *Cesare aveva promesso di mandare* (= *che egli, Cesare, avrebbe mandato*) *degli aiuti.* | *Tu sapevi di mentire* (= *che tu mentivi*).

Una proposizione oggettiva implicita per essere veramente tale d e v e a v e r e i l s u o r e g o l a r e s o g g e t t o, espresso o sottinteso. Pertanto un infinito sostantivato, che, come sappiamo, può funzionare da complemento oggetto come qualunque altra parte del discorso, non costituisce proposizione oggettiva implicita; infatti non si può risolvere in un'equivalente proposizione esplicita. Esempi: *Mia sorella preferisce passare* (compl. oggetto) *le vacanze al mare.* | *Cominciammo allora a fare* (compl. oggetto) *gli elenchi.* | *La mamma credette necessario chiamare* (compl. oggetto) *il medico.*

Attenzione a non confondere le proposizioni dichiarative oggettive con gli infiniti sostantivati o con le proposizioni interrogative indirette.

Anche le proposizioni oggettive esplicite possono essere confuse con le proposizioni subordinate interrogative indirette, delle quali diamo qualche esempio. *Vedremo come andrà a finire questa faccenda* (interrog. indiretta). | *Tutti seppero allora che coraggio era il suo* (interrog. indiretta). | *Nessuno deve ignorare quanto il mondo debba alla ricerca di quello scienziato* (interrog. indiretta). | *Vorrei sapere di chi è questo libro* (interrog. indiretta).

IN LATINO le proposizioni subordinate dichiarative (sia soggettive sia oggettive) si rendono con due costruzioni molto particolari.

(a) **Accusativo con l'infinito**: *il soggetto (che dev'essere sempre espresso) va nel caso accusativo e il predicato nel modo infinito*. La congiunzione *che* o *come* e la preposizione *di*, che spesso in italiano servono di legame alle proposizioni subordinate dichiarative, in latino non si traducono affatto. Quanto al tempo dell'infinito, si userà il *presente* se il predicato esprime un'azione o un modo di essere contemporaneo all'azione o modo di essere espresso dal predicato della reggente, il *perfetto* se l'azione della subordinata è anteriore, il *futuro* se l'azione della subordinata è posteriore.

(b) **Nominativo con l'infinito**: si realizza se il predicato della reggente di una soggettiva è costituito da una forma impersonale attiva dei verbi *parere* e *sembrare*. Il soggetto (che può talvolta essere sottinteso) va nel caso nominativo (e con esso farà tutte le concordanze il predicato della reggente); il predicato nel modo infinito, ai tempi: *presente* se il predicato esprime un'azione o un modo di essere contemporaneo all'azione o modo di essere espresso dal predicato della reggente, *perfetto* se l'azione della subordinata è anteriore, *futuro* se l'azione della subordinata è posteriore. Si costruiscono con il nominativo con l'infinito anche le forme impersonali passive dei verbi *dire, narrare, tramandare, credere, stimare*, a meno che non si volgano in forme attive alla terza persona plurale.

84 *Fate l'analisi logica dei seguenti periodi.*

(1) Don Abbondio comprese che le parole del cardinale erano soltanto il principio di un discorso che certamente (chiunque se ne sarebbe accorto) si sarebbe concluso con una ramanzina. (2) Si pensava da tutti che la festa, preparata con tanta cura, sarebbe stata rimandata, perché il tempo era troppo minaccioso e avrebbe indotto molta gente a non uscire di casa. (3) A tutti i buoni spiace che la giustizia, lasciandosi talvolta influenzare da interessi particolari, non sempre trionfi e qualche malvagio rimanga impunito. (4) Si diceva anticamente che nessun esercito poteva valicare le Alpi, ma Annibale, quando stabilì di venire dalla Spagna in Italia, dimostrò che tale opinione era falsa. (5) Era ormai inutile insistere che bisognava chiamare il medico, ché il malato ormai, non avendo più resistito al male, era già spirato. (6) Non giurare di mantenere quelle promesse che non puoi mantenere, perché ciò non è onesto. (7) Molti credono essere la guerra un male inevitabile, eppure io sono convinto che tutte le guerre dipendono dalla volontà degli uomini e quindi siano evitabili. (8) Pretendi forse di avere ragione dal momento che nessuno condivide la tua idea, essendo essa stranissima e poco logica? (9) Per contemplare il panorama bisogna che raggiungiamo quella cima che vedi lassù. (10) Al guar-

ANALIZZARE E TRADURRE/11 Lo schema che segue riassume i passi di una corretta analisi del periodo proponendo una traduzione latina di alcuni periodi (ponete attenzione al modo di rendere le proposizioni oggettive e soggettive).

1	2	3	4	5	6	7
È necessario	princ.	≈	≈	enunciativa	Indicativo pres.	Necesse est
che tu faccia del moto	sec.	sub. esplicita	1º	dichiarativa soggettiva	acc. + inf. pres.	te moveri
per dimagrire un po'.	sec.	sub. implicita	2º	finale	cong. pres. + ut	ut paululum macie conficiaris
Noi ammettiamo	princ.	≈	≈	enunciativa	ind. pres.	Concedimus
essere questo un male	sec.	sub. implicita	1º	dichiarativa oggettiva	acc. + inf. pres.	id malum esse
però dobbiamo dire	sec.	avvers. coord. alla principale	≈	enunciativa	ind. pres. + sed	sed nobis affirmandum est
che è un male minore di quello	sec.	sub. esplicita	1º	dichiarativa oggettiva	acc. + inf. pres.	minus malum esse eo
commesso (= che è stato commesso) da voi	sec.	sub. implicita	2º	relativa	ind. perf. +quod	quod a vobis commissum est.
Il bambino giura	princ.	≈	≈	enunciativa	ind. pres.	Puer iurat
di aver agito così	sec.	sub. implicita	1º	dich. ogg.	acc. + inf. pres.	se ita egisse
allo scopo di evitare noie.	sec.	sub. implicita	2º	finale	cong. imperfetto + ut	ut molestias vitare.
Spero	princ.	≈	≈	enunciativa	Ind. pres.	Spero
che oggi sarete contenti	sec.	sub. esplicita	1º	dichiarativa oggettiva	acc. + inf. futuro	vos hodie fore beatos
che leggeremo un bel racconto	sec.	sub. esplicita	2º	causale	ind. futuro + quia	quia pulchram fabulam legemus
che si trova sul vostro libro.	sec.	sub. esplicita	3º	relativa	ind. pres. + quae	quae est in vestro libro.
Pareva	princ.	≈	≈	enunciativa	ind. imperfetto	Videbatur
che Mario fosse accusato	sec.	sub. esplicita	1º	dichiarativa soggettiva	acc. + inf. pres.	Marius accusari
di aver dato false generalità	sec.	sub. implicita	2º	causale	cong. piuccheperfetto + quod	quod falsum nomen declarasset
quando le guardie lo arrestarono.	sec.	sub. esplicita	3º	temporale	ind. perfetto + cum	cum custodes eum ceperunt.
Si narra	princ.	≈	≈	enunciativa	ind. pres.	Narratur (o Narrant)
che il popolo si compiaceva	sec.	sub. esplicita	1º	dichiarativa soggettiva	nominativo (o acc.) + inf.	populus (populum) gavisus (m) esse
di aver allontanato una peste	sec.	sub. implicita	2º	causale	cong. piuccheperfetto + quod	quod arcuissent pestilentiam
da cui era difficile scampare.	sec.	sub. esplicita	3º	relativa	ind. imperfetto+ quae	quam effugere difficile erat.

diano parve che un tal passo, che era già buono in sé, avrebbe riconciliato sempre più la famiglia con il convento, e andò diviato da quel signor fratello ad esporgli la domanda di fra Cristoforo. (11) Egli richiese che l'uccisore di suo fratello partisse subito da quella città; il guardiano, che già aveva deliberato ciò, disse che si farebbe (l'altro credeva essere questo un atto di ubbidienza), e tutto fu concluso. (12) Questo soprattutto m'accora che voi prendiate materia d'accusa da ciò che dovrebbe essere parte della vostra concessione: è chiaro che essi hanno cercato quella via irregolare, ché la legittima era stata loro chiusa da voi. (13) Si disse allora (così leggiamo nelle memorie) essere il pane del lazzaretto alterato con sostanze pesanti e non nutrienti, ed è purtroppo credibile che non fosse un lamento in aria, essendovi perfino scarsità d'acqua. (14) Lasciamo pure da parte le difficoltà del cammino, ma i monti non erano sicuri, poiché si era saputo che i Lanzichenecchi s'arrampicavano come gatti là dove speravano di far preda. (15) Renzo pensava a quella accoglienza e indovinava bene ciò che lo sconosciuto aveva pensato di lui, ma la cosa irragionevole lo fece concludere essere quello un mezzo matto.

Proposizioni subordinate concessive

Esprimere le condizioni nonostante le quali si verifica l'azione espressa nella reggente: le CONCESSIVE

▶ Si chiamano **subordinate concessive** le proposizioni secondarie che esprimono una circostanza contraria, non prevedibile, rispetto a un pensiero espresso nella reggente.

▶ Spesso, in correlazione con la concessiva, si trova nella sua reggente una congiunzione avversativa, come: *pure, tuttavia, nondimeno* eccetera. Esempio: *Sebbene abbia studiato molto, tuttavia non è stato promosso.*

(a) Forma **esplicita**: si rendono mediante le congiunzioni subordinative *benché, sebbene, quantunque, ancorché*, eccetera o mediante le locuzioni *per quanto, nonostante che, con tutto che, posto pure che, ammesso che, anche se* e simili, o mediante le disgiuntive *sia che... sia che, o che... o che*, ovvero mediante i pronomi e gli aggettivi indeterminativi di qualità *chiunque, checché, qualunque, qualsiasi, qualsivoglia* (purché non siano usati come «misti», nel qual caso partecipano delle proposizioni subordinate relative) o mediante gli avverbi *comunque, in qualunque modo, dovunque*. Il predicato di solito è al modo congiuntivo. Esempi: *Benché facesse freddo, voleva uscire a tutti i costi.* | *Non si decide a studiare, ancorché gli abbia tolto ogni divertimento.* | *Ammesso pure che tu non l'abbia visto, avresti dovuto attenderlo.* | *Il discorso, per quanto (fosse) improvvisato, riuscì efficace.* | *Sia che tu voglia sia che non voglia, io me ne andrò.* | *Chiunque tu sia, confessalo.* | *Checché egli dica, non sarà più creduto.* | *Qualunque cosa debba accadere, di' la verità* | *Comunque vadano le cose, non me ne pentirò.*

(b) Forma **implicita**: si rendono mediante gli avverbi *pure* e *anche* e col predicato al gerundio o al participio passato, oppure mediante le proposizioni *per* e *senza* e col predicato al modo infinito. Esempi: *Pur dicendo la* *verità, ora non è più creduto.* | *Anche rotto dai bambini, questo vaso serve egualmente.* | *Per dormire che io faccia, non mi toglierò tanto presto questa stanchezza di dosso.* | *Senza aver faticato tanto, ho ottenuto lo stesso risultato.*

IN LATINO le proposizioni subordinate concessive si costruiscono con i seguenti modi.

(a) **Indicativo** retto dalle congiunzioni semplici *quamquam*, *etsi*, *tametsi* (= benché, sebbene, quantunque, ancorché, per quanto, nonostante che, con tutto che, ecc.) o dalle congiunzioni disgiuntive *sive... sive*, *seu... seu* (= sia che... sia che, o che... o che) o dai pronomi e aggettivi *quicumque*, *quisquis*, *quidquid* (= chiunque, qualunque, checché), o dagli avverbi *utcumque* (= comunque, in qualunque modo), *ubicumque* (dovunque: stato in luogo), *quoqumque* (dovunque: moto a luogo), *undecumque* (da qualunque luogo), *quacumque* (dovunque: moto per luogo).

(b) **Congiuntivo** retto dalle congiunzioni *quamvis*, *licet*, *cum*, *ut* (negazione: *ne*) (= benché, sebbene, quantunque, ancorché, per quanto, nonostante che, con tutto che, posto pure che, ammesso che), o dai pronomi e aggettivi *quivis*, *quilibet* (= qualsiasi, qualsivoglia).

85 *Fate l'analisi logica dei seguenti periodi.*

(1) Sia che i tuoi genitori ti lodino, sia che ti rimproverino, ascoltali, perché essi desiderano sempre il tuo bene. (2) Qualunque professione tu scelga, incontrerai difficoltà che supererai solo con la tenacia. (3) Non fidiamoci dell'ipocrita e non prestiamo fede al bugiardo, sebbene entrambi ci allettino spesso con parole mellifue. (4) Benché nessuno dei tre sperasse molto dal tentativo del frate, tuttavia la trista certezza fu un colpo per tutti, essendo ella a tutti cara e sapendo che nessuna persona ritornava viva da quel castello. (5) Nonostante che si facesse molta attenzione perché non sfuggisse il ladro, tuttavia questi riuscì a farla franca, perché c'era molta confusione. (6) Per quanto gl'inizi fossero stati così fortunati, pure (chi l'avrebbe detto?) l'esito di quell'impresa, che tanti sacrifici importò per tutti, fu assai infelice e sfatò il proverbio che chi ben incomincia è a metà dell'opera. (7) Ella era molto ingenua e, anche messa sull'avviso, cadde nell'inganno tesole da quel filibustiere che, nel trattare con lei, aveva sempre spergiurato di non ingannarla mai. (8) Quanti da vecchi, ricordando il tempo perduto, desiderano ritornare giovani, pur riconoscendo essere il loro un vano desiderio! (9) Ancorché fosse tardi e avesse un gran sonno, prima di sdraiarsi su quel letto che la Provvidenza gli aveva preparato, vi si inginocchiò a ringraziarla di quel benefìcio e di tutta l'assistenza che aveva avuta da essa. (10) I magistrati qualcosa fecero, cioè stabilirono il prezzo massimo di alcune derrate e intimarono pene a chi ricusasse di vendere, ma, siccome tutti i provvedimenti, per quanto siano gagliardi, non riescono a dimi-

nuire il bisogno del cibo, così il male durava e cresceva. (11) Quantunque un certo numero di accattoni sfrattasse dalla città per vivere o morire altrove almeno in libertà, pure la caccia fu spietata, furono inseguiti dovunque si rifugiassero, e in poco tempo il numero di coloro che furono ricoverati s'accostò a diecimila (12) L'uomo, a cui Renzo s'indirizzava, era un agiato abitante del contorno, che ritornava da Milano in gran fretta e benché, non avendo concluso alcun affare, non desiderasse parlare con alcuno, con tutto ciò rispose gentilmente alle sue domande e diede tutte le indicazioni necessarie.

Proposizioni subordinate consecutive

Esprimere una conseguenza: le CONSECUTIVE

➡ Si chiamano **subordinate consecutive** le proposizioni secondarie che esprimono una conseguenza necessaria o possibile di un pensiero espresso nella loro reggente.

In correlazione con la consecutiva si trova di solito nella reggente un avverbio (*sì*, *così*, *tanto*, *facilmente*, eccetera) o un aggettivo (*tanto*, *tale*, *siffatto*, *degno*, *indegno*, *idoneo*, *atto*, eccetera) o una locuzione avverbiale (*in modo*, *in maniera*, *per modo*, *di guisa*, *a tal punto*, *a tal segno* e simili).

(a) Forma **esplicita**: si rendono mediante le congiunzioni subordinative *che* e *perché*. Il predicato è al modo indicativo o al modo congiuntivo. Esempi: *La luce era così forte che abbagliava la vista.* ı *Eri tanto assorto nel giuoco che non ti accorgesti di nulla.* ı *È un bambino talmente distratto che non riesce bene nelle materie che richiedono molta concentrazione.* ı *Tanta fu la sua superbia che rimase punito a dovere.* ı *L'ordine era dato con una tale risolutezza che la donna ubbidì.* ı *Aveva un siffatto modo di parlare che pochi lo capivano.* ı *La questione è stata trattata in modo che non c'è più nessun dubbio al riguardo.* ı *Egli giunse a tal segno di arroganza che tutti lo odiavano.* ı *Faremo in modo che tutti abbiano un buon ricordo di noi.* ı *Accadde che ognuno pensò soltanto a sé.* ı *Il compito era troppo difficile perché tutti lo potessero eseguire bene.*

(b) Forma **implicita**: si rendono mediante le preposizioni semplici *da*, *per*, *di*, *a*. Il predicato è al modo infinito. Esempi: *Tu sei stato tanto buono da meritare un premio.* ı *Gli diedi un pugno talmente forte da farlo ruzzolare per terra.* ı *C'era tanto gelato da impazzire.* ı *L'organizzazione fu tale da meravigliare persino gli stranieri.* ı *Mi aveva angustiato a tal segno da non poterne più.* ı *Corréggiti in modo da non farti più rimproverare.* ı *La bugia era troppo evidente per poter ingannare anche l'uomo più semplice.* ı *Era una persona indegna di indossare la divisa.* ı *Vado cercando una persona idonea a dirigere l'officina.* ı *Queste battute spiritose sono atte a suscitare il riso di tutti.*

IN LATINO le proposizioni subordinate consecutive si costruiscono sempre col modo congiuntivo introdotto da una congiunzione o da un pronome relativo.

(a) La congiunzione ... *ut* (= che, da) in correlazione con *sic*..., *ita*..., *tam*..., *adeo*..., *tantopere* (sì..., così..., tanto..., talmente..., in modo..., in maniera..., per modo..., di guisa...) o in relazione con *eo*..., *usque eo* ...(= a tal punto..., a tal segno...).

(b) Il pronome relativo ...*qui, quae, quod* (= ...che, ...da, ...di, ...a) in correlazione coi pronomi *is, ea, id*..., *talis, talee*...(= tale), *tantus, tanta, tantum*... (= tanto...; tanto grande...), *tam multus, tam multa, tam multum*... (= tanto...; tanto numeroso...), *eiusmodi, huiusmodi* ... (= siffatto, di tal fatta...) o in correlazione con gli aggettivi *dignus, digna, dignum*... (= degno, meritevole...), *indignus, indigna, indignum*... (= indegno, immeritevole), *aptus, apta, aptum*... (= atto), *idoneus, idonea, idoneum*... (= idoneo).

(c) Il pronome relativo ...*qui, quae, quod* (= perché, per) o la congiunzione ...*ut* (= perché, per) preceduti da *quam*, quando si trovano in correlazione con l'avverbio italiano «troppo» che rende comparativo l'aggettivo a cui è premesso.

86 *Fate l'analisi logica dei seguenti periodi.*

(1) La sbirraglia si spostò ad una certa distanza dalla porta in modo però che nessuno potesse uscirne inosservato. (2) Lo salutò con tanta dolcezza che esprimeva un'affezione consueta che era resa più intensa dalla pietà. (3) C'era uno di quei nebbioni che sono comuni alle grandi pianure ed era fitto a tal segno che non si vedeva un palmo dal naso. (4) Ci volle tutta l'autorità del Griso a tenerli a freno tanto che fosse una ritirata, non una fuga. (5) Vedete che il babbo sta male così che il dottore ha ordinato di lasciarlo tranquillo, perciò fate (sì) che egli non s'accorga di nulla. (6) Don Abbondio, sentendo il concerto solenne dei suoi confratelli in chiesa, provò un tale accoramento da non poter trattenere le lacrime. (7) Tanto dissi e tanto feci che lo persuasi a desistere da quella pericolosa impresa, nella quale riponeva tanta energia da trascurare qualsiasi altra occupazione. (8) Spesso avviene che da cumuli di nuvole pur minacciose, che da lontano si adunano, non esca nemmeno una goccia di pioggia. (9) Si era sparsa la voce di molti e vari prodigi: si diceva che alcune statue degli dèi nella notte avevano sudato sangue e si erano coperte d'un pallore insolito e che molti fulmini erano caduti dal cielo sì da riempire gli animi di sgomento. (10) Quanti libri, che oggi sono in vendita, non sono degni di essere letti, perché sono privi di contenuto o fanno leva (questo è il male peggiore) su mode talmente passeggere da essere dimenticate in breve tempo. (11) Tu sei troppo ingenuo per poter comprendere la ragione di certe situazioni, sicché (= sì che) cercherò di spiegarti almeno per sommi ca-

pi gli intricati motivi che vengono addotti. (12) Silvia era troppo nota per la sua fantasia perché noi credessimo a quanto andava dicendo sul suo stesso conto, per non apparire da meno delle sue compagne. (13) Mentre quel forno veniva messo sottosopra, nessun altro della città era quieto e senza pericolo, ma a nessuno la gente accorse in numero tale da poter intraprendere tutto: in alcuni i padroni avevan raccolto degli ausiliari e stavan sulle difese, altrove si trovavano a tal segno d'inferiorità che scendevano a patti.

Proposizioni subordinate modali

Indicare un modo, una maniera: le MO-DALI.

➡ Si chiamano **subordinate modali** quelle proposizioni secondarie che indicano il modo, la maniera in cui si avvera o si effettua il pensiero espresso dalla reggente.

(a) Forma **esplicita**: si rendono mediante la congiunzione *come* o le locuzioni *nel modo che, nella maniera che, a quel modo che* eccetera, e con il predicato al modo indicativo; oppure mediante la locuzione *senza che* e col predicato al modo congiuntivo. Esempi: *Farete come vi ho detto.* | *Essi avevano agito nel modo che sembrò loro più opportuno* | *Maria ha scritto nella maniera che le avevo suggerito.* | *Rimase lì senza che dicesse verbo.*

(b) Forma **implicita**: manca un nesso vero e proprio con la reggente; il predicato va al gerundio semplice. Esempi: *Cadde combattendo da eroe.* | *Le rane camminano saltellando.* | *L'uomo terminò il suo intervento riepilogando i punti in discussione.*

IN LATINO le proposizioni subordinate modali si costruiscono in due modi verbali.

(a) **Indicativo** retto dalle congiunzioni *ut* o *quem, admodum* (= come, nel modo che, nella maniera che, a quel modo che).

(b) **Participio presente** concordato col sostantivo a cui si riferisce il gerundio italiano.

87 Fate l'analisi logica dei seguenti periodi.

(1) Servio Tullio con le sue leggi fu di grandissimo giovamento ai suoi concittadini, come poteva essere a quei tempi, poiché in molti modi ne promosse il bene. (2) La vista degli elefanti spaventò talmente i soldati romani che questi, come Pirro aveva previsto, si dettero alla fuga. (3) Essendovi comportati nel modo che vi avevo consigliato, avete fatto una bella figura di fronte a tutti co-

loro che erano presenti al congresso. (4) Non hai visto che sarebbe stato meglio che ti fossi comportato come si comportano le persone oneste? (5) Don Abbondio, tenendo sempre il breviario aperto dinanzi, spingeva lo sguardo in su, per spiare le mosse dei bravi. (6) Volentieri ti perdonerò, perché, come vivamente desideravo, hai detto la verità, pur sapendo che ti dichiaravi colpevole e meritevole di essere castigato. (7) A quel modo che venivano perseguitati i patrioti, il 6 ottobre il Maroncelli fu arrestato, essendo la polizia venuta in possesso di una lettera da lui mandata al fratello. (8) Voi sapete che i soldati spartani, che morivano ricevendo il maggior numero delle ferite nel petto, erano celebrati come eroi nazionali, poiché con ciò dimostravano di aver affrontato direttamente il nemico. (9) Era essa in quel momento, come abbiamo detto, ritta vicino alla grata, tenendo un mano appoggiata languidamente a quella, e guardava fissamente Lucia che veniva avanti esitando. (10) Dopo una notte di viaggio su quella disagiata vettura che procedeva ballonzolando tra continue scosse, si sedettero volentieri su una panca che stava ferma in una stanza, fecero colazione, come permetteva la penuria dei tempi, e, pensando al banchetto che due giorni prima speravan di fare, ciascuno mise un gran sospiro. (11) L'onda segata dalla barca, riunendosi dietro la poppa, segnava una striscia increspata, che s'andava allontanando dal lido. (12) Egli stava attento e faceva mille domande, e accattando una mezza notizia di qua, una mezza di là, commentando fra sé una parola oscura, interpretando un andare misterioso, tanto fece che venne in chiaro di ciò che si doveva eseguire quella notte.

Proposizioni subordinate condizionali. Il periodo ipotetico

Si dicono subordinate **condizionali** quelle proposizioni secondarie che indicano la condizione o ipotesi, più o meno probabile, dall'avverarsi della quale dipende logicamente l'avverarsi del pensiero espresso dalla reggente. L'unione della proposizione condizionale con la sua reggente forma un periodo speciale, detto **periodo ipotetico**. Le proposizioni che costituiscono un periodo ipotetico (cioè la reggente e la subordinata condizionale) assumono nomi tecnici: la *condizionale* si chiama **protasi** (= premessa); la *reggente* si chiama **apodosi** (= conseguenza).

(a) Forma **esplicita**: si rendono mediante le congiunzioni subordinative *se, qualora, purché, ove, quando*, eccetera, oppure mediante le locuzioni congiuntive *posto che, dato che, supposto che, a patto che, a condizione che* e simili, e col predicato al modo indicativo o congiuntivo.

(b) Forma **implicita**: si rendono mediante la preposizione *a* e col predicato al modo infinito, oppure senza nesso vero e proprio e col predicato al gerundio o al participio.

Esistono tre specie di periodi ipotetici, secondo i diversi rapporti logici che si possono instaurare tra la condizionale (protasi) e la reggente (apodosi).

Indicare una condizione, un'ipotesi: le subordinate CONDIZIONALI.

Reggente +
prop. condizionale
= PERIODO IPOTETICO

Tipi di proposizioni subordinate

Nella reggente e nella subordinata si considera reale il verificarsi di una certa circostanza eventuale: PERIODO IPOTETICO DELLA REALTÀ.

(1) Periodo ipotetico della realtà

Si suppone e si ammette come reale e vera la condizione; quindi si deduce e afferma come reale e certo il pensiero espresso dalla reggente: pertanto il predicato della condizionale sarà al modo indicativo che è appunto il modo della realtà. Esempi: *Se verrai, mi farai piacere.* | *Non posso far questo, se non mi aiutate.* | *Andiamo pure, se così vi pare meglio.* | *A dire il vero (= Se vogliamo dire il vero), egli non aveva poi tutti i torti.* | *Andando (= Se andrai) troppo di corsa, potrai cadere.* | *Assaliti (= se saremo assaliti) sapremo difenderci.*

Nella reggente si dà come possibile o eventuale il verificarsi di una certa circostanza; altrettanto avviene nella subordinata condizionale: PERIODO IPOTETICO DELLA POSSIBILITÀ.

(2) Periodo ipotetico della possibilità

In questa specie di periodo ipotetico si suppone come possibile l'avverarsi della condizione; quindi si deduce e afferma come possibile anche l'avverarsi del pensiero espresso dalla reggente; pertanto il predicato della condizionale sarà al modo congiuntivo che è appunto il modo della possibilità. Esempi: *Se foste più sinceri, vi stimerei di più.* | *Qualora la febbre aumentasse, chiamate il medico.* | *Vieni pure con me purché tu non corra.* | *Ove il professore te lo chiedesse, mostragli anche codesti tuoi disegni.* | *Vi condurrò al Museo archeologico, posto che lo desideriate.* | *Quando tu voglia uscire, io sono pronto.* | *Accettereste voi un suo invito, a condizione che allontanasse per quel giorno quell'intruso?* | *Sarei contento, se avessi vinto* [non lo so ancora e potrei aver vinto] *al lotto.* | *A ben considerare (= Se ben considerassimo) le cose, potremmo concludere l'affare.* | *Partendo (= Se partisse) mio fratello, resterei solo.* | *Detto (= se diceste) questo, non avreste altro da dire.*

Nella reggente si dà per impossibile il verificarsi di una certa circostanza, e dunque anche nella condizionale essa è tale: PERIODO IPOTETICO DELLA IRREALTÀ O DELL'IMPOSSIBILITÀ.

(3) Periodo ipotetico dell'irrealtà o dell'impossibilità

In questa specie di periodo ipotetico si suppone come irreale o impossibile l'avverarsi della condizione; quindi si deduce e afferma come irreale o impossibile anche l'avverarsi del pensiero espresso dalla reggente; pertanto il predicato della condizionale sarà al modo congiuntivo che è anche il modo dell'irrealtà e della impossibilità. Esempi: *Se tu fossi* [ma non lo sei] *povero, non spereresti il denaro.* | *Se a Zama Scipione non avesse vinto i Cartaginesi* [ma invece li vinse]*, le sorti di Roma nel mar Mediterraneo sarebbero state minacciate seriamente.* | *Supposto che un nostro antenato ritornasse* [ma non può più ritornare] *in vita, che cosa direbbe dell'aeroplano?* | *A veder (= Se vedesse) volare un asino* [ma ciò non è possibile] *non si scomoderebbe nemmeno il tuo amico.* | *Vivendo (= se vivessimo) due volte* [il che è impossibile] *acquisteremmo una maggiore esperienza della vita.* | *Le stesse parole, dette (= se fossero state dette) da noi* [ma non le abbiamo dette]*, sarebbero state mal interpretate.*

IN LATINO le proposizioni subordinate condizionali (protasi) si costruiscono in tre possibili modi.

(a) **Modo indicativo** retto dalla congiunzione *si* (negazione: *nisi*) se si tratta di periodo ipotetico della *realtà*.

(b) **Modo congiuntivo** al tempo presente o perfetto sempre retto dalla congiunzione *si* (negazione: *nisi*), se si tratta di un periodo ipotetico della *possibilità* (la «reggente» o «apodosi» che si presentasse in italiano al modo condizionale, assumerà anch'essa il modo congiuntivo e il tempo presente o perfetto).

(c) **Modo congiuntivo** al tempo imperfetto o piuccheperfetto, sempre retto dalla congiunzione *si* (negazione *nisi*), se si tratta di periodo ipotetico della *irrealtà* o *impossibilità* (la «reggente» o «apodosi» che si presentasse in italiano al modo condizionale assumerà anch'essa il modo congiuntivo e il tempo imperfetto o piuccheperfetto).

88 *Fate l'analisi logica dei seguenti periodi.*

(1) Se, trovandoti in difficoltà, mi chiedessi di aiutarti, accorrerei subito. (2) Lo lusingano perché è ricco; fosse povero lo schiverebbero. (7) Credo essere cosa prudente che non interloquisca, poiché se non si conosce la materia non si può parlare. (4) Si dice che Alessandro Magno, dopo aver visitato Diogene, abbia esclamato: «Se non fossi Alessandro vorrei essere Diogene». (5) Quand'anche mi rifiutassi, non rimarrei deluso. (6) Certo li avremmo battuti se la nostra preparazione fosse stata curata nei particolari. (7) Mi fai torto se credi ch'io sia tale da ingannarti. (8) Qualora tu incontrassi nella vita un vero amico tienilo caro come il tesoro più prezioso che tu possa aver trovato. (9) È un problema troppo difficile per essere risolto da bambini come voi e anche a porvi tutto il vostro impegno non riuscireste a nulla. (10) Se non tornasse più la corrente elettrica sarebbe un vero guaio perché consumato questo pezzo di candela rimarremo al buio. (11) La coltivazione razionale è quella che più conta, infatti molte nostre terre lavorate a dovere darebbero un prodotto maggiore. (12) Roberto non ha superato l'esame e questo l'ha turbato, ma la responsabilità è sua, perché non manca d'intelligenza e studiando con più applicazione sarebbe potuto riuscire. (13) Renzo scese un po' sul pendio e separando e diramando con le mani e con le braccia il prunaio guardò giù ma non vide né sentì nulla: se fosse stato qualcosa di meno dell'Adda egli sarebbe sceso subito per tentarne il guado ma sapeva che l'Adda non era fiume da potersi trattare così in confidenza. (15) Anche queste monache le erano odiose poiché la loro aria di pietà e di contentezza le riusciva come un rimprovero della sua inquietudine ma forse sarebbe stata meno avversa ad esse ove avesse saputo o indovinato che le poche palline nere trovate nel bossolo che decise della sua accettazione c'erano state messe da quelle.

Proposizioni subordinate esclusive

Restringere il pensiero della reggente escludendo qualcosa: le ESCLUSIVE.

➡ Si dicono **subordinate esclusive** quelle proposizioni secondarie che indicano qualcosa che è da e s c l u d e r e dal pensiero più ampio espresso dalla reggente, alla quale sono sintatticamente collegate.

(a) Forma **esplicita**: si rendono mediante la congiunzione subordinativa *fuorché* o le locuzioni congiuntive *a meno che, salvo che, tranne che, eccetto che, se non che* e simili, e col predicato al modo indicativo o congiuntivo, ovvero mediante la locuzione *senza che* e col predicato sempre al modo congiuntivo. Esempi: *Aveva accettato tutti i suoi consigli, fuorché non dovesse più trovarsi con Mario.* | *Sempre la vinceva, a meno che l'imminenza del pericolo non gli avesse fatto perdere la testa.* | *Verrò a trovarti, salvo che il tempo non me lo impedisca.* | *Non si deve mai mentire, eccetto che il mentire giovi a qualcuno senza danno altrui.* | *Non è un brutto ragazzo, se non che è un po' strabico.* | *Molti provvedimenti sono stati adottati, senza che ancora se ne vedano gli effetti.*

(b) Forma **implicita**: si rendono mediante la congiunzione senza e col predicato al modo infinito. Esempi: *Ella riesce bene nella matematica senza fare il minimo sforzo.* | *Senza correre affannosamente, saresti giunto in tempo.* | *Sta' lì fermo senza molestar nessuno.* | *Tu oggi ti trovi bene senza aver corso alcun rischio.*

IN LATINO le proposizioni subordinate esclusive si costruiscono usando due modi verbali.

(a) **Modo indicativo** retto dalle locuzioni congiuntive *praeterquam quod, nisi quod* (= fuorché, se non che, eccetto che), *nisi forte, nisi vero* (= a meno che [non], salvo che [non], tranne che [non]).

(b) **Modo congiuntivo** retto dalle congiunzioni negative *ut non* e *cum* (= senza, senza che).

89 *Fate l'analisi logica dei seguenti periodi.*

(1) Io credo comunque che vi sia una giustizia terrena, a meno che tu non ne neghi l'esistenza per i casi di questi ultimi giorni. (2) Ora riposiamoci un poco, perché siamo troppo stanchi: dopo mezzogiorno continueremo la discussione per raggiungere un accordo, tranne che non vogliate differire la cosa a domani. (3) Non credo che egli sia diventato pazzo, salvo che non si sia comportato così apposta per apparire tale ed evitare la condanna per il delitto che aveva commesso. (4) Pare che Federica studi abbastanza, senonché ha così poca memoria da non ricordare ciò che ha studiato tempo addietro, perciò riporta sempre brutti voti. (5) Marta dovrebbe essere già tornata dal fornaio, dove l'ho

mandata a comprare i panini per stasera, a meno che nel ritorno, dato che c'è traffico, non abbia dovuto aspettare l'autobus. (6) Fatta quell'operazione, non si lagnò più della sua salute, fuorché qualche volta diceva di sentire dolori al capo. (7) Essendo stata una volta derubata in pieno giorno, la donna promise a se stessa che non avrebbe aperto la porta ad alcuno, eccetto che a chi avesse fatto squillare tre volte il campanello. (8) Credo di aver risposto bene a tutte le domande rivoltemi dal professore, salvo che mi sono un po' confuso nell'ultima, che verteva sul periodo ipotetico. (9) Questi corridori, che arrivano ora in gruppo, rimarranno indietro, a meno che giù per la lunga discesa che porta al mare non riescano a raggiungere almeno il grosso dei compagni. (10) Fra canti e suoni il cavallo di legno, fabbricato da Egeo, fu introdotto nella città e di notte i guerrieri greci uscirono dal suo ventre, senza che alcuno dei Troiani se ne accorgesse, e appiccarono il fuoco alla città. (11) Egli ascoltò senza versare una lacrima la triste notizia, eppure si vedeva da tutti che grande era lo strazio da cui era turbato il suo animo.

Proposizioni subordinate limitative

> Si dicono **subordinate limitative** le proposizioni secondarie che indicano idee che l i m i t a n o e r e s t r i n g o n o il pensiero espresso dalla reggente.

Restringere il pensiero della reggente: le LIMITATIVE.

(a) Forma **esplicita**: si rendono mediante le congiunzioni subordinate *purché, che* o le locuzioni congiuntive *secondo che, a quanto, come che, per quanto che, per quello che, quanto al fatto che* e simili, e col predicato al modo indicativo o congiuntivo. Esempi: *Andate pure, purché torniate presto.* | *Che io sappia, domani non c'è scuola.* | *Quella bandierina sventola secondo che spira il vento.* | *A quanto si dice pochi in quel paese sono ritornati.* | *Saremo aiutati per quanto sarà possibile.* | *Quanto al fatto che non vi siano mezzi sufficienti ti spiegherò ora tutto.*

(b) Forma **implicita**: si rendono mediante la locuzione *pur di* e col predicato al modo infinito. Esempi: *Pur di far cosa grata alla mamma Lucia non badava a nulla.* | *Devi fare qualunque sacrificio pur di essere promosso.*

IN LATINO le proposizioni subordinate limitative si costruiscono con due modi verbali.

(a) **Modo indicativo** retto dalle congiunzioni *ut, prout* (= secondo che, a quanto, come che, per quello che), *quantum* (= per quanto, per quello che), *quod* (= quanto al fatto che, in quanto).

(b) **Modo congiuntivo** retto dalle congiunzioni *quod* (= che, per quanto almeno), *dum, modo, dummodo* (= purché, pur di), *dum ne, modo ne, dummodo ne* (= purché non, pur di non).

VERIFICARE

90 *Fate l'analisi logica dei seguenti periodi.*

(1) Sebbene essi lavorino poco, pure non sono da rimproverare, perché lavorano per quanto comportano le loro forze. (2) I Greci chiamavano barbari gli altri popoli, in quanto non parlavano la lingua greca, che era da essi considerata la lingua migliore di quei tempi. (3) Secondo che narra Tacito, i Germani antichi erano un popolo sì bellicosissimo, ma anche virtuoso, e sotto certi aspetti superavano gli stessi Romani. (4) Come prescrive il vangelo, noi dobbiamo aiutare i bisognosi, per quanto possiamo, essendo essi l'immagine di Cristo che visse sempre nella povertà. (5) Per quanto sta in noi contribuiremo con ogni nostra energia al miglioramento delle condizioni sociali degli immigrati. (6) Si dice che Tito Pomponio Attico ebbe un padre amoroso ed anche ricco, per quello che comportavano i tempi. (7) Mi pare di non averti offeso neppure nella più piccola cosa, per quanto almeno io mi sia accorto, né era questa la mia intenzione. (8) Sappi che la volontà è una grande virtù che fu prerogativa di Vittorio Alfieri e che anche tu quindi facilmente raggiungerai lo scopo, purché sia diligente e perseverante. (9) Vi prego di venire quanto prima da me, purché ciò non vi rechi incomodo, per esaminare insieme la questione che ci riguarda tutti e spero che riusciremo nell'intento. (10) Aristide ateniese, unico a memoria d'uomo, per quello almeno che abbiamo inteso, fu soprannominato il Giusto, ma egli una volta dichiarò ad un popolano di essere seccato di sentirsi dare quell'appellativo. (11) Quanto a quello che ti è stato detto contro di me, sappi che molti accusano con facilità, non perché siano solleciti dell'altrui bene, ma perché sono mossi da invidia. (12) Morto lui, il nuovo padrone, pur di fare brigata nuova, sfrattò tutta la famiglia, pur trattenendo quel servitore e per essere egli già vecchio e perché aveva delle ottime qualità. (13) Non rivangare ciò che ti reca null'altro che inquietudine: io sono un povero frate, ma ti ripeto quanto ho detto a queste donne, che non vi abbandonerò per quel poco che posso. (14) Era Perpetua, come ognuno se n'avvede, la serva affezionata e fedele di Don Abbondio, la quale sapeva ubbidire e comandare, secondo che le suggeriva l'opportunità, tollerare le fantasticaggini del padrone e fargli a tempo tollerare le proprie che divenivan sempre più frequenti, da che aveva passata l'età sinodale dei quaranta.

Proposizioni subordinate avversative

Creare un contrasto con quanto espresso nella reggente: le AVVERSATIVE.

▶ Si dicono **subordinate avversative** quelle proposizioni secondarie che indicano un fatto o un'idea in a v v e r s i o n e, cioè in c o n t r a s t o o in o p p o s i z i o n e al pensiero espresso nella reggente.

(a) Forma **esplicita**: si rendono mediante le congiunzioni subordinate *mentre, laddove, quando* e col predicato al modo indicativo. Esempi: *La ricchezza rammollisce spesso gli animi anche generosi, mentre la povertà li tempra.* ∣ *Gli anni della fanciullezza sembrano lunghi, laddove quelli della vecchiaia fuggono rapidamente.* ∣ *Il capitano trovò la città priva di vettovaglie, quando invece sperava in un largo bottino.*

(b) Forma **implicita**: mediante la locuzione *invece di* e col predicato al modo infinito, oppure senza nesso vero e proprio e col predicato al gerundio semplice. Esempi: *Egli, invece di aversi riguardo, volle uscire col maltempo.* | *Il buon uomo, cercando di sedare le ire, le inaspriva maggiormente.* | *Essendo tutti scoraggiati per la recente sconfitta, egli solo appariva sereno.*

Si faccia attenzione a non confondere le proposizioni a v v e r s a t i v e s u b o r d i n a t e con le proposizioni a v v e r s a t i v e c o o r d i n a t e, di cui si è parlato a p. 116.

Attenzione al RUOLO SINTATTICO **delle avversative.**

IN LATINO le proposizioni subordinate avversative si costruiscono in due modi.

(a) Modo congiuntivo retto dalla congiunzione *cum* (= mentre, laddove, quando) e talvolta dal pronome relativo *qui, quae, quod*, oppure dalla congiunzione negativa *cum non* (= invece di).

(b) Costrutto speciale dell'**ablativo assoluto**, quando ciò sia possibile.

91 *Fate l'analisi logica dei seguenti periodi.*

(1) Molti filosofi, mentre lodano la morte nei loro scritti, fanno poi di tutto per tenerla lontana, dimostrando così di averne timore. (2) Molti sono sempre malcontenti, perché aspirano a cose che assai spesso non possono conseguire, laddove potrebbero essere felici, se sapessero contenere le loro passioni. (3) Perché, esortando gli altri al lavoro, tu vivi nell'ozio dando un cattivo esempio? (4) Mentre erano preoccupatissimi per le condizioni atmosferiche, che quella mattina erano loro sfavorevoli, essi cercavano di dissimulare ogni timore, per infondere coraggio ai viaggiatori che, ignari di tutto, osservavano dal finestrino l'aeroporto che si allontanava. (5) Cesare, invece di trattenere i soldati negli alloggiamenti dato che temeva un ammutinamento, il settimo giorno mandò cinque coorti a foraggiare, poiché il cibo scarseggiava e cominciava a serpeggiare un certo malcontento. (6) Nessuno desidera discutere con Enrico, perché ha un carattere bisbetico, laddove suo fratello è tale una pasta d'uomo da contare numerosi amici, i quali gli vogliono bene ed amano la sua compagnia. (7) Come puoi sostenere di aver freddo, mentre hai vestiti così pesanti? (8) Mi piacque molto la frase che lessi qualche giorno fa: «Perché è amato Lisia, mentre è completamente ignorato Catone?». (10) Quanta tristezza pervade il mio animo al vedere come in questi tempi così difficili alcuni vivono tra mille agi e piaceri, mentre la maggior parte del popolo languisce di fame! (10) Molti, per essere troppo scrupolosi, vedono dappertutto ostacoli, laddove altri, che sono troppo ottimisti, credono facile ogni cosa: chi di costoro credi degni di essere imitati? (11) I nemici, appena scorsero i nostri cavalieri, il numero dei quali era di 5.000 quando essi non ne avevano più di

800, fatta un'improvvisa irruzione, rapidamente scompigliarono i nostri cosicché presero presto il sopravvento. (13) Dovrei forse sopportare la prepotenza di questo meschino, mentre non ho tollerato l'alterigia di uomini che per la loro potenza erano veramente temibili?

Proposizioni subordinate comparative

Stabilire un confronto con la reggente: le COMPARATIVE

➡ Si dicono **subordinate comparative** quelle proposizioni secondarie che indicano un fatto o un'idea in c o m p a r a z i o n e, cioè in confronto col pensiero espresso nella reggente.

Poiché il confronto o comparazione può corrispondere alla realtà o essere soltanto supposto, ne consegue che le proposizioni subordinate comparative possono essere **reali o ipotetiche.**

(1) Comparative reali sono le proposizioni che esprimono un confronto reale o ammesso come reale. Poiché ogni comparazione, come sappiamo, può essere di maggioranza o di minoranza o di uguaglianza, si avranno perciò diversi sotto-casi.

(a) Comparative reali **di maggioranza.** Sempre esplicite, sono introdotte dalle locuzioni congiuntive *che non, di quello che (non), di quanto (non),* e simili, in correlazione con a g g e t t i v i o a v v e rb i c o m p a r a t i v i d i m a g g i o r a n z a (*maggiore, più grande, migliore, più buono, peggiore, più cattivo,* ecc.; *più, piuttosto, meglio, peggio,* ecc.) o con verbi di significato comparativo (*preferire, voler piuttosto, amare meglio,* ecc.) che si trovano nella reggente, e col predicato al modo indicativo o congiuntivo o condizionale. Esempi: *Il pollo era migliore di quello che avevo creduto.* ǀ *La cosa andò peggio che non pensassimo.* ǀ *Così Maria ottenne più di quanto avrebbe osato chiedere.*

(b) Comparative reali **di minoranza.** Sempre esplicite, anche esse sono introdotte dalle stesse locuzioni congiuntive *che non, di quello che (non), di quanto (non)* e simili, in correlazione però con a g g e t t i v i o a v v e r b i c o m p a r a t i v i d i m i n o r a n z a (*minore, più piccolo, meno*) che si trovano nella reggente, e col predicato pure al modo indicativo o congiuntivo o condizionale. Esempi: *Ella è guarita in minor tempo che non si credesse.* ǀ *Gli amici ci hanno aiutato meno di quello che avrebbero dovuto.* ǀ *È un uomo meno rude di quanto non sembri.*

(c) Comparative reali **di uguaglianza.** Sempre esplicite, anche esse sono introdotte dalle congiunzioni *come, quanto,* o gli aggettivi *quale, quanto (grande), quanti,* o l'avverbio *quante (volte),* o le forme *che, di quello che, da quello che, a quello che* e simili, in correlazione con le congiunzioni *così, tanto, non meno,* o gli aggettivi *tale, tanto (grande), non minore, tanti,* o l'avverbio *tante volte,* o le forme speciali *a quel modo, in proporzione, proporzionalmente, non diversamente* e simili, o anche gli aggettivi speciali *simili, non dissimile, pari, uguale, non diverso, stesso, medesimo* e simili che si trovano nella reggente, e col predicato pure al modo indicativo o congiuntivo o condizionale. Esempi: *Noi siamo (così) come ci ha fatto madre natura.* ⎢ *Egli aveva mangiato (tanto) quanto aveva voluto.* ⎢ *Quale è il padre, tale è il figlio.* ⎢ *La cosa avvenne a quel modo che avevamo previsto.* ⎢ *Egli aveva un carattere non diverso da quello che avremmo potuto immaginare.* ⎢ *Bada di non fare diversamente da quello che ti avevo consigliato.*

(2) Comparative ipotetiche sono le proposizioni che esprimono una comparazione, un confronto i p o t e t i c o – cioè soltanto supposto, pensato – e anch'esse possono essere di tre diversi tipi.

    (a) Comparative ipotetiche **di maggioranza**. Sono sempre esplicite, introdotte dalla locuzione congiuntiva *che se,* in correlazione con gli stessi aggettivi o avverbi di maggioranza di cui sopra e col predicato al modo congiuntivo. Esempi: *Lo amava più che se fosse stato suo fratello.* ⎢ *Il piatto era migliore che se l'avesse preparato prima.*

    (b) Comparative ipotetiche **di minoranza**. Sono sempre esplicite e sono introdotte dalla locuzione congiuntiva *che se,* in correlazione con gli stessi aggettivi o avverbi di minoranza di cui sopra e col predicato al modo congiuntivo. Esempi: *Egli parlò meno che se gli avessero imposto il silenzio.* ⎢ *Il campeggio, in definitiva, recò al bosco meno danno che se si fosse verificato un semplice temporale.*

    (c) Comparative ipotetiche **di uguaglianza**. Sono sempre esplicite e sono introdotte dalla locuzione congiuntiva *che se,* in correlazione con le forme *non altrimenti, non diversamente,* ovvero mediante la congiunzione *quasi* o la locuzione congiuntiva *come se* e col predicato al modo congiuntivo. Esempi: *Egli si confidò con lui non altrimenti che se fosse stato suo fratello.* ⎢ *Non si presentò, quasi avesse timore di noi.* ⎢ *Ragiona e agisce come se fosse l'unico giudice del proprio operato.*

IN LATINO le proposizioni subordinate comparative si costruiscono in due modi diversi.

(a) Comparative reali: modo i n d i c a t i v o retto dalle congiunzioni *quam, atque, ac* (= che [non], di quanto [non]), *ut* (= come, quanto) o dagli aggettivi *qualis, –e* (= quale), *quantus, –a, –um* (=quanto [grande]), *quot* (= quanti) o dagli avverbi *quoties* (= quante volte) e *quantum* (= quanto).

(b) Comparative ipotetiche: modo congiuntivo retto dalle locuzioni congiuntive *quam si* (= che se), o, nella sola uguaglianza, dalle congiunzioni *ac si* (= che se), tamquam *si, ut, si, velut si, quasi* (= quasi, come se).

92 *Fate l'analisi logica dei seguenti periodi.*

(1) Si dice che il diavolo è meno brutto di quello che si dipinge, per dire che spesso gli uomini esagerano quando giudicano un fatto o una persona. (2) Nei *Promessi Sposi* i personaggi che il Manzoni ci presenta assumono atteggiamenti e parlano un linguaggio tali, quali convengono alla loro indole e alla loro condizione sociale. (3) Quel ragazzo è troppo presuntuoso per volergli bene, infatti giudica e parla come se avesse trent'anni, mentre ne ha soltanto tredici e non può naturalmente avere la debita esperienza. (4) I bravi ritornano al palazzotto come un branco di segugi mogi mogi al padrone dopo aver inseguito invano una lepre. (5) Egli parlava come può parlare un grande oratore e si commoveva non altrimenti che se avesse avuto sotto gli occhi i fatti che raccontava. (6) Cercate di non assumere atteggiamenti falsati, per voler apparire diversi o più adulti: ognuno deve parlare e agire non diversamente che natura ed età voglia. (7) Secondo la morale degli antichi, l'ozio corrompe gli animi più di quello che non facciano l'ambizione e la superbia, che sono pure considerati vizi assai gravi. (8) Paolo è un buon padre di famiglia, lavora dalla mattina alla sera, tuttavia non riesce a guadagnare tanto denaro quanto basti per sé e per i suoi. (9) Egli era fuori di sé e, stringendo i denti e raggrinzando il viso, stendeva le braccia e puntava i pugni, quasi volesse tener ferma la porta. (10) Quei disgraziati furono deportati in campi di concentramento e quando tornarono alle loro città e ai loro paesi trovarono le loro case ben diversamente da quelle che avevano lasciate. (11) Ti sei comportato diversamente da quello che mi avevi promesso, poiché, piuttosto di seguire i consigli del tuo maestro, hai consumato il tempo nell'ozio. (12) L'espugnazione della città fu meno facile di quello che credessimo, poiché tutti, invece di arrendersi alle nostre forze superiori preferirono combattere fino all'ultimo. (13) In molte cose noi giudichiamo diversamente da quello che hanno giudicato gli antichi: tutto si muta col tempo ed anche il modo di pensare è ben differente da quello ch'era prima. (14) Piuttosto che lamentare la tua infelicità ed accusare la fortuna avversa, sollevati dai mali in cui ti trovi e tendi tutte le forze del corpo e dell'anima tua per vincere le avversità. (15) Ti raccomando di essere più prudente ché troppo facilmente giudichi degli altri, quasi avessi tu stesso sufficiente esperienza e degli uomini e delle cose. (16) Piuttosto che leggere, tu perdi inutilmente il tempo, se, come tu stesso dici, non conservi nella memoria nemmeno una parola.

Proposizioni subordinate strumentali

▶ Si dicono **subordinate strumentali** le proposizioni secondarie che indicano un fatto o un'idea che serve di m e z z o o d i s t r u m e n t o per l'avverarsi del pensiero espresso dalla reggente.

Indicare il mezzo o lo strumento: le STRUMENTALI.

Le proposizioni strumentali hanno sempre forma **implicita**: sono introdotte dalla preposizione semplice o articolata *con*. Il predicato è al modo infinito, oppure, senza nesso vero e proprio con la reggente, al modo gerundio. Esempi: *Col dare ragione a lui, tradiva la sua passione di parte.* | *Con lo sbagliare, s'impara.* | *Dando ragione a lui tradiva la sua passione di parte.* | *Sbagliando, s'impara.*

IN LATINO le proposizioni subordinate strumentali si costruiscono in due modi.

(a) **Gerundio** o **gerundivo** al caso ablativo.

(b) **Participio presente** concordato col soggetto della proposizione reggente.

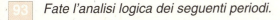

93 *Fate l'analisi logica dei seguenti periodi.*

(1) Mi sembra che, lodando il fratello, egli indirettamente voleva parlare bene anche di se stesso, dato che svolgono entrambi il medesimo lavoro nella stessa società. (2) Quanti genitori, che non sempre sono scusati dall'ignoranza, fanno il male dei loro figli col dar loro sempre ragione! (3) Dice Quintiliano che l'eleganza del parlare si affina del tutto leggendo gli oratori e i poeti, sebbene questi, come osserva Orazio, abbiano una certa libertà di stile. (4) Perché non fai in modo di irrobustire la tua memoria, esercitandola bene ogni volta che ti si presenta a scuola l'occasione? (5) Don Rodrigo, il quale non voleva uscirne né dare addietro né fermarsi, pensava di poter andare avanti da sé chiedendo l'aiuto di un tale, le cui mani arrivavano spesso dove non arrivava la vista degli altri. (6) Per quello che ho potuto capire, egli è così irritato, così stucco delle villanie di quel frate, che ha più voglia di farsi giustizia da sé, adoperando magari la maniera forte, che d'ottenerla in maniera regolare. (7) Insistendo con l'amico venne a sapere molte cose che ignorava e di molte venne in chiaro che non sapeva bene, seppe dei casi di Lucia e come don Rodrigo se n'era andato con la coda fra le gambe e non s'era più veduto da quelle parti. (8) Quello pure si fermò per sentire quanto egli voleva esporgli e, puntando in terra il suo bastoncino davanti a sé, voleva quasi farsene un baluardo. (9) Renzo affrettò il passo, facendosi coraggio col pensare che la meta non doveva essere così vicina e sperando che prima d'arrivarci, troverebbe mutata la scena. (10) La prima cosa che si vedeva era un infermo seduto

sulla paglia, però non aggravato, ma che poteva parer vicino alla convalescenza il quale, visto il padre, tentennando la testa, accennava di no. (11) Appena poté trascinarsi, andò in cerca di Bortolo, il quale fino allora aveva potuto scansar la peste e stava riguardato; non gli andò in casa, ma, chiamandolo a voce alta, lo fece affacciare alla finestra. (12) Egli prese verso Lecco, volendo, per non andar così alla cieca a Milano, passar dal suo paese, dove sperava di trovare Agnese viva e di saper da lei, col rivolgerle mille domande, qualcuna delle tante cose che desiderava.

Proposizioni subordinate dubitative

Esprimere un dubbio: le DUBITATIVE.

Si dicono **subordinate dubitative** quelle proposizioni secondarie che indicano il fatto o l'idea p o s t i i n d u b b i o dal pensiero espresso nella reggente.

Le proposizioni dubitative hanno sempre forma **esplicita**: sono introdotte dalle congiunzioni subordinative *che*, *se* e col predicato al modo indicativo o, più spesso, al modo congiuntivo. Esempi: *Dubito che egli abbia detto questo.* | *Non c'è dubbio che verranno domani in automobile.* | *Non so se questo risultato sia esatto.* | *Eravamo in dubbio se dovessimo svegliarlo.* | *Voi non sapete se (dovete) fare questo.* | *È incerto se Maria verrà alla gita.* | *Egli dubitava se non fosse meglio partire.*

La forma disgiuntiva.

Talvolta le proposizioni subordinate dubitative sono espresse in f o r m a d i s g i u n t i v a nei loro elementi, oppure si susseguono in forma disgiuntiva due o più dubitative. Esempi: *Non so se ciò sia vero oppure sia falso.* | *Eravamo in dubbio se dovessimo svegliarlo o lasciarlo dormire o dovessimo soprassedere alla decisione.*

IN LATINO le proposizioni subordinate dubitative si costruiscono sempre col **modo congiuntivo** preceduto da diverse congiunzioni o particelle.

(a) Congiunzione dubitativa *quin* (= che), se la reggente è negativa.

(b) Particelle dubitative *num* o *-ne* (= che, se), se le dubitative esprimono un vero e reale dubbio.

(c) Particella dubitativa *an* (= se non), se esprimono un dubbio piuttosto retorico con tendenza però all'affermazione.

(d) Particella dubitativa unita a negazione, cioè *an non* (= se), se esprimono un dubbio piuttosto retorico con tendenza però alla negazione.

(e) Particelle dubitative disgiuntive *utrum... an* (= se... o), se sono espresse in forma comunque disgiuntiva.

94 *Fate l'analisi logica dei seguenti periodi.*

(1) Egli aveva molto dubitato se non fosse più utile per lui abbandonare la vita pubblica per darsi tutto agli studi da lui preferiti. (2) Essendo incerto se (dovessero) attaccare battaglia o restare dentro le mura a difendersi dagli assalti dei nemici, passarono un lungo tempo senza fare nulla di quello che pur era necessario. (3) Non so se sia conforme al vero quanto ho saputo di te e sono in gran dubbio se debba seguire gli avvertimenti che mi hanno dati o continuare col sistema precedente. (4) I Macedoni, appena varcarono le mura, non vedendo nessuno, dubitarono che i cittadini avessero abbandonata la città per trincerarsi poco lontano. (5) La giuria era molto incerta, dato che c'erano state delle irregolarità, se dovessero concedere i premi che erano stati stabiliti. (6) Cicerone, che non aveva un preciso indirizzo politico, fu a lungo incerto se (dovesse) rimanere in Italia o raggiungere Pompeo che era in lotta con Cesare. (7) Non sapendo se questo fosse il partito migliore, rimanemmo in forse se dovessimo andare personalmente a perorare la nostra causa o affidare la nostra difesa ad un avvocato. (8) Dopo aver studiato questo capitolo di storia, come potete essere incerti se possa esservi vecchiaia più beata di quella di coloro che si dilettano della coltura dei campi? (9) Nello stesso anno si combatté fra gli Equi e i Volsci con esito così vario che presso i due popoli e persino presso i due eserciti vi era incertezza se avessero vinto o fossero stati vinti. (10) Se Caio Gracco fosse vissuto più a lungo, non so se vi sarebbe stato un uomo pari a lui in fatto di eloquenza, avendo egli dimostrato nei pochi anni di sua vita una grande tendenza all'arte oratoria. (11) I Germani erano incerti se fosse meglio condurre fuori le soldatesche a combattere contro il nemico o trattenerle a difendere il campo o consigliare loro di cercare la salvezza nella fuga. (12) Giugurta era tanto astuto e pratico dei luoghi e della milizia, che non si sa bene se egli fosse più dannoso vicino o lontano, in pace o in guerra. (13) Annibale, saccheggiato il territorio napoletano, levò il campo verso Nola; allora il console Marcello, udito che egli s'appressava fu dapprima in dubbio se (dovesse) andargli incontro o aspettarlo davanti alla città, ma poi mosse alla volta di lui per dargli subito battaglia.

Proposizioni subordinate interrogative indirette

Si dicono **subordinate interrogative indirette** quelle proposizioni che esprimono un pensiero sotto forma di interrogazione, di domanda fatta indirettamente in dipendenza dal pensiero espresso dalla reggente.

Le interrogative indirette hanno sempre **forma esplicita** e sono introdotte da un pronome, un aggettivo, un avverbio o una congiunzione interrogativi, oppure mediante la congiunzione subordinativa *se*. Il predicato è al modo indicativo o congiuntivo secondo che si tratti di un pensiero reale o

Esprimere una domanda senza il punto interrogativo: le INTERROGATIVE INDIRETTE.

possibile. Esempi: *Desideravo sapere chi era arrivato.* | *Gli chiesi chi fossero.* | *Ditemi quante operazioni occorrono in questo problema.* | *Domàndale che diavolo abbia in mente.* | *Ci fu chiesto dove avevamo messo l'armadio.* | *Tutti si domandavano ove si fosse nascosto.* | *Dimmi perché non sei venuto ieri.* | *Gli domandarono perché avesse tanta paura di loro.* | *Ditemi se vi trovate bene qui.* | *Chiesero loro se avessero pranzato* | *Ti domando se non sia più opportuno agire così.* | *Allora mi chiesi che cosa dovessi fare.* | *Esse volevano sapere dove (dovevano) rifugiarsi.*

La forma disgiuntiva

Talvolta le proposizioni subordinate interrogative indirette sono espresse in f o r m a d i s g i u n t i v a nei loro elementi (esempio: *Dimmi se il problema era facile o difficile*); oppure si susseguono in forma disgiuntiva due o più interrogative indirette (esempio: *Domanderete al professore se dovete fare tutti gli esercizi o sia sufficiente farne due soli o potete stabilirne voi il numero*).

Quando una proposizione subordinata interrogativa indiretta disgiuntiva è formata da soli d u e m e m b r i e il secondo di essi contiene un'i d e a o p p o s t a a quella contenuta nel primo membro, allora il secondo membro può essere espresso dalla sola locuzione «o no». Esempi: *Dimmi se il problema era facile o no.* | *Domanderete al professore se dovete fare tutti gli esercizi o no.*

IN LATINO le proposizioni subordinate interrogative indirette si costruiscono sempre col modo congiuntivo introdotto in diverse maniere.

(a) La proposizione è introdotta dallo stesso pronome, aggettivo, avverbio o congiunzione interrogativa che eventualmente le introduce in italiano.

(b) È introdotta dalle particelle *num*, *–ne* (= se) quando contiene un'interrogazione vera e propria ovvero un'interrogazione piuttosto retorica con tendenza alla negazione.

(c) È introdotta della particella *nonne* (= se non) quando contiene invece un'interrogazione retorica ma con tendenza all'affermazione.

Se le proposizioni subordinate interrogative indirette si presentano in forma disgiuntiva, il primo membro è retto di solito dalla particella interrogativa *utrum* (= se) e gli altri membri dalla particella interrogativa *an* (= o) o dalla locuzione *necne* (= o no).

95 *Fate l'analisi logica dei seguenti periodi.*

(1) Chi sa chi ha inventato la polvere pirica? (2) Prima di operare, rifletti se ciò che stai per fare corrisponde a quanto ti proponevi. (3) Dimmi con chi vai e ti dirò chi sei. (4) Ignoriamo quando partiremo, ma sappiamo per certo che domani sera saremo a Pistoia. (5) Molti desiderano sapere quanto vivranno e non si domandano se non sia meglio ignorarlo. (6) Cinea chiese a Pirro dove si sarebbe recato dopo aver vinto i Romani. (7) Chissà quante sono le stelle in cielo! (8) Molti filosofi discussero a lungo se l'anima fosse immortale o morisse col corpo. (9) Dimmi se preferisce restare in casa o uscire a passeggio o andare a teatro. (10) Il buon cittadino domanda in primo luogo se le leggi sono utili alla maggior parte dei cittadini, poi se sono utili a lui. (11) Mi chiedo che cosa ci provi, a fare sempre il contrario di quello che ti suggerisco. (12) Non ancora ho saputo per quali ragioni non hai risposto alla mia telefonata e perché sei così adirato. (13) Mi hai chiesto da chi sono stato informato su tutte queste cose e quando le ho sapute: te lo dirò quando verrò da te. (14) Considera quanta strada tu abbia ormai fatto, da solo, sulla rotta dell'autonomia e dell'indipendenza. (15) Non possiamo comprendere come un uomo così prudente sia arrivato a tal punto di leggerezza da svelare il segreto e perché si sia mostrato così incurante del suo decoro. (16) È a tutti noto quale era il metodo seguito da Socrate quando disputava: egli prima poneva l'argomento sul quale qualcuno voleva discutere e ascoltava dagli altri che cosa pensavano intorno ad esso, poi o sedendo o passeggiando moveva qualche obiezione. (17) Prima d'attaccare battaglia, Cesare mandò alcuni esploratori per conoscere dove il nemico era accampato e di quali mezzi disponeva e se gli abitanti dei luoghi vicini erano favorevoli o no ai Romani. (18) Prima di passare ad altro argomento, consideriamo se Cicerone abbia maggior importanza come oratore o come filosofo, poiché in entrambe le discipline fu veramente insigne, né so se vi sia un altro che con lui possa paragonarsi in esse. (19) Se pensiamo quanto umili inizi avesse avuto la città di Roma e in qual modo abbia poi fondato il suo impero e con quali mezzi lo conservò per parecchi secoli, dobbiamo riconoscere che molto fu favorita anche dalla fortuna. (20) Mi sapresti dire se mi convenga o no passare questi ultimi anni in campagna, poiché ancora non so cosa (devo) decidere?

Proposizioni subordinate incidentali

Si dicono **subordinate incidentali** quelle proposizioni secondarie che esprimono una circostanza del nostro pensiero non necessaria al concetto espresso dalla reggente.

Esprimere un contenuto accessorio, non indispensabile: le INCIDENTALI.

Le subordinate incidentali sono, naturalmente, simili alle coordinate incidentali; a differenza delle coordinate, però, le subordinate s o n o s i n t a t t i c a m e n t e c o l l e g a t e c o n l a l o r o r e g g e n t e non soltanto col segno d'interpunzione della parentesi ma a n c h e c o n u n v e r o e p r o p r i o n e s s o s u b o r d i n a t i v o (congiunzione, pronome, aggettivo, avverbio). Pertanto le proposizioni subordinate incidentali possono essere finali, causali, temporali, relative, concessive, consecutive o modali eccetera secondo il nesso vero e proprio che le lega alla reggente. Esempi: *La refezione e l'opera buona (giacché siamo composti di anima e di corpo) avevano riconfortati e rallegrati tutti i suoi pensieri.* [subordinata incidentale causale]. *In una storia dell'Ambrosiana (la quale era stata scritta da un certo Pierpaolo Bosca) la cosa viene notata espressamente.* [subordinata incidentale relativa].

IN LATINO le proposizioni subordinate incidentali si costruiscono come le subordinate corrispondenti (finali, causali, temporali, relative, concessive, consecutive o modali eccetera), chiudendole poi, s'intende, fra parentesi.

96   *Fate l'analisi logica dei seguenti periodi.*

(1) Oltre la guerra esterna, il povero Lodovico era tribolato continuamente da contrasti interni, perché per spuntarla in un impegno (senza parlare delle altre difficoltà) doveva adoperare raggiri e violenze, che la sua coscienza non poteva poi approvare. (2) Entrambi camminavan rasente al muro, ma Lodovico lo strisciava col lato destro, il che, secondo una consuetudine, gli dava il diritto (che era poi un diritto strano) di non istaccarsi dal muro per dar passo ad altri. (3) Allora, fatto venire il notaro, dettò una donazione di tutto ciò che gli rimaneva (ch'era tuttavia un bel patrimonio) alla famiglia di Cristoforo e diede una somma alla vedova come se le costituisse una contraddote e il resto a otto figlioli che Cristoforo aveva lasciati. (4) Il gentiluomo pensò subito che quella soddisfazione, se fosse stata, come prevedeva, solenne e clamorosa, avrebbe accresciuto il suo credito presso tutta la parentela e presso il pubblico e sarebbe stata (per dirla con un'eleganza moderna) una bella pagina nella storia della famiglia. (5) Il conte duca sa appuntino cosa bolle in pentola di tutte le altre corti, e, quando tutti quei politiconi (sebbene ve ne siano anche di diritti) immaginano un disegno, egli te l'ha già indovinato. (6) La proposta fu per Tonio assai gradita, anche se fosse aspettata, e le donne e anche i bimbi (giacché su questa materia principian presto a ragionare) non videro mal volentieri che si sottraesse alla polenta un concorrente. (7) Entrati, videro gli altri, dei quali avevan già sentita la voce, videro cioè quei due bravacci, che, seduti ad un canto della tavola, giocavano alla mora, gridando tutt'e due insieme (ché il giuoco così richiede) e mescendosi il vino da un fiasco ch'era tra loro. (8) Ci fu una nuova consulta più tumultuosa, ma uno (di cui non si conobbe mai il nome) gettò nella brigata una voce, che Agnese e Lucia s'eran messe in salvo in una casa. (9) Via via quella sua antica avversione scemava, sia che fosse il rimorso del fallo, sia che fosse l'orgoglio amareggiato e irritato dalle maniere della carceriera, la quale (spesso però provocata da lei) si vendicava facendo-

le paura di quel minacciato castigo o svergognandola del fallo. (10) La sposina (come si chiamavano le giovani monacande) ebbe molto da dire e da fare per rispondere ai complimenti che le fioccavan da tutte le parti e sentiva bene che ognuna delle sue risposte era una conferma, un'accettazione. (11) Renzo faceva peggio e i birri, dopo essersi consultati con l'occhio, pensando di fare bene (sebbene ognuno possa sbagliare) gli diedero una stretta di manichini. (12) Se lei sa positivamente che questo religioso abbia commesso qualche errore (ché tutti si può mancare), avrei per un vero favore l'esserne informato, infatti sono superiore, indegnamente, ma lo sono appunto per correggere, per rimediare. (13) La corte di Madrid, che voleva ad ogni patto escludere da quei due feudi il nuovo principe e per escluderlo aveva bisogno d'una ragione (perché le guerre, fatte senza una ragione, sarebbero ingiuste), s'era dichiarata sostenitrice di quella che altri prìncipi pretendevano di avere su di essi. (14) Di quelle baruffe (che avevan sempre lo stesso principio, mezzo e fine) non rimaneva a Lucia alcun astio contro l'acerba predicatrice, la quale poi la trattava con gran dolcezza, ma le rimaneva un ribollimento tale che ci voleva molto tempo e fatica perché ritornasse alla calma di prima. (15) Non farà stupore che la mortalità crescesse e regnasse in quel recinto a segno di prendere aspetto e nome di pestilenza, sia che la riunione e l'aumento di tutte quelle cause aumentasse l'attività di influenza epidemica, sia che (come avviene nelle carestie anche meno gravi) vi fosse un certo contagio, sia che questo contagio, se c'era, scoppiasse da principio nello stesso lazzaretto (come pensavano i medici), sia che vivesse prima di allora e, portato in quella folla permanente, vi si propagasse con nuova e terribile rapidità; qualunque di queste congetture sia la vera, il numero giornaliero dei morti nel lazzaretto oltrepassò in poco tempo il centinaio.

APPENDICE DI RIFERIMENTO

Il verbo

Senza una sicura conoscenza della categoria grammaticale del verbo non ci potrà mai essere una buona analisi logica della proposizione e del periodo. Si è perciò ritenuto di dedicare una sezione di questo libro a un riepilogo completo delle caratteristiche più importanti del verbo sotto il profilo dell'analisi grammaticale (considerando cioè il verbo in quanto parola, a prescindere dalla sua funzione di predicato nominale o verbale). Sono pagine di consultazione e di riferimento, alle quali ricorrere non appena si manifesti un dubbio su una struttura tanto fondamentale della proposizione e del periodo.

➡️ Il **verbo** (dal vocabolo latino *verbum*, «parola») è una parte variabile del discorso. Può esprimere un'esistenza, un modo di essere, un'azione.

(a) Il verbo può esprimere un'**esistenza**. Esempi: *Dio è (= esiste) in cielo, in terra e in ogni luogo.* ı *I buoi erano (= si trovavano) sotto il giogo.* ı *Alle regate ci saranno (= si troveranno) molte barche.*

(b) Il verbo può esprimere un **modo di essere**. Esempi: *Giannina è intelligente.* ı *Il cammello costituisce un comodo mezzo di trasporto nel deserto.* ı *A settembre l'uva sarà matura.*

(c) Il verbo può esprimere un'**azione compiuta** o **da compiere**. Esempi: *Il babbo ti castigherà.* ı *I cani avevano abbaiato a lungo.* ı *Il gelo distrusse il raccolto.*

(d) Il verbo può esprimere un'**azione subita** o **da subirsi**. Esempi: *Voi sarete ammoniti dal Preside.* ı *La mosca era stata presa nella ragnatela.* ı *Quante opere d'arte furono distrutte dalla guerra!*

Il verbo può essere **sottinteso**, come nei seguenti esempi: *Che dolore!* (sottinteso: *provai, ho provato, avevamo provato*, ecc.) ı *Avanti, bambini!* (sottinteso: *andate*). ı *E lui muto come un pesce* (sott.: *stette, rimase*).

Verbi transitivi e verbi intransitivi

▶ Si dicono **transitivi** quei verbi che esprimono un'azione che è compiuta dal soggetto e che t r a n s i t a cioè p a s s a direttamente d a l soggetto ad un oggetto esterno che viene a subire quell'azione. Esempi: *Tu copierai questa poesia.* ǀ *Il maestro corresse gli errori.* ǀ *Gli zii avevano venduto la loro casa.* ǀ *I superiori ti avrebbero punito.* ǀ *Aprite la finestra.*

▶ Si dicono **intransitivi** quei verbi che esprimono un'azione che è compiuta dal soggetto e che n o n t r a n s i t a cioè n o n p a s s a dal soggetto ad alcun oggetto esterno o, tutt'al più, vi passa i n d i r e t t a m e n t e. Esempi: *Cesare sdrucciolò* ǀ *Cesare sdrucciolò sul selciato.* ǀ *Noi ritorneremo.* ǀ *Noi ritorneremo in treno.* ǀ *I ladri erano entrati.* ǀ *I ladri erano entrati dalla finestra.* ǀ *Voi facilmente sareste usciti.* ǀ *Voi facilmente sareste usciti da quell'imbroglio.*

La distinzione dei verbi in transitivi e intransitivi non è basata soltanto sul semplice loro significato intrinseco, ma anche e soprattutto sul s i g n i f i c a t o c o n c u i e s s i v o l t a p e r v o l t a s o n o u s a t i.

(1) Alcuni verbi intransitivi sono usati con significato transitivo in determinate locuzioni. Confronta:

SIGNIFICATO INTRANSITIVO	SIGNIFICATO TRANSITIVO
I nostri combatterono valorosamente.	*I nostri combatterono un'aspra battaglia.*
Poi discenderai con me.	*Poi discenderai le scale di corsa.*
Esse avevano dormito tranquillamente.	*Esse avevano dormito sonni tranquilli.*

Fuggi presto.
La madre piangeva sconsolata.

Carla vivrebbe comodamente.

Fuggi le cattive compagnie.
La madre piangeva la morte del figlio.

Carla vivrebbe una vita comoda.

(2) Alcuni verbi transitivi, al contrario, sono usati con significato intransitivo in determinate locuzioni. Confronta:

SIGNIFICATO TRANSITIVO	SIGNIFICATO INTRANSITIVO
Il nemico ci affondava la nave.	*La nave affondava lentamente.*
I barbari arsero le case.	*Le case arsero in poco tempo.*
Vi aumenteranno gli stipendi.	*Gli stipendi aumenteranno domani.*
Il fabbro batteva il ferro.	*Il suo cuore batteva forte.*
Il professore cominciò la sua lezione.	*Allora la lezione cominciò*
Finiremo il compito.	*Il nostro compito finirà.*
Il medico guarì presto l'ammalato.	*L'ammalato guarì presto.*

97 *Dopo aver distinto i seguenti verbi in due gruppi (transitivi e intransitivi), formate con ciascuno di essi una proposizione.*
Nascere, comperare, leggere, entrare, arrivare, scrivere, crescere, restare, stracciare, morire, cadere, bere, partire.

98 *Trascrivere le seguenti proposizioni indicando fra parentesi dopo ciascun verbo se esso sia usato con significato transitivo o con significato intransitivo.*
(1) Il Preside riceve tutti i giorni dalle ore 11 alle 12. (2) Egli pianse amare lacrime. (3) Il pubblico fischiò la compagnia. (4) Lazzaro risuscitò dal sepolcro. (5) Carletto gridava a squarciagola. (6) I corridoi passavano proprio sotto la mia finestra. (7) Fuggi le cattive compagnie, figlio mio! (8) La professoressa dopo le interrogazioni scrive sul registro. (9) Gesù Cristo coi suoi miracoli risuscitava anche i morti. (10) Per colpa tua la mamma ieri pianse. (11) I nemici fuggivano davanti alla nostra cavalleria. (12) Il venditore gridava in piazza la sua merce. (13) L'avvocato riceve in questo salottino tutti i clienti. (14) La macchina fischiò prima della partenza. (15) I soldati passarono il fiume sopra un ponte di barche.

99 *Con ciascuno dei seguenti verbi formate due proposizioni usandoli in una di esse con significato transitivo e nell'altra con significato intransitivo.*
Combattere, finire, battere, salire, cominciare, discendere, vivere.

Verbi attivi, passivi, pronominali e impersonali

Rispetto alla forma i verbi possono essere *attivi, passivi, pronominali* e *impersonali*.

Verbi attivi e passivi

▶ Si dicono verbi **attivi** quei verbi che esprimono un'attività esercitata dal soggetto, cioè un'azione compiuta dal soggetto della proposizione. Tanto i verbi transitivi quanto quelli intransitivi hanno la forma attiva.

I verbi attivi constano per lo più di una sola parola nei cosiddetti tempi semplici, di due parole nei cosiddetti tempi composti, nei quali sono aiutati, di regola, da una voce del verbo *avere* se sono transitivi, da una voce del verbo *essere* se intransitivi. Esempi: *Paola studia la lezione.* | *Paola ha studiato la lezione.* | *Io sentivo un rumore.* | *Io avevo sentito un rumore.* | *La grandine rovinerà il raccolto.* | *La grandine avrà rovinato il raccolto.* | *Oh, se facessi il tuo dovere!* | *Oh! se avessi fatto il tuo dovere!* | *Comprerei volentieri un'automobile.* | *Avrei comprato volentieri un'automobile.* | *Ella riesce bene in latino.* | *Ella è riuscita bene in latino.* | *Io andavo dal nonno.* | *Io ero andato dal nonno.* | *La zia verrà stasera.* | *La zia sarà venuta.* | *Tu sembreresti sciocca.* | *Tu saresti sembrata sciocca.* | *Riuscendo nell'intento, ti avvertirò.* | *Essendo riuscita nell'intento, lo chiamò al telefono.*

▶ Si dicono **passivi** quei verbi che esprimono un'azione patita, cioè subita dal soggetto della proposizione. Normalmente solo i verbi transitivi possono avere la forma passiva.

I verbi passivi constano per lo più di due parole nei tempi semplici, di tre parole nei tempi composti e hanno come ausiliare una voce del verbo *essere*. Esempi: *Il grano è mietuto dai contadini.* | *Il grano è stato mietuto dai contadini.* | *Floretta era ammonita dal Preside.* | *Floretta era stata ammonita dal Preside.* | *I colpi saranno uditi da lontano.* | *I colpi saranno stati uditi da lontano.* | *Oh, se fossimo avvisati in tempo!* | *Oh, se fossimo stati avvisati in tempo!*

Nei tempi semplici i verbi passivi possono avere come ausiliare anche una voce del verbo *venire*. Esempi: *Il grano viene mietuto dai contadini.* | *Floretta veniva ammonita dal Preside.* | *I colpi verranno da lontano.* | *Oh, se venissimo avvisati in tempo!*

Bisogna inoltre fare attenzione al fatto che nelle terze persone dei tempi di modo definito (*egli, ella, esso, loro, essi*) i verbi passivi possono esprimersi con la corrispondente forma attiva unendo loro la particella *si*, che in tal caso ha **valore passivante**. Esempi: *Non si presta (= è prestata, viene prestata) fede all'uomo bugiardo.* ı *Di solito si organizzavano (= erano organizzate, venivano organizzate) delle gite verso il lago.* ı *Questo problema non si capirà (= sarà capito, verrà capito) tanto facilmente.* ı *Così si spenderebbero (= sarebbero spesi, verrebbero spesi) troppi denari.* ı *Affittansi (= sono affittate, vengono affittate) camere ammobiliate.*

Le proposizioni che hanno il verbo di forma attiva si possono sempre trasformare in proposizioni con il verbo in forma passiva che esprime lo stesso pensiero, e viceversa. Esempi: *I contadini mietevano il grano.* (Attiva.) ı *Il grano era (veniva) mietuto dai contadini.* (Passiva.) ı *Il Preside avrebbe punito Carlo.* (Attiva.) ı *Carlo sarebbe stato punito dal Preside.* (Passiva.) Nel volgere una proposizione attiva in una corrispondente proposizione passiva, l'oggetto su cui cade direttamente l'azione diventa soggetto, mentre il soggetto diventa un complemento indiretto (agente o causa efficiente) preceduto dalla preposizione «da»; il verbo di forma attiva assume la forma passiva conservando lo stesso modo e lo stesso tempo e accordandosi col nuovo soggetto per quanto riguarda la persona e il numero. Nel volgere una proposizione passiva in una corrispondente proposizione attiva avviene il contrario.

VERIFICARE

100 *Trascrivere le seguenti proposizioni indicando fra parentesi dopo ogni verbo se questo sia usato in forma attiva o in forma passiva.*
(1) I ricchi sono invidiati da molti. (2) I miei cugini sono andati a Firenze. (3) La proposta non è stata accettata. (4) Se tu fossi andato subito, ciò non sarebbe accaduto. (5) Essere stimato onesto, tornerà a tuo onore. (6) Essendo costretto a rimanere a letto, Giannino dimagrisce molto. (7) Cammini ciascuno per la sua strada e non si taglino i panni addosso al prossimo. (8) Detta la preghiera, sedette a mensa. (9) Affermando queste cose, dimostrò di essere stato abbindolato. (10) Mentre la luna spuntava all'orizzonte, i due amici presero la via del ritorno, ma, giunti al limitare del bosco, furono assaliti da una banda di armati, che, dopo averli derubati, fuggirono non lasciando alcuna traccia di sé.

101 *Trascrivete le seguenti proposizioni volgendo subito ognuna di esse: se attiva, nella corrispondente proposizione passiva; se passiva, nella corrispondente proposizione attiva.*
(1) I soldati difendono la Patria col loro valore. (2) Oggi ho ascoltato alla radio una bellissima opera. (3) Il sole illumina e riscalda la terra. (4) In due mesi il ponte sarà ricostruito dagli operai. (5) Noi fummo accolti festosamente da tutta la brigata. (6) La legge era stata approvata anche dai Senatori. (7) Dopo che Cesare ebbe passato il Rubicone, Pompeo lasciò Roma. (8) Avendo Scipione sconfitto i Cartaginesi, Annibale subì un vero smacco. (9) Quando tu avrai studiato bene le lezioni, allora io manterrò la promessa. (10) Se essi avessero avuto più giudizio, non sarebbero stati colti dal temporale in aperta campagna.

Verbi pronominali

Si dicono pronominali quei verbi che nella coniugazione sono accompagnati da una delle seguenti particelle pronominali: *mi, ti, si* per il singolare e *ci, vi, si* per il plurale, le quali possono essere poste come p r o c l i t i c h e o c o m e e n c l i t i c h e.

Tali verbi, in base al loro significato, si dividono anzitutto in due categorie: *pronominali transitivi* e *pronominali intransitivi*.

(1) I verbi **pronominali intransitivi** sono detti anche **riflessivi apparenti** perché hanno soltanto la forma dei verbi riflessivi, ma nulla hanno con questi in comune circa il loro significato. La particella che li accompagna, infatti, non ha alcun valore di pronome, ed essi esprimono sempre un'azione che comunque non transita, cioè non esce fuori del soggetto che la compie. Esempi: *Tutti si meravigliarono della sua audacia.* ı *Non mi ero accorta di nulla.* ı *Pentitevi della vostra negligenza.* ı *Forse si sarebbe incaponito di più.* ı *Ti stupirai certamente.*

(2) I verbi **pronominali transitivi** invece si suddividono in *riflessivi* e *reciproci*.

(a) I **pronominali riflessivi** esprimono un'azione fatta dal soggetto della proposizione e che transita fuori di questo ma subito vi si riflette, cioè vi ricade sopra; poiché tale ricaduta può avvenire direttamente o indirettamente, gli stessi verbi si suddividono in d i r e t t i e i n d i r e t t i. Esempi: *Io mi curo (= Io curo me).* ı *Io mi curo la ferita (= Io curo la ferita a me).* ı *Tu ti lavavi (Tu lavavi te).* ı *Tu ti lavavi il viso (= Tu lavavi il viso a te).* ı *Mariuccia si pettinò (= Mariuccia pettinò sé).* ı *Mariuccia si pettinò i capelli (= Mariuccia pettinò i capelli a sé).* ı *Portiamoci (= Portiamo noi) avanti.* ı *Portiamoci (= Portiamo per noi) la colazione al sacco.*

(b) I **pronominali reciproci** esprimono un'azione che due o più persone o animali o cose svolgono reciprocamente, cioè scambievolmente, e che da un soggetto transita e va a cadere sull'altro o sugli altri; poiché tale caduta può anche qui avvenire direttamente o indirettamente, gli stessi verbi si distinguono in d i r e t t i e i n d i r e t t i. Esempi: *Ernesto ed io ci vediamo (= l'uno vede l'altro) spesso.* ı *Ernesto ed io ci scriviamo (= l'uno scrive all'altro) spesso.* ı *Quei disgraziati si odiarono (= l'uno odia l'altro) a morte.* ı *Quei disgraziati si recarono (= l'uno recò all'altro) aiuto come fratelli.* ı *Aiutiamoci (= uno aiuti l'altro), o cittadini!* ı *Rechiamoci (= uno rechi all'altro) aiuto, o cittadini!*

Ricordiamo che la particella *si* unita alla terza persona singolare o plurale di una voce verbale attiva di modo definito può avere l'effetto di r e n d e -

re passiva tale voce. Con questa funzione la particella *si* è detta appunto, come abbiamo già evidenziato, p a s s i v a n t e. Esempi: *Si ama (= è amato, viene amato) ciò che piace.* | *Si sentivano (= erano sentiti, venivano sentiti) dei rumori.* | *Ciò si capirà (= Sarà capito, verrà capito) meglio in seguito.* | *Si videro (= furono visti, vennero visti) in lontananza.* | *Non si creda (= sia creduto, venga creduto) alle superstizioni.* | *Vendonsi (= Si vendono, vengono venduti) bellissimi appartamenti.*

Bisogna, d'altra parte, fare attenzione al fatto che alcuni verbi transitivi sono usati qualche volta in unione con una particella pronominale che non ha un vero valore pronominale (è p l e o n a s t i c a, s u p e r f l u a). Esempi: *Ella (si) mangiò ambedue le porzioni.* | *Sullo scoglio (mi) godevo la brezza mattutina.* | *I soldati (se ne) stavano impalati sull'attenti.*

102 *Trascrivete le seguenti proposizioni indicando fra parentesi, subito dopo ogni verbo pronominale, di quale specie e sottospecie esso sia.*
(1) Perché stamani non ti sei lavata la faccia? (2) Bada, figlio mio, che poi ti pentirai del tempo perduto oggi. (3) Quando cesserai di darti quell'aria di saccente? (4) Giorgio si e logorato troppo, perciò si è ammalato. (5) Che cappello è codesto che ti sei messo in capo? (6) Pur essendo fratelli, si odiavano a morte e si contendevano l'eredità. (7) Ingegnatevi di risolvere questo problema, è difficile, ma in fondo si capisce abbastanza. (8) Ci difendemmo fino a tarda sera; quando non si trovarono più munizioni, ci consigliammo a vicenda e poi ci arrendemmo. (9) Ci sdraiammo sulla paglia e dalla stanchezza ci addormentammo saporitamente. (10) Non mi stupisco che vi siate ingannati sul mio conto: un'altra volta v'informerete meglio.

103 *Trascrivete le seguenti proposizioni sostituendo alle voci verbali passive di terza persona una costruzione con il si passivante.*
(1) Qui gli ordini sono eseguiti senza discussione. (2) Là dietro erano stati visti spuntare minacciosi i carri armati. (3) Hanno criticato quanto è stato fatto. (4) Non era stata mai veduta una scena simile. (5) Era stato creduto di poter domare facilmente la fiera. (6) Speravo che presso di voi sarebbe stata trovata maggior comprensione. (7) Quando dopo molta ponderatezza è presa una decisione, bisogna agire prontamente. (8) È stato detto più volte che il dolore affina lo spirito. (9) Non sarebbe stata intrapresa questa guerra, se fosse stata preveduta una simile sconfitta. (10) Se fosse stato previsto ciò, avremmo provveduto altrimenti.

Verbi impersonali

▶ Si dicono **impersonali** quei verbi che esprimono un'azione non attribuita ad alcuna persona cioè ad alcun soggetto determinato. Si usano quindi soltanto nella terza persona singolare o all'infinito o al gerundio o al participio.

Ne diamo un elenco, raggruppandoli secondo i fenomeni che designano.

(1) Verbi o espressioni impersonali che indicano f e n o m e n i c e l e s t i o a t m o s f e r i c i, come: *piove, grandina, tuona, lampeggia, fa caldo, fa freddo, (si) fa notte* o *annotta, si fa buio* o *rabbuia, (si) fa sera,* ecc. Esempi: *Piove a dirotto.* | *Ieri faceva caldo.* | *Appena si fece sera, rincasammo.* | *Se l'atmosfera s'inumidisse, nevicherebbe.* | *Ora torniamo, ché rabbuia.*

(2) Verbi o espressioni impersonali che indicano n e c e s s i t à, come: *bisogna, occorre, è necessario, necessita,* ecc. Esempi: *Bisogna che tu studi di più.* | *In quell'occasione occorreva essere molto forti.* | *Sarebbe stato necessario che egli non si presentasse in quel modo.*

(3) Verbi o espressioni impersonali che indicano c o n v e n i e n z a, come: *conviene, importa, basta, tocca, preme, piace, dispiace, sta a cuore, è logico, è conveniente, è opportuno,* ecc. Esempi: *Conviene essere prudenti.* | *Basterà che noi facciamo presto.* | *Mi premeva che tu venissi presto.* | *Era logico che ciò avvenisse.* | *Sarà opportuno agire così.*

(4) Verbi o espressioni impersonali che indicano a p p a r e n z a, come: *pare, sembra, consta, è noto, è chiaro, è manifesto,* ecc. Esempi: *A me pareva di agire sconvenientemente.* | *Consta che Omero fu cieco.* | *Allora sarebbe stato chiaro che egli mentiva.*

(5) Verbi o espressioni impersonali che indicano a c c i d e n t a l i t à, come: *accade, avviene, succede,* ecc. Esempi: *Spesso succede che la morte ci liberi da mali maggiori.* | *Accadde che il babbo si accorse della scappatella.*

(6) Uso del «s i» p a s s i v a n t e i m p e r s o n a l e, senza alcun soggetto e soltanto nella terza persona singolare. Esempi: *Ora si va meglio.* | *Si combatté accanitamente.* | *Non si ritornerà più indietro.* | *Così si sarebbe andati troppo per le lunghe.* Un uso particolare, toscano, di questo *si* passivante è quello che avviene in unione alla prima persona plurale: *Noi non si crede di dover procedere oltre.* | *Noi si sta da questa parte, voi dall'altra.*

Naturalmente, bisognerà sempre fare attenzione al modo in cui sono usati anche gli impersonali. Alcuni verbi «meteorologici», impersonali, se usati m e t a f o r i c a m e n t e possono avere la costruzione personale almeno nelle terze persone. Esempi: *Su Napoli pioveva la cenere* (soggetto) *del Vesuvio.* | *Piovvero pietre* (soggetto) *da tutte le parti.* | *Le bombe* (soggetto) *grandinavano sulla città.* Altrettanto vale per altri verbi o espressioni impersonali che possono essere usati personalmente, cioè con un soggetto determinato. Esempi: *Nessuno* (soggetto) *è necessario a questo mondo.* ı *Noi* (soggetto) *avevamo importato molta merce dall'estero.* ı *Guai se voi* (soggetto) *toccherete questo libro!* ı *Voi* (soggetto) *mi state molto a cuore.* ı *Tu* (soggetto) *sei logico nei tuoi ragionamenti.* ı *Voi* (soggetto) *mi sembrate poco diligenti.* ı *Noi* (soggetto) *uomini constiamo di anima e di corpo.* ı *Siate chiari voi* (soggetto) *nelle vostre domande.* ı *A Tullo Ostilio successe nel regno di Roma Anco Marzio* (soggetto).

C'è un caso in cui, apparentemente, il verbo impersonale ha un soggetto. Infatti, i verbi o le espressioni impersonali reggono spesso frasi infinite oppure frasi finite introdotte dalla congiunzione *che*. (Esempi: *Sia chiaro che non è stato un bene per nessuno.* ı *Conviene essere prudenti.*) Queste frasi subordinate sono da considerarsi come soggetto del verbo o della espressione verbale; ciononostante, il verbo della reggente si considera pur sempre impersonale (se non altro perché, con quel significato, lo si può usare solo alla terza persona singolare).

104 *Trascrivere le seguenti proposizioni indicando fra parentesi dopo ogni verbo in quale forma esso è usato, se cioè è attivo o passivo o pronominale o impersonale, ed eventualmente di quale specie e sottospecie.*

(1) Oggi ha piovuto per ben cinque ore di seguito; pare che ora il tempo si rimetta al bello. (2) Si sa che Pompeo fu vinto da Cesare a Farsalo. (3) M'informai della cosa e seppi che purtroppo era accaduta una disgrazia. (4) Voi vi lagnate a torto del male che voi stessi vi siete procurato. (5) Molte volte mi sono chiesto perché studio ed ho concluso che di ciò ognuno si fa una sua ragione difficilmente valutabile. (6) Allora si mosse ed io lo seguii. (7) Ernestina e Marta si confidano come due sorelle. (8) Tu sei stato biasimato a torto, perché non hai commesso alcun male. (9) Appena scendemmo dall'automobile, ci venne incontro lo zio, il quale ci riferì subito che la zia si era rimessa abbastanza bene. (10) Il polso del malato batteva forte e le sue tempie bruciavano: passò un mese prima che egli guarisse. (11) Quando mi accorsi del pericolo, non ebbi più il tempo di evitarlo. (12) Questa casa è stata fabbricata in quattro mesi: io la vidi proprio nascere. (13) È chiaro che non hai studiato: come speri di essere promossa? (14) Quando vi recate a scuola, esaminate bene lo zaino e vedete se tutto è stato preparato a dovere. (15) Chi di voi si sente preparato, si lasci interrogare: decidete voi, oggi.

Verbi ausiliari, servili, copulativi e fraseologici

Veniamo ora alla suddivisione dei verbi in *ausiliari*, *servili*, *copulativi* e *fraseologici*, rispetto alla funzione che svolgono nella frase.

Verbi ausiliari

➡ Si dicono **ausiliari** quei verbi che aiutano gli altri verbi nella formazione di alcuni tempi della loro coniugazione. I verbi ausiliari sono due: *essere* e *avere*.

Bisogna ricordare che *essere* e *avere* hanno anche, ovviamente, un significato proprio che non va confuso con la funzione di verbo servile (*essere* = esistere; *avere* = possedere). Esempi: *Nel giardino c'erano (= esistevano) delle belle rose.* | *Io ho (= posseggo) molti libri.* | *Mario aveva (= possedeva) una bella casa.* Il verbo *essere*, inoltre, può anche essere usato come verbo «copulativo», come fra poco vedremo. Esempi: *Voi siete buoni.* | *Se fossi più diligente, saresti un bravo ragazzo.* | *Essendo stati valorosi, saremo premiati.*

Molto spesso la scelta dell'ausiliare è causa di dubbi e incertezze. Noi tutti, parlando, non ci interroghiamo troppo sui meccanismi per cui accompagnamo un verbo con l'ausiliare *essere* e un altro con l'ausiliare *avere*. Va da sé che, in caso di dubbio, è sempre meglio ricorrere all'uso di un buon dizionario che accanto al verbo indica sempre l'ausiliare (abbreviato: aus.) d'obbligo. Quelle che diamo, qui di seguito, sono regole precise ma, forzatamente, anche molto generali per la scelta dell'ausiliare adatto.

(1) Hanno come ausiliare il verbo **essere** questi gruppi di verbi.

(a) Molti v e r b i i n t r a n s i t i v i veri e propri nella formazione dei t e m p i c o m p o s t i. Esempi: *Ieri siamo andati per funghi.* | *Quando sarai arrivato a Roma, mi scriverai.* | *Essendo morto Numa Pompilio, fu proclamato re Tullo Ostilio.* | *Il sole era appena tramontato.*

(b) Tutti i v e r b i t r a n s i t i v i nella formazione di tutti i t e m p i d e l l a f o r m a p a s s i v a. Esempi: *I fanciulli diligenti saranno sempre lodati.* | *Arione fu salvato da un delfino.* | *Io desidero essere stimato onesto.*

(c) Tutti i v e r b i p r o n o m i n a l i nella formazione dei t e m p i c o m p o s t i. Esempi: *Voi vi siete lavate molto male.* | *I due monelli si erano accorti dell'inseguimento.* | *È vero che ti sei pentito, ma troppo tardi.* | *Se ci fossimo aiutati scambievolmente, non ci saremmo trovati entrambi in quell'imbarazzo.*

(d) Tutti quei verbi **transitivi** che talvolta, come abbiamo visto, seguono la coniugazione dei pronominali con **particella pleonastica**, quando devono formare i tempi composti di forma attiva. Esempi: *Mi sarei bevuta (= avrei bevuto) volentieri un'aranciata.* | *Di lassù ci eravamo goduto (= avevamo goduto) un bel panorama.*

(e) Tutti i verbi che indicano **moto** anche se transitivi, purché uniti alla **determinazione di luogo**, nella formazione dei tempi composti. Esempi: *Allora sono corsa subito dal dottore.* | *Egli certamente sarebbe volato a casa.*

(f) Tutti i verbi **copulativi** o usati come tali nella formazione dei **tempi composti**. Esempi: *Mi sei sembrato più buono in quel momento.* | *Forse saremmo riusciti vincitori.* | *Il babbo era rimasto scontento di noi.* | *Esse sono vissute sempre povere.*

(g) Tutti i verbi **impersonali** nella formazione dei tempi composti, s'intende della sola forma attiva. Esempi: *Ieri è piovuto molto.* | *Era nevicato sui monti.* | *Oh, se fosse accaduto che t'imbattessi in lui!* | *Mi era parso che non vi voleste più bene.* | *Quest'anno si è viaggiato meglio.*

(2) Hanno come ausiliare il verbo **avere** questi gruppi di verbi.

(a) Tutti i **verbi transitivi** o usati come tali, nella formazione dei **tempi composti** della **forma attiva**. Esempi: *Avete letto questi libri?* | *Cicerone aveva pronunziato l'orazione in Senato.* | *Se avessimo comperato quel campo, avremmo fatto un grosso affare.* | *Ho dormito sonni tranquilli.* | *Avevano vissuto una vita felice.*

(b) I **verbi intransitivi** che indicano un'**attività del corpo o dell'animo**, nella formazione dei **tempi composti**, s'intende della sola **forma attiva**. Esempi: *Voi avete riso sguaiatamente.* | *Avendo parlato con franchezza ti sei fatto molti nemici.* | *Che cosa avresti pensato di noi, se avessimo sbagliato di nuovo?*

(c) Tutti i verbi che indicano **moto** anche se intransitivi, purché non uniti ad alcuna determinazione di luogo o uniti ad una determinazione di luogo circoscritto. Esempi: *Tu avevi corso troppo.* | *Verrete dopo aver passeggiato alquanto nella villa.* | *Ho camminato molto davvero.*

Essere e *avere* sono naturalmente anche ausiliari di se stessi e sono impiegati nella formazione dei tempi composti. Esempi: *Siete stati veramente buoni.* | *Se avessi avuto maggior prudenza, nulla sarebbe stato.*

Anche i verbi *venire*, *andare*, *stare* possono essere usati come ausiliari.

(a) ***Venire*** sostituisce – come abbiamo già visto – l'ausiliare *essere* nella formazione dei tempi semplici della forma passiva dei verbi transitivi. Esempi: *Renzo venne aiutato (= fu aiutato) da molte pie persone.* | *Viene lodato (= è lodato) quello studente che si dimostra volenteroso e tenace.*

(b) ***Andare***, nelle sole terze persone, singolare e plurale, in unione col participio passato, conferisce alla frase un'idea di opportunità o addirittura di necessità. Esempi: *L'esercizio andava fatto in bella copia.* | *Le prime dieci righe andavano studiate a memoria.* In unione con l'infinito presente o col gerundio presente esprime l'idea di un'azione continuata. Esempi: *La discussione andò a finire male.* | *Voi andate cercando dei pretesti.*

(c) ***Stare***, in tutte le persone in unione con l'infinito presente per indicare un'azione imminente. Esempi: *Quando si mise a piovere, stavo per uscire di casa.* | *Stando ormai per lanciarsi con il paracadute, il pilota trovò tuttavia il coraggio di lanciare l'allarme generale.* In unione col gerundio presente per esprimere l'idea di un'azione continuata. Esempi: *Quando sto studiando, non voglio essere disturbato.* | *Se stesse dormendo, ti raccomando di far pianino.*

105 *Trascrivete le seguenti proposizioni sostituendo ai puntini l'opportuno verbo ausiliare.*

(1) Veramente non mi ... aspettato tanto da te. (2) Se egli ... vissuto una vita più regolata, ... vissuto più a lungo. (3) Roma ... fondata nel 453 avanti Cristo. (4) ... andate a passeggio? (5) Poiché si ... dimenticato di nuovo di portare la giustificazione, ... punito dal Preside. (6) Noi non ... mai immaginato che quegli amici ci ... abbandonato nel bisogno. (7) ... grandinato dalle vostre parti? (8) Stamani il Professore ... giunto in ritardo e scuro in volto: forse gli ... capitata qualche disgrazia. (9) ... sorpreso mentre rubava delle galline, perciò ... condannato dai giudici. (10) Quanto ... amato dai suoi colleghi! (11) Finalmente si ... giunti alla meta! (12) Se voi ... avuto maggiore attenzione, ciò non ... accaduto. (13)... stato a Roma due mesi fa e ... ricevuto in udienza dal Papa. (14) L'incendio ... distrutto ogni cosa, se non ... domato in tempo dai pompieri che ... prontamente accorsi. (15) Quando nella sala ... entrato l'oratore, tutti ... scattati in piedi ed ... applaudito a lungo.

Verbi servili

▶ Si dicono **servili** quei verbi che sono usati, per così dire, «in servizio» di altri verbi al m o d o i n f i n i t o. Sono uniti ad essi d i r e t t a m e n t e, cioè senza preposizione e con essi quasi si fondono rispetto al significato. I più comuni verbi servili sono: *volere, potere, dovere*. Esempi: *Vorrei correre, ma non posso muovermi.* ı *Dovremo studiare molto, se vorremo crearci una buona posizione sociale.* ı *Essi potevano aiutarlo, ma non vollero prodigarsi.*

Naturalmente detti verbi cessano di essere servili e si considerano verbi comuni quando sono usati in modo assoluto, cioè non in servizio di un infinito. Esempi: *Vorrei, ma non posso.* ı *Essi mi devono cento lire.* ı *Vorrei che studiasse di più.*

Per la formazione dei tempi composti i verbi servili ricorrono naturalmente agli ausiliari, con le seguenti norme.

(1) Si usa come ausiliare **essere**:

(a) se il verbo all'infinito che i servili «appoggiano» richiede normalmente l'ausiliare *essere*. Esempi: *Non sono venuta; non sono potuta venire.* ı *Essi erano partiti; essi erano dovuti partire.* ı *Tu saresti andato; tu saresti voluto andare;*

(b) se il verbo all'infinito che i servili «appoggiano» è pronominale e la particella precede il verbo servile. Esempi: *La mamma si è voluta alzare troppo presto da letto.* ı *Noi ci eravamo dovuti ricredere.* ı *Il bimbo non si sarebbe potuto lavare il viso, se non si fosse potuto provvedere un po' d'acqua.*

(2) Si usa come ausiliare **avere**:

(a) se i servili sono usati in modo assoluto, cioè senza l'infinito o, meglio, con l'infinito sottinteso. Esempi: *Si è ricreduto Mario? Non ha voluto* (sott.: *ricredersi*). ı *Non avrei potuto* (sott.: *farlo*), *ma sono andato ugualmente.* ı *Tu non sei partito ieri, eppure avresti dovuto* (sott.: *farlo*);

(b) se il verbo all'infinito che i servili «appoggiano» richiede normalmente l'ausiliare *avere*. Esempi: *Avevo realizzato un bel guadagno; avevo potuto realizzare un bel guadagno.* ı *Essi avrebbero compreso ciò facilmente; essi avrebbero dovuto comprendere ciò facilmente.* ı *Avendo fatti i capricci; avendo voluto fare i capricci;*

(c) se il verbo all'infinito che i servili «appoggiano» è pronominale e la particella rimane unita all'infinito. Esempi: *La mamma ha voluto alzarsi troppo presto da letto.* ı *Noi abbiamo dovuto ricrederci.* ı *Il bimbo non avrebbe potuto lavarsi il viso, se non avesse potuto provvedersi un po' d'acqua.*

Altri verbi possono essere usati come servili, sebbene senza ubbidire rigorosamente alle regole di scelta dell'ausiliare. Sono i verbi *sapere*, *solere* e *fare*.

(a) *Sapere*, con significato analogo a quello di «potere», «essere capace». Esempi: *Non seppi* (= potei) *capacitarmi di ciò.* | *Ella aveva saputo* (= aveva potuto) *crearsi un avvenire.* | *Essi sanno* (= sono capaci di) *comprendere la mia posizione.*

(b) *Solere*, col significato di «essere solito». Esempi: *Si suole* (= è soliti) *affermare che i più tirano i meno.* | *Voi solevate* (= eravate soliti) *criticare i vostri superiori.* | *Cicerone soleva* (= era solito) *affermare che non sempre l'utile s'accorda con l'onesto.*

(c) *Fare*, coi significati di «comandare», «fare sì che», «indurre». Esempi: *Il capitano fece ricostruire* (= comandò che fosse ricostruito) *il ponte sul fiume per farvi passare* (= far sì che vi passassero) *le sue truppe.* | *Il medico lo aveva fatto spogliare* (= lo aveva indotto a spogliarsi) *per visitarlo meglio.*

VERIFICARE

106 *Trascrivete le seguenti proposizioni sostituendo ai puntini un opportuno verbo servile.*
(1) Avevo male al capo, perciò non … uscire ieri sera. (2) Se voi, o bambine, … essere promosse, … studiare di più. (3) Come sarebbe stato contento il babbo, se prima di partire … abbracciarti! (4) Sei troppo testardo: … tuffarti in acqua troppo presto. (5) Se il medico avesse subito indovinato la malattia, Ernesto … guarire in due giorni, perché ha una fibra forte. (6) … giungere col secondo treno e invece non avete fatto in tempo. (7) Erano ben quattro capitoli di storia, eppure li … studiate tutti! (8) … leggere a questa fioca luce di candela e vi … rovinata la vista. (9) Non ti … scervellare molto per capire una regola così facile; come mai tu non ti … applicare? (10) Voi … essere i primi della classe, se aveste seguito i nostri consigli. (11) Non credo che esse … giungere in orario a scuola: non si … alzare subito al suono della sveglia! (12) Il console, per celebrare la vittoria navale, aveva celebrato un trionfo e … innalzare una colonna rostrata a perpetuo ricordo nel Foro. (13) Temo di non … dormire stanotte in compagnia di Cesare: conosco le sue abitudini e so che egli … russare come un trombone.

Verbi copulativi

> Si dicono **copulativi** quei verbi che copulano cioè u n i s c o n o il soggetto ad un nome o ad un aggettivo, che del soggetto indica una condizione o una qualità. Il tipico verbo copulativo è il verbo *essere*. Esempi: *Carlo è un monello.* ׀ *Quei ragazzi erano buoni.* ׀ *Essendo cortese, tutti gli vogliono bene.* ׀ *Ciò sarebbe stato meglio.* ׀ *L'essere state attente vi ha giovato.*

Altri verbi possono essere usati come copulativi. Ne diamo una tipologia.

(a) Alcuni verbi intransitivi, quali *apparire, costituire, crescere, divenire* o *diventare, morire, nascere, restare* o *rimanere, risultare, riuscire, sembrare* o *parere, stare, vivere,* ecc. Esempi: *Il babbo sembrava pazzo.* ׀ *L'acqua era diventata bollente.* ׀ *Annibale riuscì vincitore.* ׀ *Sono rimasto contento.* ׀ *Gesù Cristo nacque povero.* ׀ *Mario viveva felice con la mamma.* ׀ *Creso morì ricchissimo.*

(b) Tutti i v e r b i d i s t i m a (estimativi) nella sola forma passiva, quali *essere stimato, essere giudicato, essere considerato, essere creduto, essere ritenuto, essere reputato, essere preso* (= stimato) ecc. Esempi: *Giacomo era stimato un Ercole.* ׀ *Voi sarete giudicate credulone.* ׀ *Questo fatto sarebbe stato creduto una bazzecola.* ׀ *L'animale fu ritenuto innocuo.* ׀ *Nerone è reputato il più crudele imperatore romano.* ׀ *Egli era stato preso per un brigante.*

(c) Tutti i v e r b i d i e l e z i o n e (elettivi), pure nella sola forma passiva, quali *essere eletto, essere nominato, essere creato, essere dichiarato, essere proclamato, essere scelto,* ecc. Esempi: *Cincinnato fu eletto dittatore dai Romani.* ׀ *Quella località era nominata la Crosa.* ׀ *Ultimo re di Roma fu creato uno dei Tarquini.*

(d) Tutti i v e r b i d i a p p e l l o (appellativi), pure nella sola forma passiva, quali *essere appellato, essere chiamato, essere denominato, essere detto, essere soprannominato,* ecc. Esempi: *Aristide fu chiamato il Giusto.* ׀ *Tarquinio, ultimo re di Roma, fu soprannominato il Superbo.* ׀ *In paese Pio Taccone è denominato Gazzella.*

(e) Tutti i v e r b i d i e f f e t t o (effettivi), pure nella sola forma passiva, quali *essere fatto, essere reso, essere ridotto,* ecc. Esempi: *La stalla sarà fatta ampia.* ׀ *L'energumeno ero stato reso innocuo dalle guardie.* ׀ *Il palazzo fu ridotto un cumulo di macerie.*

(f) Alcuni verbi transitivi, ma anch'essi nella sola forma passiva, quali *essere abbandonato, essere lasciato, essere conosciuto, essere riconosciuto, essere trovato, essere mandato,* ecc. Esempi: *Il giovane era stato riconosciuto colpevole.* ׀ *Il notaio fu trovato al bar che beveva il caffè.* ׀ *Il ladro venne lasciato ferito nella via.* ׀ *Luigi sarà mandato ambasciatore in Spagna.*

107 *Trascrivete le seguenti proposizioni ponendo in luogo dei puntini un opportuno verbo copulativo.*
(1) Essendo cessato il vento, il mare ... calmo. (2) La gara fu interrotta e perciò nessuno ... vincitore. (3) ... felice colui che ... contento di quelle cose che possiede. (4) Non tutto ciò che ... facile, ... poi tale in realtà. (5) Molti, pur ... poveri, hanno poi conseguito la ricchezza. (6) Francesco d'Assisi, sebbene fosse potuto ... ricchissimo, tuttavia ... povero. (7) Il cane ... da tutti l'animale più fedele all'uomo. (8) Tito Manlio, per aver rubato la collana ad un soldato nemico, ... Torquato. (9) Poiché dice sempre delle bugie, Guido anche quando dice il vero ... bugiardo. (10) Dopo due giorni di affannose ricerche il cucciolo ... acciambellato dietro un albero, affamato ma salvo. (11) La terra ... ferma, ma in realtà gira attorno al sole. (12) Tiberio e Caio Gracco ... tribuni della plebe. (13) Camillo Benso, conte di Cavour, per la sua abilità diplomatica, ... il Tessitore. (14.) ... tranquillo, nessuno ti farà del male. (15) Renitente ... colui che non si presenta alla leva.

Verbi fraseologici

Si dicono **fraseologici** quei verbi che, uniti ad un verbo di modo infinito o participio, formano con questo una frase sola. I principali verbi fraseologici sono: *lasciarsi, sentirsi, trovarsi, vedersi.* Esempi: *Alla fine Guglielmo si lasciò persuadere (= fu persuaso) dalla mamma.* ǀ *Noi ci sentiamo rovinati (= siamo rovinati).* ǀ *Trovandosi perduto (= essendo perduto) mio fratello invocò soccorso.* ǀ *Quando vi vedrete abbandonati (= sarete abbandonati) da tutti, allora mi darete ragione.*

I verbi fraseologici pertanto assomigliano molto ai verbi ausiliari e ai verbi servili, ma differiscono da questi sia per la forma sia per la funzione. Infatti essi sono per forma pronominali, cioè sono sempre uniti ad una particella pronominale, ed hanno la funzione di rendere passiva la frase.

Data la loro funzione, i verbi fraseologici sono ritenuti ridondanti, cioè quasi superflui: eliminandoli, il senso della frase non cambia.

108 *Trascrivete le seguenti proposizioni sostituendo alla voce verbale passiva, scritta in corsivo, un opportuno verbo fraseologico.*
(1) Che cosa farebbe un popolo, anche il più civile, se *fosse abbandonato* a se stesso? (2) Non so se egli *sarà convinto* dalle mie parole e metterà la testa a partito. (3) Gli uomini che *vengono guidati* dalla ragione non sbagliano mai. (4) *Essendo offeso* dalle vostre osservazioni, Arturo se ne andò adirato. (5) Vorrei che tu *fossi persuaso* dalle esortazioni della professoressa. (6) Catone, quando *fu richiesto* del suo parere intorno a Cartagine, rispose che questa si doveva distruggere.

La *consecutio temporum*

Il rapporto tra il tempo verbale scelto per una reggente e il tempo verbale scelto per una subordinata è governato da regole piuttosto precise. La ***consecutio temporum*** è appunto l'insieme delle norme che descrivono l'uso dei tempi verbali nelle proposizioni secondarie subordinate, in rapporto con il tempo verbale della reggente. La concordanza (*consecutio*) dei tempi stabilisce la simultaneità o la sequenza degli avvenimenti. Esempi: *Credo che ci vada* | *Credevo che ci andasse* [due avvenimenti simultanei: *credere* e *andare*]. | *Credo che ci sia andato* | *Credevo che ci fosse andato* | *Credevo che ci sarebbe andato* | *Credo che ci andrà* [due avvenimenti in sequenza].

Le regole della *consecutio temporum* nel latino classico sono piuttosto rigide, benché non troppo diverse, in fondo, da quelle dell'italiano attuale. Possono essere così riassunte.

TEMPO VERBALE DELLA REGGENTE	TEMPO VERBALE DELLA SUBORDINATA
Presente	(a) Presente indicativo o congiuntivo (gli eventi sono simultanei)
	(b) Perfetto, indicativo o congiuntivo (l'avvenimento descritto dalla subordinata precede quello della reggente)
	(c) Congiuntivo perifrastico + *sim, sis...* (l'avvenimento descritto dalla subordinata è futuro rispetto a quello della reggente)
Passato	(a) Imperfetto indicativo o congiuntivo (gli eventi sono simultanei)
	(b) Piuccheperfetto, indicativo o congiuntivo (l'avvenimento descritto dalla subordinata precede quello della reggente)
	(c) Congiuntivo perifrastico + *essem, esses...* (l'avvenimento descritto dalla subordinata è futuro rispetto a quello della reggente)

Se la proposizione reggente è implicita ed ha il verbo quindi al participio o al gerundio, la si rende mentalmente esplicita con un modo definito, e, in conformità del tempo che in essa dovremmo adoperare, si regola il tempo della proposizione subordinata.

Ipotassi, paratassi e il periodo moderno

Nell'analizzare i vari periodi abbiamo visto che alcuni di essi sono costruiti con una o più proposizioni subordinate, altri solamente con proposizioni coordinate.

La prima costruzione, in cui la dipendenza delle varie proposizioni è fatta mediante congiunzioni subordinative, si chiama **ipotassi** e avvia il periodo alla massima unità possibile. La seconda costruzione, invece, in cui la dipendenza delle varie proposizioni è fatta solo mediante congiunzioni coordinative, si chiama **paratassi**: non si cura di subordinare i vari pensieri che concorrono allo sviluppo del pensiero fondamentale, preferendo una struttura semplice e piana. Spesso la prima costruzione si può convertire con la seconda e viceversa.

PERIODO IPOTATTICO	PERIODO PARATATTICO
Se mi direte la verità, vi perdonerò.	Ditemi la verità e vi perdonerò.
Pur non meritandolo, egli fu tuttavia perdonato.	Non lo meritava, eppure fu perdonato.
L'inverno scorso fece tanto freddo e l'acqua nei tubi gelò.	L'inverno scorso fece tanto freddo che l'acqua nei tubi gelò.
Non avevo studiato, perciò il babbo mi punì.	Il babbo mi punì, perchè non avevo studiato.

Il **periodo moderno** nella lingua italiana si è modellato a lungo sull'esempio manzoniano. Alessandro Manzoni cercò di evitare sia la forma troppo complessa e pesante del periodo *ipotattico* latineggiante, sia la forma slegata e spezzettata del periodo *paratattico,* seguendo, per così dire, una via di mezzo. Ma negli scrittori recentissimi, sia per l'influsso di altri modelli, sia per l'affermarsi di nuove maniere poetiche, la *paratassi* sembra prendere sempre maggior piede.

Trascrivete i seguenti periodi mettendoli in costruzione paratattica se sono ipotattici, e in costruzione ipotattica se sono paratattici.
(1) Ditemi: avete incontrato nessuno nella valle? (2) Ernesto aveva marinato la scuola e tutti noi lo sapevamo. (3) Non credeva che ci saremmo accorti della sua scappatella. (4) Ogni ricordo di quei giorni m'attrista, quindi non se ne parli più. (5) Il prigioniero non si era aperto ad alcuna confidenza, perché aveva creduto che fosse una spia. (6) Quando sentì che la porta del carcere s'apriva, il prigioniero non sapeva se venissero a trucidarlo o a liberarlo. (7) Le grida sono tante, pensava, e il dottore non è un'oca. (8) A minacciare un curato perché non faccia un matrimonio, c'è penale? (9) I nostri, che erano guidati da un esperto comandante, occuparono le nuove posizioni. (10) La Carboneria era una società segreta e gli affiliati tacevano davanti alla giustizia, così non tradivano i compagni. (11) Don Abbondio aveva paura di don Rodrigo e non voleva sposare Lucia con Renzo e allora Agnese propose il matrimonio clandestino. (12) Il cardinal Federico aspettava l'ora d'andar in chiesa e intanto sta va studiando; in quella entrò il cappellano crocifero. (13) Il sole non era del tutto apparso sull'orizzonte, quando il padre Cristoforo uscì dal convento di Pescarenico per salire alla casetta dov'era aspettato.

Discorso diretto e discorso indiretto

Si chiama **discorso diretto** un periodo o l'insieme di più periodi che riferiscono d i r e t t a m e n t e, cioè così come sono (o come sono state o si suppone che saranno), le parole che qualcuno ha pronunciato. È sempre preceduto da due punti e chiuso, di solito, fra virgolette «...», "..." o fra lineette —...—. Esempi: *Renzo disse: «È pane davvero!»* | *«Non c'è bisogno di nulla» osservò Lucia.* | *Allora quelli: «Bisogna far coincidere le due manifestazioni»* | *Allora Renzo spiegò a Tonio: «Il signor curato va cavando fuori certe ragioni senza sugo, per tirare in lungo il matrimonio. Molti dicono che, presentandosi davanti i due sposi con due testimoni e scambiandosi le parole di rito, il matrimonio è bell'e fatto».* | *La volpe allora esclamò: «Non è ancora matura»* | *Domandiamo: «Che ora è?».* | *Mi chiedo: «È il caso di partire?».* | *Dimmi: «Come fai ad essere contento?».* | *Allora chiesi: «Perché non si fa così?».* | *Essi dicevano: «Lo abbiamo visto, sì».*

> Si chiama **discorso indiretto** un periodo o l'insieme di più periodi che riferiscono in d i r e t t a m e n t e, in via narrativa le parole che si sa o si suppone siano dette (o siano state dette, o saranno dette).

È introdotto, secondo la specie delle varie proposizioni che lo costituiscono, dalle congiunzioni *che* e *se*, o dalla preposizione *di*, ovvero da un pronome o da un aggettivo o da un avverbio o da una congiunzione interrogativi o dubitativi. Esempi: *Renzo disse che era pane davvero.* ı *Lucia osservò che non c'era bisogno di nulla.* ı *Allora quelli osservarono che bisognava far coincidere le due manifestazioni.* ı *Allora Renzo spiegò a Tonio che il signor curato andava cavando fuori certe ragioni senza sugo, per tirare in lungo il matrimonio; che molti dicevano che, presentandosi davanti i due sposi con due testimoni e scambiandosi le parole di rito, il matrimonio era bell'e fatto.* ı *La volpe allora esclamò che l'uva non era ancora matura.* ı *Non sappiamo che ora sia.* ı *Mi chiedo se sia il caso di partire.* ı *Dimmi come fai ad essere contento.* ı *Allora chiesi perché non si faceva così.* ı *Essi affermavano di averlo visto.*

Come si vede dagli esempi succitati, alle proposizioni che costituiscono un discorso indiretto si possono ricollegare, oltre che le proposizioni dichiarative, anche le proposizioni *dubitative* e le *interrogative indirette*.

Il discorso diretto può sempre mutarsi in indiretto e viceversa. Però in tali passaggi avvengono mutamenti anche nei verbi, nei pronomi e negli avverbi. Daremo qui in merito alcune norme che potranno servire di guida.

Se il verbo reggente è un p r e s e n t e, l'imperativo del discorso diretto si muta, nel discorso indiretto, in congiuntivo presente, mentre gli altri tempi restano invariati. [Esempi (a) e (b)].

Se il verbo reggente è un p a s s a t o (o un presente storico), allora il tempo presente di solito si muta in imperfetto [esempi (c) e (d); rimarrà tuttavia presente se esprime un concetto gnomico, sentenzioso], un tempo passato di solito si muta in trapassato [esempi (e), (f), (g)]; l'imperfetto e il trapassato prossimo restano più spesso invariati.

I pronomi e gli aggettivi dimostrativi *questo, questa, questi, queste; codesto, codesta, codesti, codeste*, si mutano rispettivamente in *quello, quella, quelli, quelle* [esempio (h)].

Il complemento vocativo si muta di solito nel complemento di termine: [esempio (i)].

Gli avverbi di luogo *qui, qua* si mutano rispettivamente in *ivi* (*lì*), *là*: [esempio (l)]; gli avverbi di tempo *ora, oggi, ieri, domani* si mutano rispettivamente negli avverbi o locuzioni avverbiali *allora, quel giorno(stesso), il giorno prima, il giorno dopo*; e le espressioni temporali *fa, or é, or sono* si mutano nell'avverbio *prima* [esempio (m)].

DISCORSO DIRETTO	DISCORSO INDIRETTO
(a) Il professore ripete spesso: «Non fate chiasso per le scale».	(a) Il professore ripete spesso che non facciamo chiasso per le scale.
(b) Pare che il bue col lento giro dei suoi pazienti occhi risponda: «Aiuterò volentieri l'uomo nella fatica dei campi: è una fatica sacra».	(b) Pare che il bue col lento giro dei suoi pazienti occhi risponda che aiuterà volentieri l'uomo nella fatica dei campi, perché è una fatica sacra.
(c) La mamma osservò: «Penso a quel magnifico giorno sul lago».	(c) La mamma osservò che pensava a quel magnifico giorno sul lago.
(d) Don Abbondio pensava fra sé: «L'uomo è un animale strano».	(d) Don Abbondio pensava fra sé che l'uomo è un animale strano.
(e) Tutti esclamarono: «Abbiamo notato dei solenni imbrogli».	(e) Tutti esclamarono che avevano notato dei solenni imbrogli.
(f) Maria ripeteva sovente: «Da tempo notavo cose strane in quella casa».	(f) Maria ripeteva sovente che da tempo notava cose strane in quella casa.
(g) Il preside aveva risposto: «Avevamo già mandato i documenti».	(g) Il preside aveva risposto che avevano già mandato i documenti.
(h) Il professore disse a Mario: «Dammi codesta matita e codesti colori; devi disegnare con questi che ti do io».	(h) Il professore disse a Mario che gli desse quella matita e quei colori; doveva disegnare con quelli che gli dava lui.

110 Trascrivete i seguenti periodi mutando il discorso diretto in discorso indiretto e viceversa.

(1) Poiché Tarquinio Prisco fu ucciso, Tanaquilla parlando al popolo disse: «Il re vive ancora; i Romani stiano tranquilli e obbediscano a Servio Tullio». (2) Il capitano rispose: «Soldati, oggi non è ancora il tempo di combattere; tenetevi dentro agli alloggiamenti e ristoratevi qui della fatica». (3) Gli ambasciatori dei Germani dissero a Cesare: «Noi riferiremo queste cose ai nostri e, deliberata la cosa, ritorneremo domani qua da te; intanto non muovere gli alloggiamenti più vicini a noi». (4) Gli ambasciatori alleati riferirono al Senato che gli Edui avevano posto gli accampamenti sul loro territorio e devastavano i loro campi; perciò essi, i Romani, accorressero subito in loro aiuto quel giorno stesso. (5) Sciolta l'adunanza, gli amici pregarono Cotta e Titurio che non volessero con la loro ostinata discordia trarre le cose a rovina: l'impresa era facile, purché tutti fossero della medesima opinione; al contrario nella discordia essi non vedevano alcuna salvezza. (6) Un giovane Eduo di nobile famiglia, venuto a colloquio con gli altri nobili giovani, così li esortò: «Ricordatevi di essere nati liberi e per l'impero; la sola città degli Edui è quella che frappone in-

VERIFICARE

dugi alla certissima vittoria della Gallia. Io ho ricevuto sì benefici da Cesare, ma ho più a cuore la comune libertà. Perché gli Edui, trattandosi del diritto e delle leggi loro, devono aver oggi per giudice Cesare?». (7) Ambiorige giunto fra i Nervi li esortò a non lasciar fuggire l'occasione di liberarsi quel giorno per sempre e di vendicarsi dei Romani a causa delle offese che da quelli avevano ricevute: erano stati uccisi due luogotenenti romani alcuni giorni prima e gran parte dell'esercito era perita; sarebbe stato facile tagliare a pezzi la legione che svernava col console; egli prometteva di essere loro di aiuto in quell'impresa. (8) L'oracolo predicava che chi sciogliesse il nodo di Gordio, regnerebbe su tutta l'Asia. (9) Prima della battaglia i duci dei barbari, per incoraggiare i propri soldati, dissero loro: «Nessuno si allontani dal proprio posto: vostra sarà tutta la preda e a voi è riservato tutto ciò che i Romani avranno abbandonato; combattete pertanto valorosamente e pensate che ogni vostro bene è posto nella vittoria». (10) Attilio Regolo, venuto in senato, espose le sue commissioni, ma ricusò di manifestare la sua opinione, dicendo che finché era legato dal giuramento fatto alcuni giorni prima ai nemici, non era senatore romano.